［法］汪德迈（Léon Vandermeersch）

汪德迈（Léon Vandermeersch），1945 年就读于法国巴黎东方语言文化学院学汉语与越南语，同时在巴黎索邦大学学哲学与法律。1948 年获汉语本科文凭，1950 年获越南语本科文凭，1951 年获哲学硕士与法学博士学位。1962 年获法国高等社会研究院法学研究硕士学位，1975 年以中国古代体制研究的论文获法国国家博士学位。法兰西学院通讯院士，法国远东学院原院长，法国高等社会科学研究院教授，北京师范大学荣誉教授。主要研究甲骨文、儒法家思想、中国古代政治制度、中国思想史，以及受中国文化影响的国家（韩、日、越）的文化史。

主要出版专著七部，发表论文逾百篇。获法兰西学院儒莲奖（Prix de Stanislas Julien）、法兰西学院金石美文学院最重要的奥马乐奖（Prix du duc d'Aumale）、法国荣誉军团骑士勋章（Chevalier de l'ordre de la Légion d'Honneur）、法国教育荣誉勋位（Officier de l'Ordre des Palmes académiques）、日本神器金银星（Etoile d'or et d'argent de l'Ordre du Trésor sacrédu Japon）、中国政府中华图书特殊贡献奖。

汪德迈全集 ❼

# 跨文化的一颗星：汪德迈

## Léon Vandermeersch, A Star of Transculture

## 中法学术文化交流图文集

Collection of Photos and Essays on the Academic and Cultural
Exchanges between China and France

上集

陈越光　董晓萍　［法］金丝燕　　编著

中国大百科全书出版社

图字：01-2024-4688 号

**图书在版编目（CIP）数据**

跨文化的一颗星：汪德迈．上集 ／ 陈越光，董晓萍，
[法] 金丝燕编著．－－北京：中国大百科全书出版社，
2024.10．－－ISBN 978-7-5202-1633-3

（汪德迈全集⑦）

董晓萍、[法]金丝燕主编"跨文化研究"丛书

I. K835.655.81

中国国家版本馆 CIP 数据核字第 202475D6H0 号

| | |
|---|---|
| 策 划 人 | 郭银星 |
| 责任编辑 | 何　欢 |
| 责任校对 | 康丽利 |
| 封面设计 | 程　然 |
| 版式设计 | 博越创想 |
| 责任印制 | 李宝丰 |
| 出版发行 | 中国大百科全书出版社 |
| 地　　址 | 北京市阜成门北大街 17 号 |
| 邮政编码 | 100037 |
| 电　　话 | 010-88390790 |
| 网　　址 | http://www.ecph.com.cn |
| 印　　刷 | 北京汇瑞嘉合文化发展有限公司 |
| 开　　本 | 710 毫米 ×1000 毫米　1/16 |
| 印　　张 | 64（全三册） |
| 字　　数 | 451 千字（全三册） |
| 印　　次 | 2024 年 10 月第 1 版　2024 年 10 月第 1 次印刷 |
| 书　　号 | ISBN 978-7-5202-1633-3 |
| 定　　价 | 398.00 元（全三册） |

董晓萍　［法］金丝燕　主编

《汪德迈全集》（7）

北京师范大学中国民间文化研究所

香港明远中国文化教育基金会

合作项目

# "八十年代思想文化研究"

## 综合性成果

北京师范大学跨文化研究院敦和学术基金

香港明远中国文化教育基金会

资助出版

汪德迈（Léon Vandermeersch），1928 年出生于法国。1945 年就读于法国巴黎东方语言文化学院，学习汉语与越南语，1948 年获汉语本科文凭，1950年获越南语本科文凭。同时就读于法国索邦大学，主攻哲学与法律，1951 年获哲学硕士与法学博士学位。1962 年，获法国高等社会科学研究院法学研究硕士学位。1975 年，以中国古代体制研究的论文获法国国家博士学位。曾赴香港大学，师从饶宗颐。曾在日本学习和工作，师从日本京都大学重泽俊郎、小川环树、吉川幸次郎，以及日本同志社大学内田智雄。曾在越南西贡和河内任中学教师。后受聘于法国远东学院，为越南河内大学西贡法学院研究员、法国远东学院研究员，兼任河内路易·飞诺博物馆馆长。期间再返日本京都和中国香港任职。20 世纪 60年代中期返回法国，历任埃克斯 – 普罗旺斯大学中国语言与文化讲师、教授，巴黎第七大学教授、法国高等社会科学研究院研究员、日佛会馆馆长、法国远东学院院长。法兰西学院金石美文学院通讯院士。已出版主要著作七部（法文版），发表论文百余篇。获法国荣誉军团骑士勋章、法国教育荣誉勋位、法兰西学院儒莲奖、法兰西学院金石美文学院奥马乐奖、日本神器金银星、中国政府中华图书特殊贡献奖。

汪德迈先生是著名法国汉学家，由法国大汉学家沙畹（Edouard Chavannes）和戴密微（Paul Demiéville）一脉相传。他是欧洲第一个掌握甲骨文的学者，在传统法国汉学的基础上，吸收中国国学、日本汉学和越南汉学的成果，并运用甲骨文考古学成果，对中国古代社会制度、中国儒学、中国哲学史、中国思想史、汉文化圈和中国文学的独特起源等，开展持之以恒的研究。他摒弃以往套用西方概念研究中国和分门别类地做中国学问的局限，摒弃偏见，一切从中国资料实际出发，指出中国文化与中国社会的系统关联性，开展整体研究。他的研究独立而创新，具有严密的理论体系和科学的方法论，建立了法国汉学研究的新模式，奠定了汪德迈中国学的坚实基础。

《汪德迈全集》是首次在中国出版的汪德迈先生的学术著作集成，经汪德迈先生授权，由中国大百科全书出版社出版。这部大型的海外汉学家著作，全面反映了汪德迈先生的学术成就，展现了汪德迈中国学的学术精髓。

《汪德迈全集》，全10册，目次如下：

《中国教给我们什么》

《中国思想的两种理性：占卜与表意》

《跨文化中国学》（上）

《跨文化中国学》（下）

《新汉文化圈》

《中国文学，非凡的文学》

《跨文化的一颗星：汪德迈》（上集）

《跨文化的一颗星：汪德迈》（中集）

《跨文化的一颗星：汪德迈》（下集）

《王道》

汪德迈先生从事汉学研究长达 70 余年，以卓越的学术成就和巨大的社会声望，赢得了法国，乃至欧亚学术界的崇高敬意。《汪德迈全集》的出版，不仅对西方世界全面评价中国文化和中国社会大有帮助，而且对中国人从一个西方汉学家的角度认识中国优秀传统文化的价值也有启发。

汪德迈先生关心中国学研究的全球推进，2016年，法兰西学院设立"汪德迈中国学奖"，实现了他的这一心愿。"汪德迈中国学奖"的主旨，是在世界范围内奖励研究中国文化取得公认成就的优秀学者，目前已颁发六届。

汪德迈先生热心推动中法高等教育事业的交流，与中国教育部国家重点高校建立了长期的学术联系。自 20 世纪晚期至今，他曾多次到北京大学访问和讲学，与汤一介和乐黛云教授夫妇结下了深厚的学术友谊。北京师范大学跨文化研究院成立前后，自2015 年至 2021 年，汪德迈先生每年为北京师范大学跨文化学研究生国际课程班亲自授课，连续多年不曾间断。他所阐释的中国文化和中国社会令中国人信服，他的授课给中国研究生留下了极为深刻的印象。

《汪德迈全集》中的部分新著就出自汪德迈先生为这些讲座而专门撰写的讲稿，再经过补充和修订而成。

《汪德迈全集》在中国的出版，是北京师范大学跨文化研究院、法国阿尔多瓦大学文本与文化研究中心、敦和基金会与中国大百科全书出版社通力合作的结果。我们希望更多的中国学者和广大中文读者了解汪德迈中国学，推动中法学术交流。在《汪德迈全集》出版的同时和稍后，我们还会出版其他国家著名汉学家的著作，在更广泛的意义上，扩大汪德迈中国学的中国影响和国际影响，促进中国学术与世界学术进一步加强沟通和深化理解，这也应该是汪德迈先生本人和编者所共同期待的前景。

董晓萍　［法］金丝燕

2020 年 3 月 2 日初稿

2024 年 9 月 9 日修订

北京—巴黎

# 《跨文化的一颗星：汪德迈》中文版序

*Léon Vandermeersch, A Star of Transculture Studies*

 

 

中国文化书院成立于 20 世纪 80 年代，时值中国改革开放之初，梁漱溟、冯友兰、季羡林、张岱年、汤一介等学术大师云集，凝聚学术实力，研究中国优秀传统文化，邀请海外知名学者，加强中外沟通，汪德迈先生正是在这一时期与中国文化书院结下了不解之缘。

1991 年，应中国文化书院的邀请，汪德迈（Léon Vandermeersch）先生携夫人，与时任法国驻华大使馆文化专员夫妇一行，来到坐落于北京大学治贝子园内的书院旧址，参加国际会议，从此便与中国文化书院建立了联系。其实那些年书院陆续邀请了许多外国学者，不止汪德迈先生，但汪德迈先生与其他外宾不同的是，他是常来常往的。他与时任中国文化书院院长的汤一介教授和乐黛云教授、时任副院长的陈越光先生等，保持了多年的友谊，并曾就中西哲学、中西文化、中国文学、中国古代社会制度和中国思想史等专题反复对谈。这期间的中法语翻译工作大都是由旅法学者陈力川和金丝燕教授两位承担的。此后数年来，他还应邀在北京大学、北京师范大学、清华大学、香港大学等高校讲学，赴山东曲阜孔府、西夏文字文物现场、河南安阳殷墟甲骨文遗址、敦煌研究院与四川三星堆等地，开展实地考察和文化交流。不少法国的和其他欧亚国家的学者也跟随他的脚步，来到北京和中国的其他古老文明遗址，听他讲解中华历史文明的独特地位，与他一起见证中国改革开放后的巨大变化。对于中国文化书院的曲折发展，他始终是见证者、是老朋友。

在北京高校的宾馆和巴黎的寓所，汪德迈先生根据近年来华研究和文化访问的所见所闻，在以往已出版多部影响广泛的中国学著作的基础上，又撰写和出版了一批学术新著，包括《中国教给我们什么》《中国思想文化研究》《跨文化中国学》（上、下）、《中国文学，非凡的文学》等。他在书中谈道：
"西方正在认识中国，但还没有认识到中国举世无双
的贡献"。他为此忘我地工作，全力以赴地推动中法
学术文化交流事业。他还联合法国和欧亚其他国家
的人文学科学者，与中国高校相关领域的学科带头
人亲密携手，投入跨文化中国学的高等教育工作，
为"北京师范大学跨文化学研究生国际课程班""全
国研究生暑期学校"和"西部高校青海师范大学跨
文化中国学方法论研究生通识课"等，连续多年讲
学，坚持不懈。他为中西文明对话与文明互鉴做出
了卓越的贡献。

这样一位具有世界眼光、中国情怀、博学体系
和人文精神的法国汉学家的思想是怎样炼成的？他
有着怎样的家庭和教育背景、治学道路、社会阅历
和国际交流经历？如何通过他的个案，增加对法国
三百年汉学史的理解，反观和总结中西交流的精神
遗产，促进中国现代文化建设？这是本书尝试回答
的问题。

本书以汪德迈先生晚年学术集大成时期与中国文
化书院发生联系的时间段为主，适当兼及其他时段，

对其生平、学术与中法交流活动的史实，进行全景式纪录。主要采用图片编年的形式，辅以我们撰写的少量文字，展现一位具体可感的法国汉学家的形象和思想。图片较之于文字的特殊优势，就是能够弥补文字的局促，增加想象的空间，为汪德迈高度凝练和严谨深刻的哲学思辨插上形象思维的翅膀。

本书共收入图片 1146 幅，间以相关短文多篇，以镜像的方式，"书写"著名法国汉学家汪德迈先生的生平、著作与中法学术文化交流活动。书中的很多图片是汪德迈先生本人保存的第一手资料，记录了他的法国家庭、故居与亲友的影像，极为珍贵，具有不可复得的历史价值。书中有关汪德迈中法学术文化交流的图片，所覆盖的时间，以他 1991 年首访中国文化书院始，至 2021 年辞世止；所行脚的地点，包括位于北京大学治贝子园内的中国文化书院旧址，北京大学、北京师范大学、清华大学，北京、敦煌、安阳、西安、三星堆、曲阜孔府等世界文化遗产地和中国历史文化名城，也包括在他的祖国，在法兰西学院、联合国教科文组织办公楼、法国索邦大学、阿尔多瓦大学，以及巴黎和马赛等闻名世界的法国美丽城市。读者可以沿着汪德迈的足迹，对这位法国三百年汉学史中涌现的杰出汉学家的个体史进行巡礼，重点聚焦其晚年中国学集大成的顶峰阶段，理解其跨文化治学与推动人类文明互鉴的国际交流活动。

汪德迈先生曾将《汪德迈全集》中文版的出版权留给中国，包括本书，交由中国大百科全书出版社出版。在《汪德迈全集》中纳入本书，符合汪先生本人的原意，也书写了他与中国文化书院交往的一段特殊的历史。我们愿意凭借这本富有质感的实体图书，与这位伟大的法国汉学家共同跨越流淌的历史时光向前走。

编　者

2023 年 7 月 28 日

# 《跨文化的一颗星：汪德迈》前言
*Léon Vandermeersch, A Star of Transculture Preface*

2021 年 10 月 17 日凌晨 4 时，法国著名汉学家汪德迈先生心脏骤停，永远地离开了我们，享年 93 岁。汪德迈先生毕生从事世界中国学研究，取得了令人瞩目的卓越成就，其核心思想是"西方世界正在认识中国，但没有认识到中国文化特殊性的普遍意义。世人皆知古罗马法典在世界上影响深远，但别忘了中国也对世界有广泛的影响。在中国文化传统中，文字优于体力劳作，精神优于物质。中国举世无双的影响力之一，是成功地通过科举制选取人才的方式，使全世界普遍建立了以此为基础的学校教育和选举制度。中国文化有特殊性，又是最具有普世价值"。

汪德迈将自己的学说要点概括为以下 8 点：

1）作为科学原型的史前中国占卜技术所展开的

思维并非宗教性的神学，而是准科学性的占卜学。

2）中国文字的创造归于龟卜兆纹的外推法。

3）文言文十分系统规范化（六书的系统文字代替自然产生之词，卜辞类似数学的方程式句构，代替自然语言句构），离自然语言相当远，体现了另一种高度的抽象性。

4）西方文学起源于古典神话的口述（《伊利亚特》《奥德赛》）。中国文学起源于占卜史官用文言文记录原本与卜辞有关的各种资料。

5）西方思维不受印欧语言的语义系统限制，因其为字母文字，可以任意创造所需的概念，但容易陷入空虚概念的语言游戏。中国思维受文字系统限制，不创造文字以外的概念，不容易进行改革，可是有客观性的保证。

6）中国传统科学（尤其医学）的特性乃相关性系统思维，西方传统科学（尤其物理学）的特性乃因果关系性系统思维。

7）中国是权礼传统，西方乃权理传统。

8）西方思想在启蒙运动中形成现代性，而中国的现代性起源于与外来文明的冲突。

汪德迈对中国古代社会史、中国文字学、中国儒学、中国思想史、中国文学史等展开全面系统的综合性研究，构建了一套独立而博通的中国学理论体系和逻辑严整的方法论。40余年来，中国对外开放，已有数百年历史的海外汉学与中国自身庞大的学术系统近距离相遇，彼此文明互鉴，也发现了许多新问题。汪德迈中国学的特点是不回避问题，而是抓住各方关注的中国社会文化研究中的本质问题进行分析；对中西文化的差异做出基于信任的、可以对话的和促进理解的解释；对不同社会的多元价值观的自主与沟通寻求一种平衡的评价，由此能够让西方人增加对中国的了解，也让中国人能够反思中国优秀历史文明，以及那些尚未被外部充分理解之处。

自2015年秋季学期开始，汪先生与金丝燕、冉刻（Michel Zink）、孔博恩（Antoine ComPagnon）、白乐桑（Joël Bellassen）、佛辽若（Pierre Filliozat）、西班牙（Michel Espagne）和巴得胜（Bart Dessein）诸教授一道来到北京师范大学，与中国高校著名学者合作，为跨文化学研究生国际课程班讲学，此后连续七年八届不曾间断。2019年全球疫情暴发后，他参与网络远程教学，直至2021年7月，他仍为青海—北京—巴黎三地高校暑期跨文化学研究生国际课程班亲自授课，全力推动跨文化高等教育事业，强调跨文化中国学研究的重要性。

汪德迈与法国和其他欧洲国家高校教授撰写的讲义，已纳入教育部人文社会科学重点研究基地重大项目"跨文化研究的理论与方法"的综合性研究成果之一"跨文化研究"丛书中并出版，为中国高校跨文化学学科建设提供了高端教材。汪德迈先生的汉学思想推动了跨文化研究新学科的产生。

董晓萍　〔法〕金丝燕

# 总目录

## 上　集　生平、治学与中法文化交流
*Part One　Life, Research and Sino-French Cultural Communication*

上集

生平、治学与中法文化交流

Part One
Life,
Research
and
Sino-French
Cultural
Communication

# 目录

第 12 章　出席联合国教科文组织 "推进持续性和平的孔子教育：
文化与语言的相遇" 国际会议与系列交流活动

Chapter Twelve　Attended UNESCO International Conference
of "Confucian Education for Promoting Sustainable Peace:
When Culture Meets Language" and Serials of Communication
Events

# 第 1 章

# 汪德迈生平、治学与汉学师承

Chapter One

Professor Léon Vandermeersch's Biography, Study and
Sinology Transmission

# 我的中国之旅 ①
## My Journey on the Way to China

［法］汪德迈（Léon Vandermeersch）

　　我是法国人，出生在法国北部。你们看我的姓，不大像法文。这是在法国北部与比利时接壤的边境地带有些法国人使用的姓氏，像是一种移民的姓氏。在我的记忆里，我父亲就像移民，他很喜欢讲一种土话，到我这一辈就不会讲了，在第二次世界大战爆发之前，我已离开了家乡，就没有这个习惯了。

────────────

① 此文原为作者 2015 年在北京师范大学首届跨文化研究生国际课程班上的讲稿的《导言》部分，收入［法］汪德迈（Léon Vandermeersch）《中国思想文化研究》，北京：中国大百科全书出版社，2016，第 2–12 页。

在我的家庭中，没有人对中国，或者远东国家，有什么特殊的兴趣。为什么我会有兴趣呢？这是一个六十多年前的故事。

在我童年的时候，在我的法国北部家乡，曾多次遭到德军的入侵，时间大概是在 1870 年、1914 年和 1939 年。因为经历了战争的灾难，我从小就立志参军，希望能到前线去打仗，阻止战争。上中学的时候，我报考了一所陆军预备学校，在参加入学考试的时候，医生认为我的视力不合格，我没有通过，那年我才 18 岁，考官就对我说，像我这种情况也不是不能参军，但只能到后勤部门去做服务工作，不能上前线。我的愿望是去前线打仗，不是搞后勤，所以参军的事就算了。

二战结束之初，我还在念高中。有几次，几位越南人在一起说话，引起了我的注意。那时越南还是法国的殖民地，我原以为，殖民地应该是一个好地方，能让当地人得到最好的西方文化，但听了他们的谈话之后，我的看法变了，他们让我明白了殖民地是怎么一回事。我就开始反对殖民主义，反对侵略战争。

军校上不了，我就要走别的路。受越南事件的影响，我对远东国家发生了兴趣。我十四五岁时，已经对印度的思想、印度的哲学很好奇，少年时代就喜欢看印度哲学著作。在我 18 岁的时候，在我眼里，印度、印度支那和中国，几乎都是一样的，没有什么分别，我也没有办法去加以辨别。

过了一阵，有朋友告诉我，在距我念书的巴黎学校不远的地方，有一位神父，要去远东传教。我去见这位神父，他不认识我，我也不认识他。双方见面后，他非常和气地接待了我，还问怎样可以帮助我。我就告诉他说，我想让他帮助我弄明白印度的思想和印度的哲学。他回答说，那很可惜，他对印度的研究完全是外行。他要到中国去，他有很多有关中国文化的书。他还说，如果我愿意，可以从他的家里拿走一本书，回去看。虽然我那时对中国没兴趣，可是他太和气了，我就出于礼貌拿了一本，谢谢他，回家了。这是一本什么书呢？是一位德国人写的介绍中国文法的书，那时还没有多少西方人介绍中国的语言文字文化。

我开始看这本书，看着看着就产生了兴趣，而且兴趣越来越浓。我发现，中国语言与我以前所知道的各种语言都不一样，完全是另外一种语言。我在中学时，学过拉丁文、希腊文和一点德文，还学了英文，但这些语言都是属于印欧语系的，中国的语言则属于另一个系统。中国文字尤其特殊，让我感到特别有意思。从这以后，我就去找中国朋友，请他们教我中文。我的第一位中文老师是陈荣生先生，我跟他学了三个月，他教了我一些中文的基础知识。为什么只学三个月呢？因为他三个月后就回中国了。他是因为战争阻隔滞留法国的，1945年，第二次世界大战结束，他动身返回祖国。他对我说，他要回去参加祖国的革命运动。他在临走前，为我安排了另一位朋友教我中文，这位朋友的名字你们可能知道，他叫李治华，法文版《红楼梦》的译者，后来在法国成为相当有名的学者。

1945年，我进入法国巴黎东方语言文化学院读书，师从戴密微先生（Paul Demiéville, 1894—1979）。他那时还在东方语言文化学院教中文，还没有去法兰西学院教书。我学了三年中文，1948年获得汉语本科文凭。我还在这所大学学了越南语，于1950年获得越南语本科文凭。为什么要学越南语？因为我结识了一批到法国留学的越南青年，在他们中间有一位越南姑娘，后来成了我的爱人。在这期间，我进入法国巴黎索邦大学，学习哲学和法律，之所以选择这个专业，还是与我对印度思想和印度哲学的兴趣有关。1951年，我获得索邦大学的哲学硕士与法学博士学位。当然，我的专业始终不是文学。

又过了五年，我参加了工作。我结了婚，有了家庭，需要维持生活。我希望去中国，但在20世纪50年代要去中国是一件很困难的事。不少中国朋友给我帮忙，但还是没办法。在那个年代，在远东地区的国家中，只有一个地方能去，就是越南。法国的殖民当局需要有人去越南的中学教书，我就去了越南，从1951年开始，我在越南西贡的一所中学当教师。记得初到西贡时，法国殖民地的官员对我表示大为欢迎，他还对我说，西贡的中学有两所，一所是法国的，一所是越南的，你愿意去哪一所？我说，去越南的。在西贡三年，我讲授中学高年级的哲学和文学两门课。我是学哲学的，不是学文学的，但越南的中学不开哲学课，我就要教一些文学课程。

在西贡的工作结束后，我回法国休假一年，再回到河内。这时情况又不一样了：法越战争结束了，无人肯到河内去。我同意去，因为河内有法国远东学院，我愿意进入法国远东学院，继续研究我关注的远东文化，尤其是中国文化。我在河内时，收到了一位中国朋友的信，他叫蒋鑫（音），我们在巴黎认识的。当时我帮他准备博士论文，他帮我学中文。但他没写完博士论文就回国了，他要回去参加中国的革命运动。他是兰州人，后来到北京的外交部门教法语。他就向他的单位申请，聘请我协助他教法语，我非常高兴，认为这样就能从河内去北京了。很遗憾，这个计划没有实现。我是在河内法国远东学院工作的最后一个法国人，院长同意我去北京，但要等到接替的人来。他来了，我才能走。等了六、七个月，找不到人，谁都不愿意到河内去。终于等到了一个人，他后来成为研究中国白话文的专家，写了不少文章。但等他来河内的时候，大约是 1958 年，中国内地的政策发生了变化，我的合同被取消了。

我不能去北京，又回到法国，这时指导我从事研究工作的导师还是戴密微先生。我就向戴密微先生申请去香港。我的想法是，既然去不了北京，至少可以去香港。戴密微先生告诉我，香港是一个很商业化的地方，不适合做中国文化研究。你要研究中国文化，不必去香港，应该去日本。日本有很好的汉学家。我在越南时，曾听到日军侵略亚洲国家的很多罪行，对日军很反感，不愿意去，我也不要研究日本文化，可是我又不能不听戴密微先生的话，这样我就同意去日本京都，心想，到了京都以后，一定要到北京，或者到香港。

我很不情愿地到达了日本。可在日本住了一段时间后，我的看法变了。日本学者和日本人民让我明白，他们跟日本军国主义者完全是两码事。日本军国主义分子对日本民众也是压迫的。我在京都住了三年，逐渐发现，日本汉学很了不起。我的日本导师内田智雄教授是一位很好的学者。日本的汉学工具书很多，这也为我研究中国文化提供了方便。我还开始学日语，觉得日语也很有意思。

过了三年，我回到法国，这时我的老师戴密微先生对香港的看法也在改变，因为他认识了饶宗颐先生。饶宗颐先生到英国参加一个学术会议，戴密微先生也去了，他听了饶宗颐先生的报告，这篇报告是研究敦煌文献的，那时法国汉学家还不知道敦煌文献有什么意义，应该怎么解释。饶宗颐先生把敦煌文献中的各种问题解释得很清楚，戴密微先生听了以后很信服。那时从法国到中国内地还是很困难，他这次就同意我到香港去，他说，你应该去找饶宗颐先生，拜他为师，上他的课。戴密微先生还给我提出一条要求说，希望我学甲骨文。当时欧洲没有人研究甲骨文，美国也没有人研究，饶宗颐先生已做了一些研究，在香港刚刚出版了两本书，都是关于殷商卜辞的，还曾把很厚的一本书寄给戴密微先生。戴密微先生向我介绍了这本书，并说，希望过一段时间后，我能帮助欧洲人明白什么是甲骨文。

我到香港后，开始住在一个中国人的家里。房东不是广东人，不讲广东话，我就要跟他学习普通话，同时自己也学广东话，这很有意思。那时香港只有一所大学，就是香港大学。香港大学设外语学院，院长叫马萌（音），北京人。香港那时是英国殖民地，中文课由英国官员讲。中文课分成两个系，一个系用广东话讲，一个系用普通话讲。因为英法政府之间有一定的联系，港大就同意我的要求，让我去讲普通话的中文系上课。以后我搬到一个北京人家里住，在马萌院长主持的外语学院里读中文。我记得当时有一个内地人，叫唐湘（音），上海人，父亲是个画家。他是一个非常有意思的人，在他的帮助下，我看了很多书，记得有一本是《浮生六记》，我非常喜欢。

因为有戴密微先生的嘱咐，我在香港大学上了饶宗颐先生的课。他开了一门课叫"文心雕龙"，从那以后，我认为，《文心雕龙》是最能代表中国文化的古代著作之一。戴密微先生要求我学习甲骨文，但饶宗颐先生在港大不教甲骨文的课，他就让我到他的家里去学。我花了一两年的时间跟他学习，先学《说文解字》，再学甲骨文。

在香港过了三年，我再到日本去。

一年后，法国远东学院院长告诉我，你现在运气好，你在远东国家已经待了很长时间，我需要别人也能做到像你一样，你现在可以回法国去教书，这样我就回到了法国。我爱人当时在法国南部工作，我在法国南部的埃克斯－普罗旺斯大学得到了一个教职。这所大学离马赛很近，马赛是个美丽的地方。在这片法国南部大学的外文课中，已经有阿拉伯文、意大利文的课程，也有人对中文开始感兴趣。埃克斯－普罗旺斯大学是一所很好的大学，校长希望能够成立一个中文教学部门，我就来做这件事。我在埃克斯－普罗旺斯大学花了六七年的时间，建了一个中文系，这是一件不容易的事。

1973 年，我在法国巴黎东方语言文化学院的一位老同学，时任巴黎大学中文系主任，邀请我到巴黎去，我就成了巴黎第七大学中文系的负责人。1979 年，我调到巴黎高等实验学院，负责儒家史研究组的工作，这是我的研究专长。

现在，我要开始介绍我的研究方法，当然这只是一个开头。

任何研究方法都不是事先预设的。在我看来，至少对我而言，研究方法应该是从研究对象出发，慢慢发展出来的。根据研究对象的性质，可以采取特殊的研究方法，但无论如何，在开始的时候，还是应该依靠一种方法。

我受影响最深的方法有以下两个。

第一个，是法国年鉴学派的方法。从 1929 年开始，在法国出现一个年刊，名字是《经济与社会史年鉴》。这个年刊成了这个学派的代表性刊物。为什么我会受这个学派的强烈影响呢？因为在埃克斯 – 普罗旺斯大学，在我开始教书的时候，就有不少这个学派的历史学家。埃克斯 – 普罗旺斯大学是一所历史学相当发达的大学，比巴黎大学还要发达。尤其是吕西安·费弗尔（Lucien Febvre, 1878—1956），这一学派的创始人之一，在历史学上很有成就。吕西安·费弗尔对中国也感兴趣，他的女儿在埃克斯 – 普罗旺斯大学上我的课。起初，我听说了吕西安·费弗尔前往中国学习的消息，当时我还在日本东京工作，吕西安·费弗尔先到北京，后到东京来找我。由于这个原因，我对这个学派比较了解，也受到它的影响。

第二个，是福柯的知识考古学方法。我刚才告诉你们，我在巴黎大学读书的时候，上的是哲学系，福柯是我在哲学系的同学，当时我们之间没有什么特别的来往，只是常常听他讲一些东西，后来我看了他的书，接受了他的观点。

这两个方法对我的总体影响是什么呢？我觉得有一点最重要：我的研究对象是思想史，我认为，人类是有思想的。人类不是蚂蚁或蜜蜂。蚂蚁和蜜蜂的集体文化是自然文化，人类社会的集体文化是历史文化。历史文化不是自然文化，历史文化是另一种东西。研究历史文化，首先应该注意到思想的、概念的历史。

# 1. 法国故居、父母兄妹、婚姻家庭

## Hometown, Parents, Brothers, Sisters and Marriage Life in France

图 1-1-1　汪德迈（Léon Vandermeersch）于 1928 年 1 月 7 日出生在法国北部临近比利时的 Wervicq-Sud 村
Léon Vandermeersch was born on 7 January 1928 in the northern French village of Wervicq-Sud, near Belgium.

图 1-1-2　汪德迈的父母
Léon Vandermeersch's father and mother.

图 1-1-3　汪德迈的十兄妹：童年与晚年
Léon Vandermeersch's ten siblings: their childhood and old age.

图 1-1-4　汪德迈投身社会公益事业的姐姐
Léon Vandermeersch's elder sister who devoted her whole life to the social welfare in Africa.

图 1-1-5　汪德迈的全家福
Léon Vandermeersch's family photo in France.

上
图 1-1-6　汪德迈与夫
人在法国
Léon Vandermeersch and
his wife in France.

下
图 1-1-7　汪德迈与夫
人在越南
Léon Vandermeersch and
his wife in Vietnam.

## 2. 汪德迈与法国导师戴密微（Paul Demiéville）和中国导师饶宗颐（Jao Tsung-I）于 20 世纪 60 年代后期在瑞士洛桑

## Léon Vandermeersch, with his French mentor Paul Demiéville and his Chinese mentor Jao Tsung-I, in Lausanne, Switzerland, in the late 1960s

上

图 1-2-1　法国汉学与中国国学的师承（右起：汪德迈、戴密微、饶宗颐，1966）
Scholarly transmission: from French Sinology to traditional Chinese studies(from right: Léon Vandermeersch, Paul Demiéville, Jao Tsung-I in 1966).

下

图 1-2-2　汪德迈与饶宗颐教授（1966）
Léon Vandermeersch and professor Jao Tsung-I in 1966.

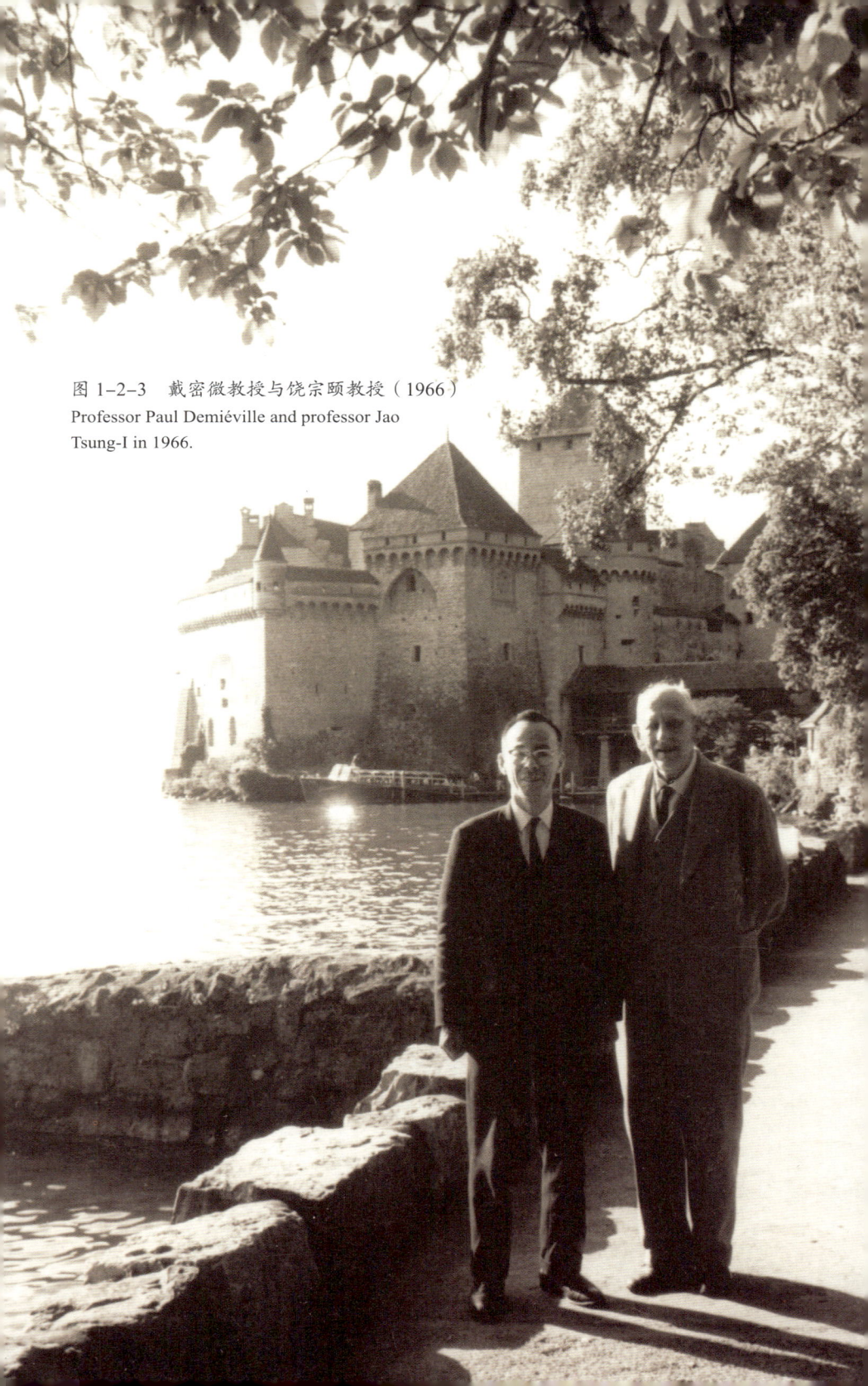

图 1-2-3　戴密微教授与饶宗颐教授（1966）
Professor Paul Demiéville and professor Jao
Tsung-I in 1966.

图 1-2-4　汪德迈赴香港大学参加饶宗颐九十寿诞纪念会（2006.12.13）
Léon Vandermeersch went to Hong Kong to attend the ceremony for celebrating the 90th birthday of professor Jao Tsung-I at the University of Hong Kong on 13 Dec.2006.

图 1-2-5　汪德迈赴香港大学看望饶宗颐教授（2012.3.10）
Léon Vandermeersch visited professor Jao Tsung-I at the University of Hong Kong on 3 March 2012.

## 3. 汪德迈于 20 世纪 50 年代后期在越南

### Léon Vandermeersch in Vietnam in the late 1950s

图 1-3-1　汪德迈任越南河内路易·飞诺博物馆（Musée Louis Finot de Hanoï）馆长（1956—1958）
Léon Vandermeersch was appointed as a director of Musée Louis Finot de Hanoï, Vietnam from 1956 to 1958.

# 4. 汪德迈在印度（1960 年左右）

## Léon Vandermeersch visited India Around 1960

图 1-4-1　青年时代的汪德迈背饶宗颐涉水过印度佛陀开悟圣地（1960 左右）
Léon Vandermeersch visited the French Institute of Pondicherry in south India with professor Jao Tsung-I and carried him across the river around 1960.

# 5. 汪德迈在法国南方城市马赛

## Léon Vandermeersch was in Marseille, the Southern City of France

图 1-5-1 汪德迈带我们重返马赛（2019.10.26—10.28）
Léon Vandermeersch took us back to Marseille on 26-28 Oct.2019.

图 1-5-2　马赛火车站（右起：金丝燕、江大海、汪德迈、董晓萍）
Arrived in the Marseille Railway Station(from right: Jin Siyan, Jiang Dahai, Léon Vandermeersch, Dong Xiaoping).

图 1-5-3　说一说马赛的地方特色小吃与饮食民俗
Talking about the local specialities and food folklore of Marseille.

图 1-5-4　访问汪德迈在马赛的女儿香塔尔·汪德迈·达尔玛的家
Visit to the home of Vandermeersch's daughter Chantal Vandermeersch Dalma in Marseille.

图 1-5-5　汪德迈回忆创办埃克斯 – 马赛大学（Aix–Marseille Université）中文系的往事
Léon Vandermeersch recalled founding the Chinese language department at Aix-Marseille Université.

# 6. 汪德迈工作照

Léon Vandermeersch's Working Photos

图 1-6-1　青年时期的汪德迈在巴黎寓所书房
Léon Vandermeersch's studying room in his youth in Paris.

图 1-6-2　中年的汪德迈

Léon Vandermeersch in his middle age.

图 1-6-3　汪德迈在法国国家图书馆
Professor Léon Vandermeersch at the
National Library of France.

图 1-6-4　汪德迈在巴黎索邦广场书桌咖啡屋与金丝燕讨论《中国思想的两种理性》中译本的翻译［陈陶然（Laure Chen）摄，2015］
Léon Vandermeersch discussed the translation of his book *Les deux raisons de la pensée chinoise Divinaiton et idéographie* with the translator, Professor Jin Siyan at L'Ecritoire in Sorbonne square in Paris (photo by Laure Chen in 2015).

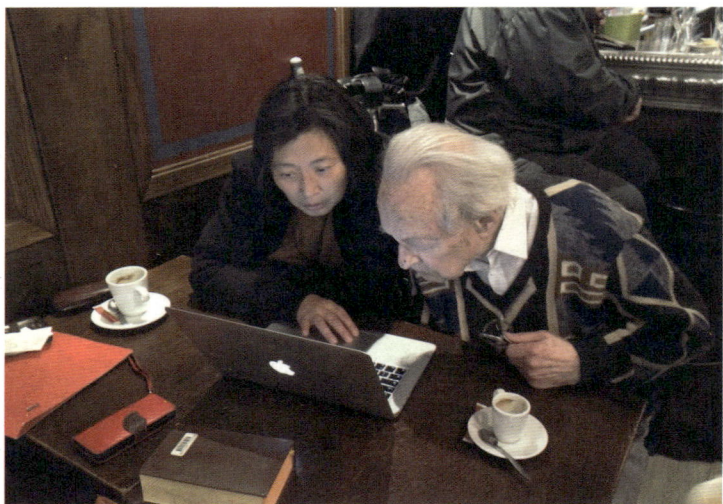

图 1-6-5　汪德迈开始加入金丝燕翻译《文心雕龙》中译本的工作（陈陶然摄于巴黎索邦广场书桌咖啡屋，2017.4.16）
Léon Vandermeersch began joining the translation of *Wen Xin Diao Long* together with Jin Siyan at L'Ecritoire in Sorbonne square in Paris (photo by Laure Chen on 16 April 2017).

图 1-6-6　汪德迈在北京师范大学校园内孔子塑像前留影（2016.9.19）

Léon Vandermeersch took photo in front of the statue of Confucius on the campus of Beijing Normal University on 19 Sept.2016.

图 1-6-7　汪德迈下榻北京师范大学京师大厦（2017.8.17）
Léon Vandermeersch stayed at the Jingshi Hotel of Beijing Normal University while taught here on 17 Aug.2017.

图 1-6-8　汪德迈连续七年在北京师范大学跨文化学研究生国际课程班授课（2015—2021）
For seven consecutive years, Léon Vandermeersch has taught at the International Workshop of Transcultural Studies at Beijing Normal University (from 2015 to 2021).

第 2 章

# 初访中国文化书院

Chapter Two
Professor Léon Vandermeersch Became Attached to
Academy of Chinese Culture Located at Peking
University in 1991

# 中国文化书院档案的一则记录
## A Note in the Archives of Academy of Chinese Culture

陈越光（Chen Yueguang）

## 1991 年 6 月

中国文化书院接待法国著名汉学家汪德迈（Léon Vandermeersch）夫妇及法国驻华大使馆文化专员夫妇，座谈中法文化交流和文化比较研究①。

---

① 陈越光汇编《附录一 中国文化书院八十年代大事系年 1984—1991》，原载陈越光《八十年代的中国文化书院》，北京：生活·读书·新知三联书店，2018，第 286 页。

# 1. 中国文化书院与北京大学

**The Early Relationship between Academy of Chinese Culture and Peking University**

图 2-1-1 《北京周报》1988 年第 31 卷第 20 期封面介绍中国文化书院（梁漱溟、冯友兰、张岱年、季美林、金克木、汤一介）
Cover of Beijing Weekly, vol.31, No.20, 1988, on the Academy of Chinese Culture (Liang Shuming, Feng Youlan, Zhang Dainian, Ji Xianlin, Jin Kemu, Tang Yijie).

图 2-1-2 本书编者陈越光（后排左一）参加中国文化书院的学术活动（前排左起：陈方正、王元化、周策纵、汤一介、庞朴，后排右起：王守常、林毓生、李中华、周质平、陈越光，1994）
Mr.Chen Yueguang (first from left in the back row), one of the editors of this book, participated in the academic activities of Academy of Chinese Culture (from left in the front row: Fong Ching Chen, Wang Yuanhua, Zhou Cezong, Tang Yijie, Pang Pu; from right in the back row: Wang Shouchang, Lin Yusheng, Li Zhonghua, Zhou Zhiping, Chen Yueguang in 1994).

## 2. 中国文化书院邀请汪德迈来访的时代精神

### The Spirit of the Times when Professor Léon Vandermeersch was invited by Academy of Chinese Culture

图 2-2-1　中国文化书院举办的"中外文化比较研究班"开学典礼（1986.1）

The opening ceremony of the "Comparative Study of Chinese and Foreign Cultures Course" organised by Academy of Chinese Culture on Jan.1986.

图 2-2-2 "中外文化比较研究（函授）班"面授课现场（1987.8）
The site of the face-to-face lecture of "Comparative Study of Chinese and
Foreign Cultures (Correspondence Course)" on Aug.1987.

图 2-2-3　冯友兰哲学思想国际研讨会（1990）

International Symposium for Feng Youlan's Philosophical Thought in 1990.

第 3 章

# 汪德迈与北京大学汤一介、乐黛云教授夫妇的交往

## Chapter Three

Léon Vandermeersch's Association with Professors
Tang Yijie and Yue Daiyun from Peking University

## 中西文化的互补性 [①]

The Cultures between East and West are
Complementary

［法］汪德迈（Léon Vandermeersch）与汤一介
（Tang Yijie）对话节录

［法］陈力川（Chen Lichuan），［法］金丝燕（Jin
Siyan）译

中西文化是否具有互补性？如果有，那么从哪里
互补？怎样互补？互补的目标又是什么？对这一系
列问题，汪德迈与汤一介曾在北京进行了一场对话。

---

① 编者注：此文是节录，全文见［法］汪德迈（Léon Vandermeersch）
《跨文化中国学》，北京：中国大百科全书出版社，2018，第
1–49 页。

2011 年 12 月 17 日和 12 月 19 日，由《跨文化对话》主编乐黛云教授主持，两人在北京大学儒学研究院和朗润园的汤一介宅邸先后两次做了长时间的对谈。

## 中国古代哲学、儒学与西方文化

时间：2011 年 12 月 17 日

地点：北京大学儒学研究院

翻译：陈力川

主持人乐黛云教授（以下简称乐）：今天非常高兴地邀请法国著名汉学家汪德迈教授和北京大学儒学研究院院长，《儒藏》的首席专家汤一介教授做一次对谈。两位老先生都是 80 多岁的人了，汤一介先生 85 岁，汪德迈先生下个月 84 岁，他们对中国文化都颇有研究，学生也非常多。我们和汪德迈教授是比较熟悉的，在法国和中国多次见过面。《跨文化对话》近期将发表汪德迈教授的新著《表意文字与拼音文字》的《序》和《跋》，汪先生在该书中阐述的思想是很有创意的。今天我特别高兴请到北京大学校友陈力川先生帮我们做翻译。在座的还有法国阿尔多瓦大学的金丝燕教授，她曾经是我们北京大学比较文学研究所的第一位助教；北京大学出版社的负责人高秀芹博士；北京大学法语系秦海鹰教授；北京师范大学董晓萍教授。还有张锦，是我的学生，《外国文学评论》的编辑，这次请她帮我们做记录。两位老先生的谈话记录整理后会发表在《跨文化对话》上。今天对话的主题是中西文化的互补性。那我们现在就开始吧，谁先谈呢？

**汪德迈教授（以下简称汪）**：最近我在福建的华侨大学讲课，有一次，我问一个学生："你认为现在最能代表中国思想的思想家是谁？"他考虑了一下说："是汤一介先生"。

**汤一介教授（以下简称汤）**：我先提一个问题。汪德迈教授在《〈儒藏〉的世界意义》这篇文章中有一段话："曾经带给世界完美的人权思想的西方人文主义面对近代社会以降的挑战，迄今无法给出一个正确的答案。那么，为什么不思考一下儒家思想可能指引世界的道路，例如'天人合一'提出的尊重自然的思想、'远神近人'所倡导的拒绝宗教完整主义以及'四海之内皆兄弟'的博爱精神呢？"读完汪德迈先生的这段话，我想是不是可以说：西方文化可以从中国的儒家文化中得到某种互补的意义？能不能请汪德迈教授对这段话做点解释和发挥。

**汪**：我认为在中国的人文主义当中，有许多宝贵的财富，但中国的人文主义在西方的传播受到一些表述方式的限制，因为这种表述方式不符合西方的传统。中国人文主义的一个关键的概念是"仁"。这个"仁"字，由"亻"加"二"组成，反映了中国人对"仁"的基本看法。"仁"的概念，对西方人来说，非常陌生。西方的人文主义是建立在神学基础上的，神学来自犹太教、基督教和柏拉图主义，后来经过托马斯·阿奎纳（Thomas Aquinas）的阐发，形成了西方人文主义的神学传统，即人的价值来源于神，人的形象是按照上帝的形象创造的。在中国的人文主义中，人是自然的一部分，是宇宙的一部分，人跟自然一样，参与整个宇宙的运动。因此在中国的人文主义中，有"天人合一"这样的概念。人的价值观不同，对人的理解不同，这是中西文化的一个根本差异。

在西方的人文主义传统中，有一个"平等"的概念。按照西方神学的说法，人是按照上帝的形象创造的，在上帝面前人人平等。"平等"的概念是西方人文主义的一个重要概念。相比之下，中国的人文主义对人的理解是，人与人之间存在极大的差异，由于他们的天资不同、社会地位不同，每个人都处在一个不同的位置上。例如"父子"的概念，父与子处于不同的地位，他们之间是没有平等可言的。因此，父要慈，子要孝。这是界定父子关系的基础。同理，君王、臣子与普通人都处于不同的地位，所以他们的责任和义务是不同的。中国的这套社会等级观念在西方很容易引起误解，许多西方人认为中国的儒家思想否定人与人之间的平等。而对于一个中国人来说，西方"人人平等"的概念也很难理解，因为中国人不认为父和子是平等的，君和民是平等的，夫和妻是平等的，因为每个人都有自己特殊的社会身份、地位和义务。因此，我认为"平等"这个概念是中西方互不理解的原因之一。在西方，理论上大家都认可平等的观念，而且将平等作为推广人权的一个手段，但是在现实中，大家都知道绝对的平等是不存在的，因为平等受到许多主客观条件的制约。这种理论上的平等和实际上的不平等是一个普遍存在的现实。

在西方，平等和人权的原则助长了某种个人主义思想：个人高于集体，个人利益高于集体利益。个人主义的泛滥导致了西方社会普遍的危机，我认为。这是一种"社会性"的危机：每个人都赋予自己的自由以无限的空间，致使社会联系、社会精神受到破坏。在中国，我们也看到某种思想导致的缺陷，正如我们在巴金的《家》中看到的那样，集体主义对个人的压迫，个人受到种种束缚，处在不自由的状态，这也是东方的问题。我认为，每个文化的价值本身都是好的，都值得尊重，西方的个人主义价值观和东方的集体主义价值观都有其优秀的一面，都应该得到继承。但是价值不能被推向极端，不能被歪曲。再好的价值，如果被推向极端或被歪曲，也会产生很多副作用。

**汤**：刚才汪德迈教授对中国和西方不同传统观念的看法，我觉得很有意义。我想先讲讲我对中国传统观念的一些看法。我首先得把理想或者理念与现实分开来考虑，因为，理想或者一种很好的理念，并不可能都在现实中实现，这一点无论西方和中国都一样。中国最早注重的是"礼"，它建立的是人与人之间的关系，而不是人与神之间的关系。那么在人与人之间的关系中，原始儒家认为是互有权利和义务的，就是说父慈才能要求子孝，你如果父不慈就不能要求子孝；反过来讲，子必须孝才能要求父慈。当然这里面是有不平等的观念，特别到后面讲到夫妻关系的时候是最明显的，它讲夫义妻顺，妻子一定要顺从。我想后来孔子看到这个"礼"的观念有缺陷，所以他讲"礼和乐"，并指出要是没有"仁"的话，这个礼和乐是没有意义的，所以礼、乐必须讲"仁"，这是《论语》中讲到的。因此，孔子对"仁"做了定义，叫"仁者爱人"。但他这个"仁者爱人"是有不同层次的。在《中庸》中有一句话就讲："仁者，人也。亲亲为大。"就是说仁爱的"仁"是人本身，即人的本性的要求，但是人本来所具有的这种仁爱属性是从什么出发的呢？它是从爱自己的亲人出发的。可见孔子认为出发点是在亲人这里，但是不能停留在出发点上，而要推己及人。孟子的一句话说得就更具体了，他说："亲亲而仁民"，就是从"亲亲"一定要达到"仁民"，要对老百姓仁爱，"仁民而爱物"，还要把对老百姓的仁爱推到爱物，爱其他的事物。这样就可以引发出"天人合一"的观念：你不仅要爱人而且要爱物，要爱整个自然界，爱大地、花草树木。这里面有它合理的东西、可取的东西，但确实有等级的次序，因为它是从亲亲到仁民到爱物。那么在现实社会中间，要做到这样一个等级次序实际上也是非常难的。不过从理念上讲，它很可能更适应于东方，特别是中国的农业社会的要求，因为中国的农业社会是以家庭为中心的，家庭同时是生活单位也是生产单位，那么，你首先要维护家庭的和睦相处，然后才能与你周围的人和睦相处，然后你才会爱护你耕种的这片土地，就是要及物才行。如果你不爱护你居住的土地，当然会导致社会的混乱。所以我想中国思想是这样一个逻辑的考虑吧。

这一点与西方不同，因为西方的思想有宗教，宗教认为在上帝面前人人平等。为什么呢？因为根据《圣经》上讲，大家都是上帝的儿子。不过它有一个说法，就是你必须是基督教徒，大家才是平等的。那么非基督教徒怎么办？好像它没有解决这个问题，因为它是一神教。因此就产生了宗教冲突，比方说十字军东征，打了200年，它是和伊斯兰教打。因为两个都是一神教，所以我觉得这是个比较麻烦的问题。怎么解决这个问题呢？也许中国可以提供一点经验。中国的儒家主张"道并行而不相悖"，所有不同的道理，包括宗教信仰，都可以共同发展，而不一定要互相排斥，这是儒家的思想。而道家的思想讲究"有容乃大"，你必须有很大的容量才是大的思想。

当然中国文化的缺陷也很多，特别是"礼"的发展，孔子讲"人而不仁，如礼何？人而不仁，如乐何？"可是到秦汉以后，中国这个"礼"有非常大的变化，就是讲"三纲六纪"，这就把"礼"演化成一种统治和服从的关系。现在我们常常把中国秦汉以后说成是封建社会，它实际上是中央集权的皇权专制社会，跟西方的封建社会完全是两回事。历史总是要发展的，但是在发展中，后来的东西并不一定比前面的更好。

有一次，我跟法兰西学院科学院院士，地质学家克萨维·李比雄（Xavier Le Pichon）讨论这样一个问题：现在的人跟过去的人比较谁更痛苦？是现代人更痛苦呢，还是古代人更痛苦？那次讨论是金丝燕做的翻译。我们讨论了很久也说不清楚到底是现在的人更痛苦，还是过去的人更痛苦。因为我们没有生活在过去，所以我们不能了解过去。我还有一个想法，我觉得西方现在也有很多变化，比如说西方的过程哲学（process philosophy），怀特海（Whitehead）有一句很重要的话，就讲"人和自然是个生命共同体"，我认为这个表达比"天人合一"的表达更清楚，为什么呢？它是把天和人都看成是有生命的，共同存在的，是一个整体。因为"天人合一"的观念，常常会被人误解为"天"和"人"是不分的。所以我觉得西方有些变化，这些变化到底是受中国影响的，还是西方独立发展的，我不大清楚。因为怀特海的思想在20世纪20、30年代就传到了中国。第一个介绍他的是我的老师贺麟教授。我觉得东西文化不仅有互补性，而且可能有共同的看法。我们经常讲到共同价值的问题，就是找到人类社会都承认的一些价值，而且找得越多，对人类社会就会越好一些，我是这样想的。怎么判断这个价值呢？需要在不同的文化中间寻求大家都可以接受的东西。1993 年在美国芝加哥召开的世界宗教大会发表了一个《全球伦理宣言》，这个宣言把"己所不欲勿施于人"定为伦理的底线。其实"己所不欲勿施于人"在《圣经》里也可以找到，在佛经里也可以找到，它并不是中国独有的，其他文化也有。如果找到更多的这种共同思想、共同价值，今天的人类就会更好。所以我们得承认，各种不同的文化中都有具有普世价值意义的因素。

乐：我觉得汪德迈教授比较强调差异。如果没有差异，就没有比较，也没有沟通。

汪：对，我强调差异，当然我觉得也有共通之处。

乐：但是这个关系应该怎么理解呢？差异怎么理解，关系怎么理解，哪些是共通的，哪些是不共通的呢？

汪：正如汤一介教授刚才所谈到的，在中国历史上产生过一些变化，这些变化是佛教传入中国以后发生的。欧洲也出现过类似的情况，例如 18 世纪的启蒙运动给欧洲带来的宗教改革。西方对社会的理解也发生过变化，比如在英国 17 世纪的政治哲学家霍布斯（Hobbes）看来，"人对人是狼"，人与人的关系就是人与狼的关系。调节人与人关系的是利益，而不是基督教所宣扬的"博爱"或者"爱他人"这样的伦理原则。霍布斯的思想与孟子的思想完全相反。在孟子看来，"人之初，性本善"，如果你看到一个婴儿落井，你会本能地去救他，这是人的善良本质的一种表现。而在霍布斯看来，人天生没有这种善良的本质，人是趋利的动物，以追求个人的利益为依归。因此，只能把社会建立在利益关系上，不能把社会建立在同情、怜悯、善良这些价值观上。因此，霍布斯主张开明君主制：一个社会应该有权威，这个权威的执行者应该是一个开明君主式的人物。在霍布斯看来，每个人都有自己的利益，而不同的个人利益可以导向某种公共利益，在个人利益导向公共利益的过程中要有一个担保人，这个担保人就是开明君主。因此，个人应该将自己的自然权利交给这个权威人物，只有绝对的权威才能保证社会契约的实行。霍布斯的政治思想后来遭到了一些批判，最先批判他的人是卢梭。在卢梭看来，社会契约不是让个人将自然权利交付给权威者，而是将自身的一切权利转让给整个集体。卢梭不否认个人利益的存在（"人人都受着私自的动机所引导"），但是共同利益可以使全体个人结成一个道德共同体，这个道德共同体所形成的公共人格，卢梭将其称为"共和国"或"政治体"，"国家"或"主权者"。这样一来，社会契约在公民之间确立了一种平等，所有人都遵守同样的条件并享有同样的权利。法国大革命以后，欧洲社会开始了漫长的民主建设的历程。

西方的民主思想的确与中国的思想有某种对立性：中国的思想注重和谐，个人被要求放弃自己的利益来成全集体的利益，因为集体的利益高于个人的利益，只有这样才能实现社会的普遍和谐。而在西方的民主进程中，我们看到的是保护个人利益，每个人都要保护自己的利益，这是西方民主社会的常态，当然这很容易造成个人利益至上。中西方也有一些共同的价值，这一点没有问题。问题在于中西方在各自的社会构建中把这些价值放在什么位置上，以及如何评价这些价值。在民主占主导优势的西方国家，"民主"自然被置于社会价值的最高端，中国不是这样。自19世纪中叶以来，中国和西方发生了大规模的接触和冲突。1911年辛亥革命的时候，孙中山是承认民主价值的，但是他认为当时的中国不具备实行民主的条件，因此必须通过教育，通过改善中国的物质条件为民主准备条件，这个思想一直延续到今天，当政者仍然认为中国现在不具备实行民主的条件，还需要发展经济，提高教育。

现在西方社会有一个民主的危机。为什么会有民主的危机？因为习惯于把民主当作最高价值，而现在我们看到"民主"不足以解决人类碰到的一些问题。例如资源分配和环境保护。一碰到这类问题，每个国家，每个企业都有自己的利益，都会为保护自己的利益而不遗余力地争夺。再比如金融危机，民主在西方实行了这么多年，怎么还会爆发如此严重的金融危机呢？这说明民主不足以控制和调节金融领域的危机因素。现在西方有一些学者，例如罗桑瓦隆（Pierre Rosanvallon），他提出这样一个问题：当今社会与18世纪的社会具有本质的不同，那个时代创建的民主制度已经不适应我们这个时代。如何既尊重民主价值，又能解决当今社会面临的问题，这是一个值得研究的课题。现在西方民主碰到的问题之一就是我们通常所说的议会民主，议会民主就是人民选举代表，由这些代表去立法施政。议会民主，或代议制民主的危机表现为政党政治的危机。政党政治表面上是在维护公共利益，实际上是通过民主运作争夺权力。在这方面，我觉得中国可能有不同的传统。中国的集体主义，或曰集体观念也许对西方具有某些参考价值。我想强调的是，真正的问题不在于说哪里的情况更好，哪里的危机更严重。在东西方社会的比较中断定孰优孰劣没有什么意义。真正的问题既不是说西方的民主危机使西方的情况不如没有民主的中国，也不是说中国的专制使中国的情况比存在民主危机的西方更糟。真正的问题是我们每个社会都不完善，都有缺陷，问题是我们沉迷于自身的传统，看不到自己的问题，看不到自己的缺点，我们需要借鉴他者的经验，不是为了模仿或者照搬他者的经验，而是借助他者的经验看到自己的问题，改正自己的缺点。

**汤**：我还是接着讲文化的融合和发展吧。文化的传入往往是全方位的，比如印度佛教，它是全方位传入到中国的。到底哪些适合中国的需要，哪些不适合中国的需要，哪些是有价值的，哪些是没有价值的，这要经过很长时间的选择才能知道。中国吸取印度佛教文化花了一千年的时间，才使中国把印度佛教消化到中国自身的文化当中，所以我们现在说中国传统文化是儒、释、道三家。比如说宋明理学，如果没有长期消化印度佛教文化的过程，宋明理学是很难建立起来的。因为它至少在几个方面吸取了印度文化，例如程朱理学很重要的一个思想就是讲"理一分殊"，它认为"理"是一个完整的东西，它虽然分在不同的人中间，但应该是一个完整的东西。事实上，每个人并不都是取得了完整的"理"。"理一分殊"的观念就是从印度的，首先是从一个形象得到的，就是"月映万川"，因为月亮照在江河湖海中，它是完整地照在那里，不是部分地照在那里。如果从哲学上讲，就是佛教讲的"一即是多，多即是一"，一和多的关系是互相的关系，并不是割裂或者对立的关系，这样才有"理一分殊"的现象。所以真正吸取印度文化、印度佛教，要花很长的时间才能真正了解，并且按照我们的需要改造印度佛教。在改造方面，比如说印度禅学讲"静"，平静的"静"，因为它要修禅，它是"一禅天、二禅天、三禅天、四禅天"，怎样把你的心情平静下来，平静到极度的平静才是最高的境界。中国觉得这个很有意义，就把它接受过来，到了宋明理学，特别是二程，将"静"改成了"恭敬"的"敬"，就是涵养需要"敬"，就是你修自己不是"安静"的问题，而是你"尊敬"的问题，这样就改变了佛教原来比较消极的东西。因为尊敬是一个动态而不是静态的东西，对对象是动态的感受。

中国吸取西方文化才一百多年，那么怎样才能真正消化西方文化，使得西方文化成为自己非常重要的组成部分，就像汪德迈先生所讲的，了解西方文化本源的思想，我觉得也还需要花很长的时间。反过来讲，西方要了解中国文化本源的思想也要花很长的时间，虽然它从启蒙运动就开始了解，甚至从更早就开始了解中国文化了，但了解的都是表面的东西，不是中国文化本质的东西。另外要注意的就是，无论了解哪一种别人的文化，你都必须有主体性，自身文化的主体性。如果你丢失了你自身文化的主体性和本源的话，你就没有能力去吸取其他文化优秀的东西，反而容易吸收像刚才汪德迈教授所讲的那些皮毛的东西，那些不健康的东西。我想任何民族吸收其他民族文化的时候，都要有自我的主体性，就是要立足在自己的民族文化的本源上来考虑，而且不是短时间的，一定是长时间才能做到的，这一点从我们吸收印度佛教上可以得到证明。现在我们从来不会觉得佛教不是自己的东西，我们看它就是中国的东西。但是我们现在还没有把西方的东西消化好，还没有把它完全变成中国的东西，西方也没有把中国的东西看成他们自己的东西，那些最根本的东西，具有本源精神的那些东西。所以这个是很漫长，需要发挥知识分子的良心才能做到的事情。乐先生老说我经常忧心忡忡，为什么我忧心忡忡呢？我一方面怕失去我们文化的主体性，另一方面我也怕我们不能了解西方文化的基本精神。所以不能不忧心忡忡，因为你面对现实的社会，它的问题那么多。政治、经济常常是带有功利性的，而文化的问题从根源上讲不应该是功利性的，它应该是超功利性的。

汪：我同意汤一介教授的意见，我想举两个例子来说明这一点。1957年我在越南河内任职，那年我受邀去柬埔寨金边参加一个会议。在这个会上，印度学专家斐利尤萨（Jean Filliozat）在会上大谈印度的佛教，法国汉学家戴密微（Paul Demiéville）站起来说，印度已经没有佛教了，印度佛教已经消失了，佛教是中国的。中国佛教的代表是禅宗，禅宗实际上是中国思想、中国哲学吸纳了佛教以后产生的一种思想。今天在来这里的路上，我们谈到法国的诗人克洛岱尔（Paul Claudel），我认为他是法国最伟大的诗人之一，他有好几年在中国担任外交官，他吸收了中国和日本的戏剧艺术，创造了他的剧作《缎子鞋》，从这个作品中我们可以看出一个深具法国传统的作家如何吸收中国和日本的戏剧艺术来创造自己的作品。这是一个文化融合成功的例子。

### 1. 汪德迈与汤一介对谈中西文化的互补性

**Professor Léon Vandermeersch and Professor Tang Yijie talk about the complementarities of Chinese and Western cultures (in Tang's house at Langrun Garden, Peking University on 19 Dec.2011)**

图 3-1-1　乐黛云教授主持会议（右起：乐黛云、汤一介、汪德迈、陈力川，北京大学儒学研究院，2011.12.17）

Professor Yue Daiyun hosts the seminar (from right: Yue Daiyun, Tang Yijie, Léon Vandermeersch, Chen Lichuan, in the Institute of Confucianism, Peking University on 17 Dec.2011).

图 3-1-2　旅法学者陈力川先生（左一）中法双语翻译

Mr.Chen Lichuan, a French scholar (first from left), Chinese and French bilingual interpreter.

图 3-1-3　汪德迈教授与汤一介教授谈中西文化的互补性（北京大学朗润园汤宅，2011.12.19）

Professor Léon Vandermeersch and professor Tang Yijie talk about the complementarities of Chinese and Western cultures (in Tang's house at Langrun Garden, Peking University on 19 Dec.2011).

图 3-1-4　乐黛云教授主持、汤一介教授谈中国儒学

Moderated by professor Yue Daiyun, professor Tang Yijie talked about Chinese Confucianism.

图 3-1-5　汪德迈教授谈中西文化差异

Professor Léon Vandermeersch pointed out the differences between Chinese and Western cultures.

图 3-1-6　金丝燕教授翻译（张锦记录）

Chinese and French bilingual interpretation of professor Jin Siyan (recorded by Zhang Jin).

## 2. 汪德迈先生、汤一介教授、乐黛云教授、金丝燕教授谈《跨文化对话》（北京大学朗润园汤宅，2013.7.25）

**Professor Léon Vandermeersch talk about *Transcultural Dialogue* with Professor Tang Yijie, Yue Daiyun and Jin Siyan (in Tang's house at Langrun Garden, Peking University on 25 July 2013)**

图 3-2-1　暑期四人谈（左起：乐黛云、汤一介、金丝燕、汪德迈）
Summer talk between four professors (from left: Yue Daiyun, Tang Yijie, Jin Siyan, Léon Vandermeersch).

图 3-2-2　汪德迈先生笔下的汤一介与乐黛云教授夫妇的书房
Study room of professors Tang Yijie and Yue Daiyun, written by professor Léon Vandermeersch.

# 第 4 章

## 访问北京故宫、琉璃厂与天坛、安阳、敦煌、西安、三星堆

Chapter Four
Visit to the Palace Museum, Liulichang Antique Street
and Temple of Heaven in Beijing, Anyang in Henan,
Dunhuang Grottos in Gansu, Xi'an in Shaanxi and
Sanxingdui in Sichuan

# 汪先生在敦煌许个愿

Professor Léon Vandermeersch Made a Wish in
Dunhuang

［法］金丝燕（Jin Siyan）

　　2015 年 8 月，汪老《中国思想的两种理性：占
卜与表意》中译本完稿后，送北京大学出版社出版。
随即，汪老应中国西夏文专家、法兰西学院儒莲奖
2013 年获得者李范文先生的邀请，去敦煌石窟考察。
晚间散步，石窟、沙漠和天际做伴，汪老说："若上
天继续给我光明，我将写一本小书：《中国教给我们
什么》。"

# 1. 访问北京故宫、琉璃厂、天坛

**Professor Léon Vandermeersch and the Other French and
Chinese Scholars visited the Palace Museum, Liulichang
Antique Street and Temple of Heaven in Beijing**

## 1.1 北京故宫（2017.9.2）
Visited the Palace Museum in Beijing on 2 Sept.2017.

图 4-1-1.1 背后是太和殿（左起：董晓萍、法宝、舟刻、孔博恩、金丝燕、马磊）
Hall of Supreme Harmony behind the visitors (from left: Dong Xiaoping, Dhannapala Tampalawela,
Michel Zink, Antoine Compagnon, Jin Siyan, Ma Lei).

图 4-1-1.2 身边是九龙壁
The Nine-dragon Wall beside the visitors.

图 4-1-1.3 琉璃檐上的鸟儿飞走了
Birds flying away from the glazed tiles.

图 4-1-1.4　故宫博物院
The Palace Museum of the Purple Forbidden City.

## 1.2 北京琉璃厂（2019.4.25）
Cultural Visiting of the Historical Street Liulichang and the Traditional Workshops on 25 April 2019.

图 4-1-2.1  米歇尔·舟刻教授、汪德迈教授和汪德迈的女儿香塔尔·汪德迈·达尔玛医生参观北京琉璃厂
Professor Michel Zink, professor Léon Vandermeersch, doctor Chantal Vandermeersch Dalma (the daughter of Léon Vandermeersch) visited historical street *Liulichang*.

图 4-1-2.2　米歇尔·舟刻教授和汪德迈教授参观琉璃厂荣宝斋
Professor Michel Zink and professor Léon Vandermeersch visited historical workshop *Rongbaozhai* at the street *Liulichang*.

图 4-1-2.3　访问荣宝斋非物质文化遗产传承人
Interviewed with the inheritors of the intangible cultural heritages in workshop *Rongbaozhai*.

图 4-1-2.4　米歇尔·舟刻教授和汪德迈教授参观商务印书馆
Professor Michel Zink and professor Léon Vandermeersch visited China Commercial Press.

## 1.3 北京天坛（2019.8.28）
Visited the Temple of Heaven in Beijing on 28 Aug.2019.

图 4-1-3.1　汪德迈先生在北京天坛故地重游
Professor Léon Vandermeersch revisited the Temple of Heaven.

图 4-1-3.2 汪德迈先生向米歇尔·西班牙教授介绍天坛
Professor Léon Vandermeersch introduced the Temple of Heaven to professor Michel Espagne.

图 4-1-3.3 论法国汉学史上记载的中国的"天"的概念（汪德迈、全丝燕、米歇尔·西班牙）
Discussing the concept of "heaven" in China as recorded in the history of French Sinology (Léon Vandermeersch, Jin Siyan and Michel Espagne).

图 4-1-3.4　风清云闲回音壁
Visited the echo wall of the Temple of Heaven while the mild breeze blew and the white clouds were over the head.

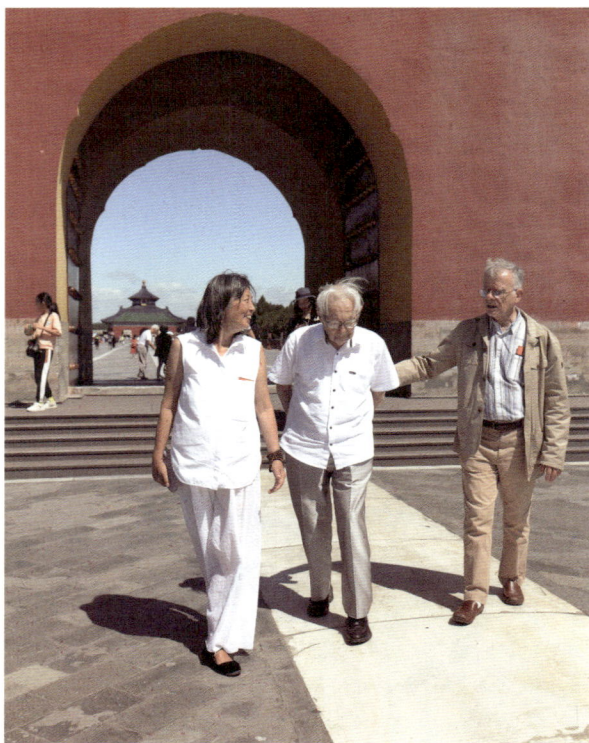

图 4-1-3.5　法国三教授讨论中西"天"的概念的差异
Three French Professors discussed the differences in the concept of "heaven" between China and the West.

# 2. 访问河南安阳殷墟甲骨遗址

## Visited Ruins site of Oracle Bones Inscriptions of Yin Dynasty at Anyang City in Henan Province

∽◦∿

### 2.1 汪德迈、金丝燕与西夏文专家李范文赴安阳考察（2012.3.6）

Professor Léon Vandermeersch with Li Fanwen, an Expert of the Xixia Wen, and professor Jin Siyan visited the ruins of unearthed oracle bones of Yin Dynasty at Anyang in Henan on 6 March, 2012.

图 4-2-1.1 到达安阳殷墟旧址（右起：金丝燕、李范文、汪德迈）
Arrival at the former site of Yinxu in Anyang (from right: Jin Siyan, Li Fanwen, Léon Vandermeersch).

图 4-2-1.2　参观中国文字博物馆
Visited the National Museum of Chinese Characters.

图 4-2-1.3　与地方文物工作者交谈
Talking with local relics scholars.

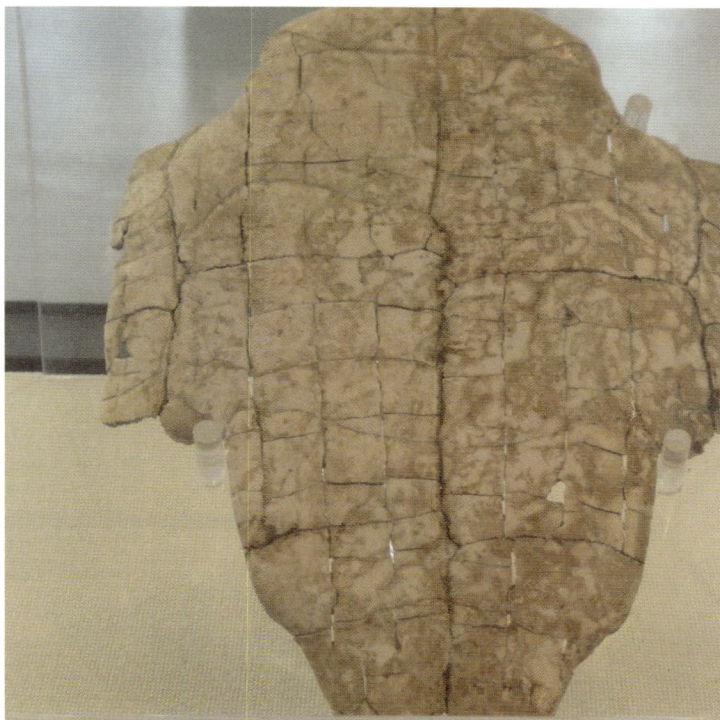

图 4-2-1.4　重要的是对龟甲实物的近距离观察和远距离思考
What is the important is the close observation and long-distance while thinking of the real physical tortoise bones.

图 4-2-1.5 了解当地学者的资料
Reading the local scholars'materials.

图 4-2-1.6 汪德迈先生、李范文先生与当地文物工作者座谈
Professor Léon Vandermeersch and Mr.Li Fanwen talking with the local relics scholars.

图 4-2-1.7 告别这块古老而神奇的土地
Farewell to this ancient and amazing land.

## 2.2 汪德迈先生与中法学者团队再赴安阳殷墟甲骨出土遗址，陈乐然任法中双语翻译（2017.8.28-8.31）

Professor Léon Vandermeersch with a cultural expedition group of Chinese-French scholars visited the ruins of unearthed oracle bones at Anyang, with Mr.Raphaël Chen as the French-Chinese bilingual interpreter (Henan on 28-31 Aug.2017).

图 4-2-2.1　米歇尔·冉刻教授与孔博恩教授到达北京首都国际机场（2017.8.28）
Professor Michel Zink and professor Antoine Compagnon arrived at Peking International Airport for this trip on 28 Aug.2017.

图 4-2-2.2　米歇尔·冉刻教授与孔博恩教授下榻北京师范大学京师大厦
Professor Michel Zink and professor Antoine Compagnon stayed in Jingshi Hotel, BNU on 28 Aug.2017.

图 4-2-2.3  在北京南站高铁站候车室
The Waiting Room of Beijingnan Railway Station on 28 Aug.2017.

图 4-2-2.4  在北京至安阳的高铁上
On the high-speed rail train from Beijing to Anyang on 28 Aug.2017.

图 4-2-2.5 到达河南安阳火车站（右起：陈乐然、米歇尔·冉刻、李范文、董晓萍、法宝、孔博恩、金丝燕）
Arrived at Anyang Railway Station on 28 Aug.2017(from right: Raphaël Chen, Michel Zink, Li Fanwen, Dong Xiaoping, Dhannapala Tampalawela, Antoine Compagnon, Jin Siyan).

图 4-2-2.6 河南安阳殷墟甲骨文出土遗址
The ruins of unearthed oracle bones of Yin Dynasty in Anyang of Henan.

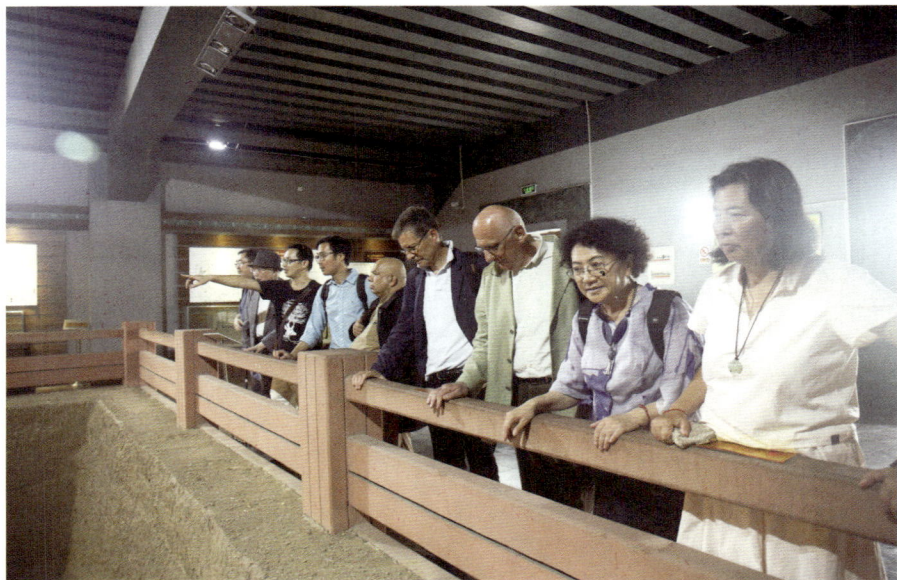

图 4-2-2.7 参观甲骨文出土地坑
Visited the unearthed site of oracle bone script on 28 Aug.2017.

图 4-2-2.8 河南安阳"中国文字博物馆"甲骨文画廊
Oracle Gallery of National Museum of Chinese Characters in Anyang of Henan on 28 Aug.2017.

# 3. 访问甘肃敦煌（2017.8.30）

## Visited Dunhuang in Gansu on 30 Aug.2017

图 4-3-1　甘肃敦煌机场
Dunhuang Airport, Gansu on 30 Aug.2017.

图 4-3-2　甘肃敦煌研究院
Dunhuang Research Academy in Gansu on 30 Aug.2017.

图 4-3-3 甘肃敦煌研究院会议
Meeting at Dunhuang Research Academy in Gansu on 30 Aug.2017.

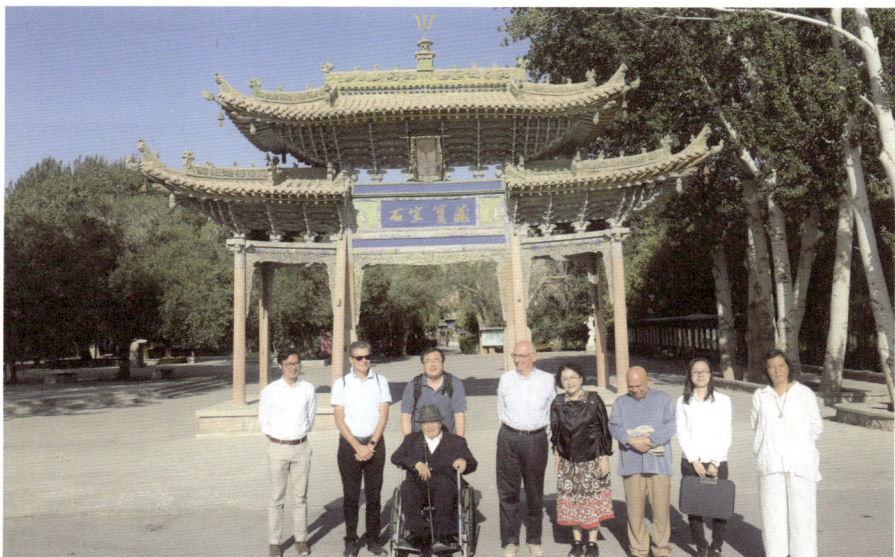

图 4-3-4 走进莫高窟蓝色的牌楼
Walking through the Blue Archway of Mogao Caves on 30 Aug.2017.

图 4-3-5 千年的石窟
Mogao Caves with a history of thousands of years on 30 Aug.2017.

图 4-3-6 晨曦中鸣沙山佛窟蜂舍
Mogao Caves on the Mingsha Mountain in the morning sunrise on 30 Aug.2017.

图 4-3-7 戈壁沙海莫高窟
Mogao Caves on the Gobi desert on 30 Aug.2017.

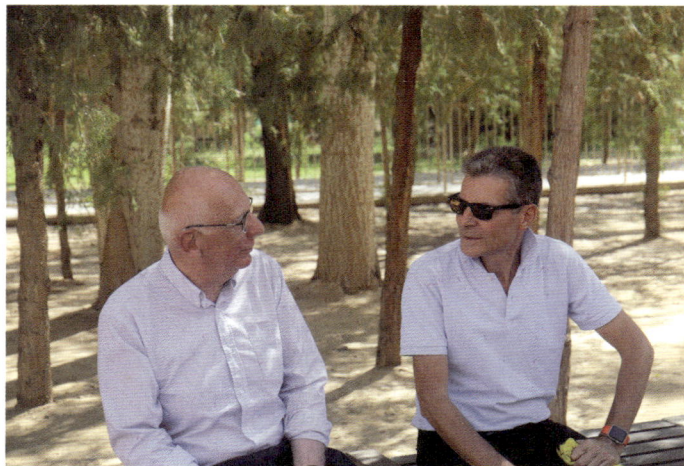

图 4-3-8 白杨绿荫两相叙
Scenery of popular trees and lawn on 30 Aug.2017.

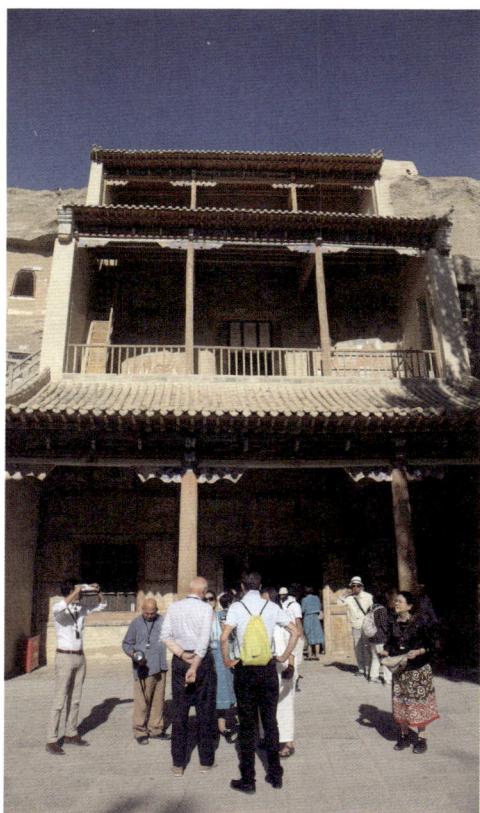

图 4-3-9 佛窟经楼听诵长
Listening to the chant of Buddhist sutra in the Mogao Caves on 30 Aug.2017.

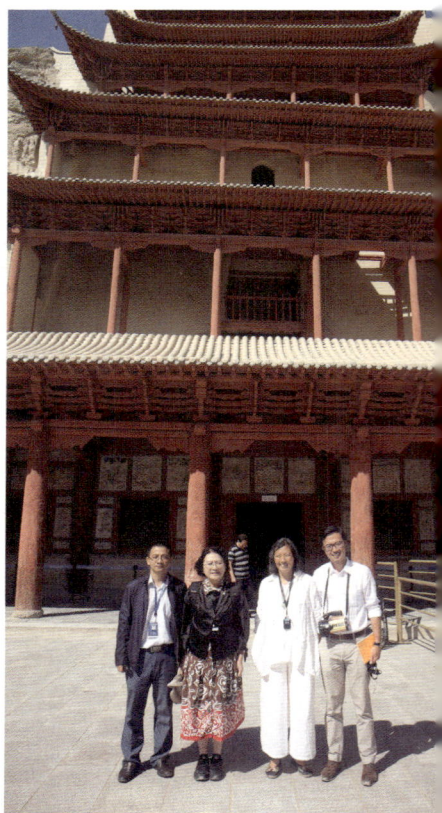

图 4-3-10 两个翻译
Two interpreters on 30 Aug.2017.

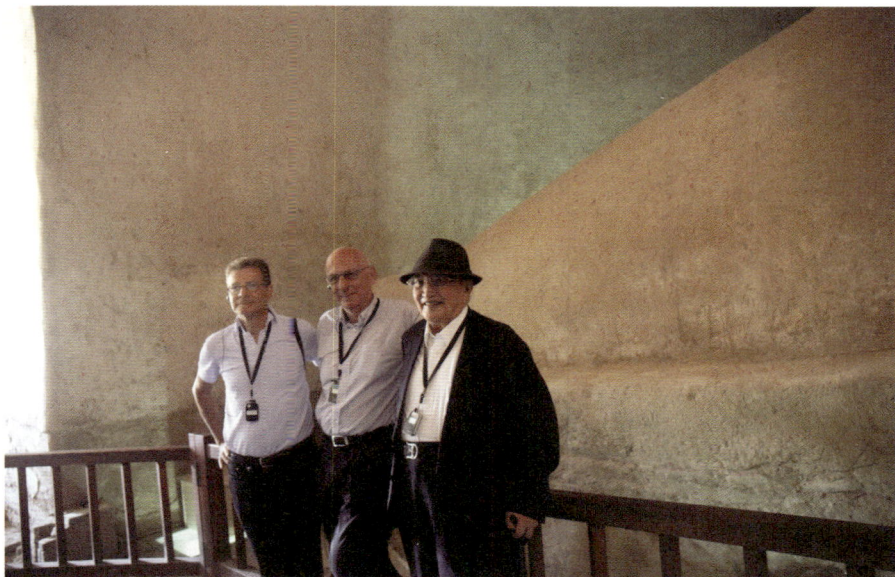

图 4-3-11　三个朋友
Three friends on 30 Aug.2017.

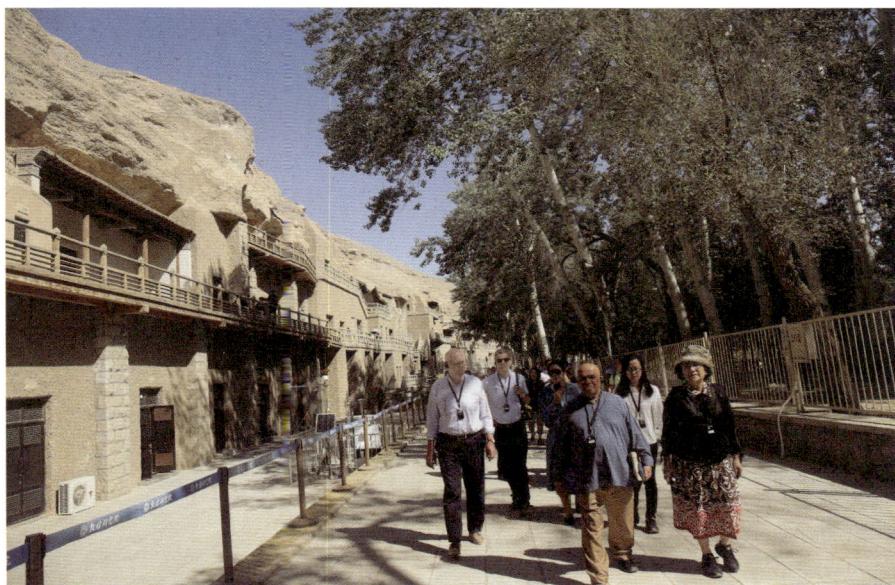

图 4-3-12　心在天上走，人在画中游
Walking in the picturesque scenery with the mind wandering in the sky on 30 Aug.2017.

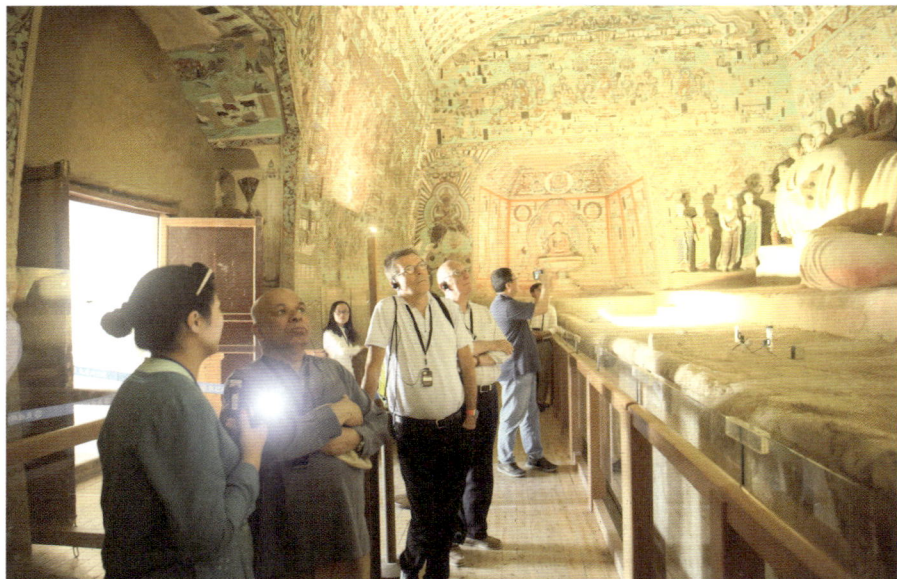

图 4-3-13　甘肃敦煌莫高窟第 148 窟（705—781 年）
No.148 Mogao Cave (705-781 AD) on 30 Aug.2017.

图 4-3-14　莫高窟合影
Group photo at Mogao Caves on 30 Aug.2017.

# 4. 访问陕西西安（2017.8.29）

## Visited Xi'an City, Shaanxi on 29 Aug.2017

图 4-4-1　西安临潼兵马俑博物馆
Emperor QinShihuang's Mausoleum Site Museum, Lintong. Xi'an on 29 Aug.2017.

图 4-4-2　西安临潼兵马俑世界遗产标志
Group photo took with the faculty on 29 Aug.2017.

# 5. 访问四川三星堆（2019.8.31-9.1）

## Cultural Visiting of the Sanxingdui Museum from 31 Aug. to 1 Sept.2019

图 4-5-1　汪德迈教授参观三星堆博物馆
Professor Léon Vandermeersch visited Gallery, one site of the Sanxingdui Museum at Sichuan, on 31 Aug.2019.

图 4-5-2　陈力川先生、金丝燕教授陪同汪德迈访问三星堆
Professor Léon Vandermeersch visited Gallery, one site of the Sanxingdui Museum accompanied by Mr.Chen Lichuan and professor Jin Siyan on 31 Aug.2019.

图 4-5-3　面对古老的青铜器面具
Facing the ancient bronze vessel mask of Sanxingdui.

图 4-5-4　看到三星堆的神树
See the holy tree of Sanxingdui.

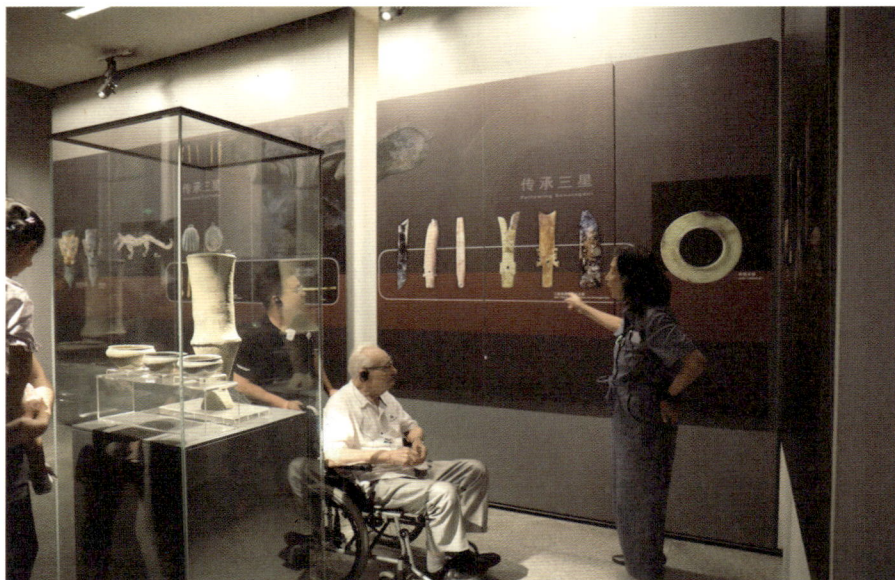

图 4-5-5　这里是金沙遗址
Another site in Jinsha.

图 4-5-6　记忆金沙
Memory of Jinsha Site Museum.

第 5 章

# 创设法兰西学院"汪德迈中国学奖"

Chapter Five

Establishment of "Léon Vandermeersch Prize for
Chinese Study" Cooperated by Collège de France
and Mingyuan Foundation for Chinese Culture and
Education of Hong Kong

# 汪德迈中国学奖

Léon Vandermeersch Prize for Chinese Study

董晓萍（Dong Xiaoping）

　　"汪德迈中国学奖"，全称"法兰西学院金石美文学院汪德迈中国学奖"，由法兰西学院金石美文学院与香港明远中国文化教育基金会于 2017 年在法国巴黎共同创建，以法国当代汉学家汪德迈（Léon Vandermeersch）的名字命名。

　　"汪德迈中国学奖"，为中国学终身成就奖，一年一度，在世界范围内表彰为中国学术文化研究有重大贡献的研究者。

　　法兰西学院金石美文学院已有近四百年的历史，

在欧洲享有崇高的学术地位。在该学院创设"中国学奖"为历史上首例，也是四百年来法国汉学史上的第一次。

法兰西学院金石美文学院在汉学领域拥有雷慕沙、儒莲、沙畹、伯希和、马伯乐、戴密微、阿里克谢、汪德迈等迭代相继的汉学家。

法兰西学院院士、法兰西金石美文学院终身秘书长冉刻（Michel Zink）教授为该奖的创设做了大量工作。"汪德迈中国学奖"的设立，成为法国学术界高度重视中国学术文化研究的鲜明标志，反映了以法国为代表的欧洲社会对当代中国社会发展的普遍关注。

汪德迈为法兰西学院金石美文学院（Académie des Inscriptions et Belles-Lettres）通讯院士。其研究着力于甲骨文、儒法家思想、中国古代政治制度、中国思想史，以及受中国文化影响的国家（韩国、日本、越南）的文化史。出版代表性著作七部（法文版），获法兰西学院儒莲奖（Prix de Stanislas Julien）、法兰西学院金石美文学院最重要的奥马乐奖、法国荣誉军团骑士勋章、法国教育荣誉勋位、日本神器金银星、中国政府颁发的中华优秀图书特殊贡献奖。

汪德迈先生是中国人民的好朋友，他长期推进中法文化交流，在中国文化书院、北京大学和北京师范大学参加跨文化研究新学科的创办工作，积极推进跨文化中国学研究生教育事业。

香港明远中国文化教育基金会位于香港特别行政区，为社会公益基金会，专注致力于中国文化研究、中国文化建设、中国基础教育与高等教育的公益捐助事业，由香港中文大学中国文化研究所所长陈方正教授创立，著名文化学者陈越光先生任主席。

# "汪德迈中国学奖"在北京和巴黎颁奖

"Léon Vandermeersch Prize for Chinese Study" Awarded issued in Beijing and Paris

［法］金丝燕（Jin Siyan）　董晓萍（Dong Xiaoping）

## 第一届"汪德迈中国学奖"乐黛云获奖

董晓萍

　　首届"法兰西学院汪德迈中国学奖"，正值 2019 年中法建交 55 周年纪念之际，于 2019 年 4 月 24 日在北京颁奖。颁奖典礼在法国驻华大使馆隆重举行，中国跨文化研究事业的开拓者，北京大学乐黛云教授成为第一位获此殊荣的学者。乐黛云教授，北京大学中文系现代文学与比较文学教授，博士生导师。历任北京大学比较文学与比较文化研究所所长、国际比较文学学会副主席、中国比较文学学会会长。1990 年获加拿大麦克马斯特大学荣誉文学博士学位，2006 年获日本关西大学荣誉博士学位。曾任加拿大麦克马斯特大学兼任教授、美国斯坦福大学访问教授、澳大利亚墨尔本大学访问教授、荷兰莱顿大学访问教授、香港大学访问教授、香港科技大学访问教授和北京外国语大学专聘教授、北京大学跨文化研究中心主任，兼任北京师范大学跨文化研究院名誉院长和北京师范大学兼职教授。乐黛云教授是我国现代文学、比较文学和跨文化研究领域的著名理论家和教育家，著作等身，主要有：《比较文学原理》、《比较文学与中国现代文学》、《中国知识分子的形与神》、《跨文化之桥》、《中国小说中的知识分子》（英文版）、《比较文学与中国——乐黛云海外讲演录》（英文版）、《跟踪比较文学学科的复兴之路》、《当代名家学术思想文库·乐黛云卷》、《涅槃与再生：在多元重构中复兴》、《自然》（中、法、意大利文版）、《面向风暴》（英、德、日文版）。主要编著有：《世界诗学大辞典》（合编），主编《中学西渐专题》8 卷，《远近丛书》14 本，《跨文化沟通个案丛书》14 卷，

《跨文化对话》集刊 39 辑，中欧跨文化对话编年史（1988—2005）（与金丝燕合编）等。乐先生也是一位享有盛誉的散文家和作家，已发表或出版的多部文艺创作作品脍炙人口，代表作有：《我就是我——这历史属于我自己》《透过历史的烟尘》《绝色霜枫》《逝水与流光》《四院·沙滩·未名湖》。

法兰西学院院士、法兰西学院金石美文学院终身秘书长米歇尔·冉刻（Michel Zink）教授代表颁奖单位法兰西学院致辞。他说，这次颁奖对于加强法国与中国的沟通，乃至世界与中国的沟通都有重大意义，对于获奖者本人来说也有非凡意义。乐教授在中国创建了比较文学学科，开拓了跨文化研究领域，近年与北京师范大学跨文化研究院合作，开展跨文化学教育活动。乐教授参与创办中法合作学术杂志《跨文化对话》，在法国也有很大的影响。乐教授是法国学术界的老朋友，多次应邀到法国讲学，让法国学者也能够吸收她的思想精华，见识她的博学多才。今天在此颁奖，对于汪德迈先生本人来说也是十分重要的。汪德迈先生在中国影响如此之大，值得以他的名字来命名此奖。这个奖项还告诉我们，中法两国学者是如何工作的。它是中法两国学术精神的见证。它推动两国学术文化的发展，同时也让两种文化都更好地了解自己。法国驻华大使馆文化处高等教育与社科合作专员杜雷（Jean-Francois Doulet）先生致辞说，我要赞美法兰西学院金石美文学院的国际情怀。这个奖项的设立，再次确认了法国人文主义在世界文化体系中的特殊位置。我也要向尊敬的乐黛云先生表示最诚挚的祝贺！您一生致力于寻找一种普世的研究方法。您用自己不停歇的研究、不懈的努力，建构中法之间相互尊敬、相互平衡的文化关系。

法国汉学家汪德迈先生发言，他谈到，此时不能不想到汤一介教授。汤一介和乐黛云夫妇的工作，一方面是对中国文化的贡献，一方面是对中国文化与世界多元文化交流的贡献，这是很了不起的。香港明远基金会主席陈越光先生在致辞中概括了乐黛云教授的成就，并表示，乐教授荣获此奖实至名归。这是一个面向全球中国文化研究者的终身成就奖。它以对中国文化研究成就卓越、德高望重的汪德迈先生的名字命名，在学术地位崇高的法兰西学院金石美文学院第一次设中国学奖，这是它的重要价值。它的更重大意义还在于，通过这个奖项的设立，引起更多的目光关注和理解中国的历史和它的进程，也促进中国人自己更好地研究自身的历史和文明，建立对自己文化的自信，以及建立对理解世界，沟通世界的自信。

中国艺术研究院研究员、浙江马一浮书院院长刘梦溪先生在发言中说，首次颁奖发给乐先生，是对她的跨文化学术理念和长期实践的认同和肯定。跨文化学的理论不仅很重要，而且有它的紧迫性。如果大家能理解这些思想，这个世界就可以变得更美好。乐黛云教授致答谢词，表达了对法兰西学院的谢意，也表达了对"汪德迈中国学奖"的创设者和颁奖人的由衷敬意！

香港中文大学中国文化研究所前所长陈方正教授应邀主持颁奖仪式。

出席颁奖仪式的中法嘉宾和社会各界人士主要有：法国文化中心多媒体图书馆馆长李大维（David Lizard），文化处高级项目官金瑞玲（Juliette Jin），法兰西学院院士、法兰西学院副院长米歇尔·冉刻教授，法兰西学院通讯院士、法国高等社会科学研究院汪德迈教授，法兰西学院院士、法兰西学院金石美文学院原院长、法国高等社会科学研究院佛辽若（Pierre-Sylvain Filliozat）教授与夫人婆苏闳拉·卡瓦利-佛辽若（Vasundhara Filliozat）教授，法国阿尔多瓦大学特级教授、东方学系主任金丝燕，香港明远中国文化教育基金会主席陈越光先生，香港中文大学中国文化研究所前所长、香港中文大学荣誉教授陈方正先生，北京大学跨文化研究中心主任乐黛云教授，北京师范大学资深教授王宁先生，中国艺术研究院研究员、浙江大学马一浮书院院长刘梦溪先生，北京师范大学民俗典籍文字研究中心主任李国英教授，北京师范大学跨文化研究院院长董晓萍教授，跨文化研究院学术委员会主任程正民教授，跨文化研究院副院长李正荣教授，南京大学研究院生院院长吴俊教授。中法合作"跨文化研究"丛书出版单位代表，中国大百科全书出版社刘国辉社长，中国大百科全书出版社社科学术分社郭银星社长与曾辉副社长，商务印书馆文史编辑室陈洁主任，香港中文大学出版社陈甜编辑，北京大学出版社初艳红编辑。《人民日报》、中国新闻社、清华大学学堂在线和北京师范大学电视台等媒体记者到会。其他法国学者和北京师范大学跨文化研究院师生列席。

**附：首届颁奖仪式致辞全文**

## 米歇尔·冉刻（Michel Zink）致辞

尊敬的各位院长，

尊敬的法国驻华大使馆文化教育合作处的诸位同仁，

各位教授，

法兰西学院各位同仁，

女士们、先生们、朋友们：

今天我们在这里共同见证"法兰西学院金石美文学院汪德迈中国学奖"的颁奖，这对于加强法国与中国的沟通，乃至世界与中国的沟通都有重大意义。本次颁奖仪式本应于去年在巴黎举行，今天我们来到北京，给乐黛云女士颁奖。

"法兰西学院金石美文学院汪德迈中国学奖"对于获奖者本人来说具有非凡的意义，是对乐黛云女士终身学术成就的认可。乐女士在中国创建了比较文学学科，开拓了跨文化研究领域，近年开展跨文化学教育活动。乐教授是法国学术界的老朋友，多次应邀到法国讲学，让法国学者也能够吸收她的思想精华。

今天在此颁奖，对于以该奖命名的汪德迈先生本人来说也是十分重要的。汪德迈先生在中国影响如此之大，以至于我们和香港明远基金会选择用他的名字命名此奖。

这个奖项也是中法两国学术精神的见证。它告诉我们，中国和法国的学者是如何工作的。这个奖也是两国学者精神的见证，是两国学者精神碰撞的见证。它还告诉我们、提醒我们，中国有人在研究法国的汉学研究，在法国也是一样，有人研究中国的文化。这样的交流，能加深两国的文化交往，能推动两国文化的各自发展，也能推动两国文化的长远建设。

这个奖项的重要意义还在于，法兰西学院作为"汪德迈中国学奖"的颁奖机构，是在履行一种高尚的使命。我作为机构的颁奖者，在此有必要介绍一下这个法国机构。法兰西学院是在国王路易十三时代，由黎世留红衣大主教于 1635 年创立。最初的使命是规范法语的语言，让学者研究这种语言，为此还编纂了一部法语词典。1663 年，路易十四时期，科尔贝尔创建了法兰西金石美文学院，该院的职责是汇集那些最博学的大学者，让他们去从事博大精深的学术研究，研究文字、研究历史、研究文明。研究的范畴，是世界范围内的广大区域，比如，地中海地区，这里有古希腊、古罗马文明，有埃及、叙利亚等地中海人类文明发源地。再如，研究法国中世纪的历史。此外，还有近东和远东地区的东方文化，远东地区就包括中国、日本、韩国等。到了17 世纪，又陆续创建了法兰西科学院和法兰西艺术学院，这些机构在法国大革命时期被取缔，但并没有让它们完全消失，而是用一个学院取而代之，后来被称作法兰西学院。

在复辟帝国时期，又将原来的法兰西学院重新恢复，共有四个学院。后来又加了一个道德与政治学院。到此时为止，法兰西学院的结构就没有再出现变化。这样在法兰西学院内有五个学院，它们坐落在巴黎塞纳河畔美丽而古老的建筑中，这幢建筑本是马扎兰在 17 世纪命人设计的。每逢召开大会，院士们都要盛装出席，共同出现在金光闪闪的中央大厅圆顶之下。院士服是一种绣绿镶金的礼服，佩戴一把院士剑，每位院士都有自己的佩剑。院士服的样式完全按照拿破仑帝国时期将军服制作，院士服就是将军服。19 世纪末 20 世纪初，有人曾开玩笑说，欧洲有三个杰作，即英国的皇家海军、德国的参谋部和法国的法兰西学院。迄今为止，法兰西学院已有近四百年的历史，现在还在健康地工作和发展。

法兰西学院金石美文学院就是这五学院之一，但由于金石美文学院成立很早，在世界上很著名，故至今有人将它等同于法兰西学院。法兰西学院的院士，从理论上说，一般都是著名作家，知名华裔作家程抱一就是法兰西学院的院士。有的时候，也有的学者取得了其他特殊成就，也会授予其院士职衔，如法国前总统吉斯卡尔·德斯坦先生。

金石美文学院一直在承担在法语国家和地区维护法语的职责，每年都要编纂金石美文学院的词典。此外，每年还都要颁发相关的奖项。金石美文学院与其他四个学院是平等关系，但由于历史的原因，金石美文学院总是排序第一的。回到今天的议题上来，颁发"汪德迈中国学奖"的机构正是金石美文学院。香港明远基金会与我们合作，是中国学术界向我们发出的非常美好的声音，是对法兰西学院金石美文学院的成就和地位的高度认同。我代表这个机构把这个奖项颁发给乐黛云女士，感到非常荣幸。

## 汪德迈（Léon Vandermeersch）致辞

尊敬的法国驻华大使馆文化教育合作处六使代表，

尊敬的法兰西学院副院长冉刻先生，

女士们、先生们：

我的致辞只有几句话，很短的。

每次提到乐黛云教授的名字，我都不能不想起汤一介的名字。在我看来，这对教授夫妇对中国文化的贡献非常重要。汤一介先生的贡献是编纂《儒藏》。《儒藏》可能是在 21 世纪初对中国文化最有意义的贡献。乐黛云教授的贡献是跨文化研究。跨文化的研究也是非常重要的。一方面，它们是对于中国文化的贡献；另一方面，他们是对中国文化与世界其他多元文化交流的贡献。这些贡献的目标，是让人类社会进一步健康发展，是希望人类文化越来越美好。

我很高兴地看到，第一个获得这个奖项的是汤一介先生的夫人——乐黛云教授。

最后，我要感谢香港明远基金会参与创立这个奖项。


## 陈越光致辞

尊敬的法国驻华大使馆杜雷先生，

尊敬的汪德迈先生、乐黛云先生、冉刻先生，

女士们、先生们：

下午好！

我首先表示祝贺，祝贺"法兰西学院金石美文学院首届汪德迈中国奖"的获奖者乐黛云教授！乐黛云教授从文学研究起步，延伸到比较文学研究，进而到跨文化研究，是中国跨文化研究的奠基者、开创者、成型者，乐教授获得此奖实至名归。

中国文化知识不是一个外在的体系，而是和人

密切相关的。有至大至美之学者，也一定有精彩的人生。刚才乐老师回忆了汤一介先生，我和汤先生、乐先生的相识也有三十年了，受他们的感召和教化也有三十年了。我记得在汪德迈先生的致辞中有这样一层意思，即"授予乐黛云教授此奖，包含了对汤一介教授的致敬。"这也使我想起，一百年前，中国的一位走向世界的复古主义者辜鸿铭先生，写过这样一本书，用英文写的，书名是《中国人的精神》，书末的结论是，"评价一种文明，不是看它有什么样的建筑，而是看它产生了什么样的人，什么样的男人和女人"。我想，在这个世界上，无论是哪个国家、哪个民族的人，以汤一介和乐黛云这样的男人和女人所达到的学问人生的高度，评价中华文明，应该是中华文明的一种幸运。

这个奖项，由法兰西学院金石美文学院和香港明远中国文化教育基金会于 2017 年在巴黎共同设立。这是一个面向全球中国研究者的终身成就奖。这个奖项的重要性，不仅仅在于它以对中国文化研究成就卓越、德高望重的汪德迈先生的名字命名，也不仅仅在于它是学术地位崇高的法兰西学院金石美文学院首次设中国学奖。它的意义在于，通过这个奖项的设立，将引起更多的目光，关注和理解中国的历史文明和它的进程，也将进一步促进中国人自己更好地研究自身的历史和文明，建立对自己的文化自信，同时也建立对理解世界、走向世界的道路的自信。

我们可以相信，中华民族的现代化，是在其走向世界化的进程中实现的，而中华民族的世界化进程，是和人类社会去单一文明中心论，开启自轴心文明时期以来最强烈的文明互鉴、互动和互融进程相一致的。

我还一直在想，"汪德迈中国学奖"的首奖，授予一位跨文化学者，这意味着什么？我的看法是，是不是它会启发我们重新理解什么是中国文化？如果说，中国文化不仅仅是五千年前在它源头的轩辕黄帝的文化，不仅仅是三千年前甲骨文的形成和《周易》的形成，不仅仅是两千多年前的孔子和老子；而且，中国文化也包括了这几千年的历史进程中，它的传承和发扬者，比如北宋五子，比如王阳明，那么，今天的历史是不是将开启新的一页？这一页是什么？就是把跨文化学者的一切贡献，熔铸在中国文化的历史洪流中，形成中国文化发展的新的内在精神力量。

## 刘梦溪致辞

各位朋友，

女士们、先生们：

我与乐黛云教授、汤一介教授有四十年的交谊。汤一介教授过世后，我一个礼拜三次梦到他，梦见另一个世界的汤先生，我向乐先生讲过这个故事，我们之间的感情联系非常密切。两位教授在中国文化研究、中国哲学研究和跨文化研究领域，都取得了显著的成就，为中国学术界所公认。向乐黛云教授颁发这个奖项的法兰西学院，是欧洲最重要的学术机构，是欧洲汉学的重镇。"汪德迈中国学奖"是非常高的学术荣誉，乐黛云教授获得此奖，是2019年春天最好的消息，祝贺乐先生！

首奖颁给乐先生，这是对她的跨文化学术理念和长期实践的认可和肯定，她几十年来一直致力于这个事业。我还认识美国哈佛大学费正清中国研究中心的史华慈教授，他也是跨文化沟通的推动者。史教授是法裔犹太人。20世纪末，我在哈佛大学访学期间，与史教授做了比较长时间的对话。他提出了一个观点，就是语言对人的作用，并不像人们想象的那么大，他的意思是说，人与人之间是可以沟通的；甚至在语言不通的情况下，也能够做一定程度的沟通。世界是复杂的，彼此之间的沟通有时看起来很艰难；然而，人与人之间的差异的确有那么大吗？《易经·系辞》云："天下同归而殊途，一致而百虑。"《孟子》曰："理之所同然者。"钱钟书讲"东海西海，心理犹同"。哈佛燕京学社里张贴的一副溥仪的老师陈宝琛写的对联是："文明新旧能相宜，心理东西本自同。"在这个世界上，大家尽管走的路线不同，使用的方法不同，但我认为，人同此心、心同此理，人类最终会走到一起。

可能人类还会有一种通病，都希望别人跟自己一样，但是我要讲，这是不可能的。跨文化学的理论不仅很重要，而且有它的紧迫性。如果大家能理解这些思想，这个世界就会变得更美好。

# 乐黛云答谢词

尊敬的汪德迈先生，

尊敬的法兰西学院冉刻先生，

尊敬的法国驻华大使馆杜雷先生：

获得"法兰西学院汪德迈中国学奖"，我感到非常荣幸！

我要向远道而来、专程到北京颁奖的冉刻教授表示衷心的感谢！在冉刻先生代表法兰西学院宣读的颁奖词中，肯定我从事跨文化研究所做的工作，我十分感动。

我要向我们的老朋友汪德迈教授表示敬意！同时向"汪德迈中国学奖"奖委会致谢！

我还要向出席今天颁奖典礼的中国同仁王宁教授、程正民教授、金丝燕教授、董晓萍教授、陈越光先生、陈方正先生、刘梦溪先生、刘固辉先生、郭银星女士、陈洁女士等一一致谢！感谢大家多年来的帮助。

此时此刻，我也想起了汤一介先生，他多年来一直支持这个事业。我们为跨文化事业做了拓荒的工作，推动了它的发展，但这一事业方兴未艾，还有很多领域需要开拓，我会竭尽绵力工作下去，继续把它向前推进。

## 第二届"汪德迈中国学奖"樊锦诗获奖

［法］郭丽英

法兰西金石美文学院为法兰西学院五学院之一，1805 年落成，坐落于塞纳河畔，与卢浮宫博物馆隔河相望，是一个历史悠久、古典庄严的穹顶建筑群。该学院的成立，缘起于 1663 年法王路易十四世时期，由当时宫廷执政大臣科尔贝尔（Jean-Basptiste Colbert）始创，是一所专门的皇家学院机构，其目的是编撰刻于各建筑石碑史迹的博学文雅辞句和镌铸金钱铜币上的特定铭文，以其中歌颂路易十四世业绩的铭文为先。1683 年，该学院被命名为"铭文和勋章皇家学院"（Académie royale des Inscriptions et médailles）。接着学院职责推广扩大，然主要明显任务为探究撰写刻在纪念建筑石板、石碑和金银铜币上各个拉丁和法文字章句。自 1701 年起，其任务于时间空间向外展开，所涉及时空推溯到欧陆上古、中古的知识文明传播，地域远涉及中东、北非再至美洲大陆及东亚各地思想文化。学院主要出版著作包括历史、考古、美术、训诂、语言、文字和与思想史等等有关的人文学科。

18、19 世纪以来，金石美文学院不只推广保护世界人类文明遗产遗迹，同时也尽力鼓动保护考古发掘以研究法国及中东和北非古代文明遗产文物。学院的组织成员目前拥有 55 名法国籍专任院士，外国籍准院士 40 名，另有 100 名通讯院士，其中一半为外国人士。每年除了在穹顶大殿内开一隆重庄严大典外，学年中几乎每周五都会举行学院聚会叙述业务活动点滴，学术专题讲演和考古发掘报告等。这类学术周会特别向外开放，任何人都可来旁听。此外，这里也经常举办专题学术研讨会，其时外来同行和广大热心听众总是汇集满堂。

百年来法兰西金石美文学院成为世界文明的储藏库。不少欧美财团基金会和许多院外和院内学者们或财物继承人往往陆续捐赠财产基金，如此在学院内成立了好几十多种荣誉奖金制度，以鼓励各个学科人士继续努力发展业绩。各奖金颁奖年次不一，或有每年一次者，或有多年一次者。于 2016 起重新整理，年奖总数有 26 到 29 种，涵盖金石美文学院所有的学科。其中东方亚洲部门有 7 种奖金，西方上古时期研究有 5 种奖金，中古加上近代研究也同样有 5 种奖金。其他还有种种特别的奖金。此等荣誉奖金年年陆续颁发给资深的人文社会考古科学家和年资尚轻但有突出研究成果的学者。

"汪德迈中国学奖"始创于 2017 年，为东方亚洲部门 7 种奖金之一。此"中国学奖"的主要荣誉归于法籍汉学家金石美文学院通讯院士汪德迈先生。汪先生治学执教严谨。他尽其一生专研古汉学和现代中国学，成果极为丰富。他曾执教于法国外省和巴黎各大学，主要为法国巴黎高等实验学院第五组宗教学指导教授。他奖掖和教导年轻一代汉学家有相当的收获。另外在学术行政上兼职大学校务，曾任法国远东学院院长等重任。

2019 年 10 月 18 日下午，在法兰西金石美文学院每周五的例会之后，举行"汪德迈中国学奖"第二届颁奖典礼。这是"汪德迈中国学奖"创立以来第一次在法国金石美文学院四壁镶嵌 2、3 世纪以来法国著名政治家、文学戏曲作家、人文社会科学家等学院学士的肖像和塑像的大厅里庄严举行。第二届的获奖人为来自中国西北沙漠边缘敦煌莫高石窟的敦煌研究院名誉院长樊锦诗先生。

颁奖典礼首先由学院大会本年度主席米歇尔·冉刻宣布开始并致辞。第二个是汪德迈先生致辞。最后，樊院长致答谢词。

樊锦诗 1963 年从北大考古系毕业后分配到敦煌文物研究所工作。研究所的工作包括三处石窟群，其中最典型的是敦煌莫高窟。它位于目前甘肃省西北部的沙漠戈壁深处，鸣沙山和三危山环抱的绿洲中。从 4 世纪中叶起，整个窟群连续凿建至 14 世纪，持续千年，是世界上现存规模最大、保存最完好的佛教石窟艺术圣地。然而，敦煌石窟的建筑、彩塑、壁画，历经千余年，由于自然和人为因素的原因，患有多种病害，呈退化趋势。1984 年后，敦煌研究院加以保护工作，延长敦煌石窟文化遗产的寿命。樊院长认为，敦煌石窟考古与保护是一项不可不做的工程。她带领所里成员规划并编辑出版多卷本记录性的考古报告《敦煌石窟全集》。这一世界文化遗产的科学档案资料，推动这一世界文化遗产的研究，满足国内外学者和学术机构对敦煌石窟研究资料的需求。

樊院长在整个敦煌研究院作为领导从事繁忙事务期间，结合自己所学考古专业和保护管理工作，做了敦煌莫高窟的十六国、北朝、隋代、唐代石窟的考古分期断代研究，壁画图像研究、敦煌石窟科学保护的研究。历经40多年的曲曲折折，反反复复，许多失败和挫折，她才完成多卷本《敦煌石窟全集》考古报告的整体规划和分卷考古报告撰写的体例。考古报告第一卷即是汪德迈先生所谈到的两大册《莫高窟第266—275窟考古报告》。最后，她强调说："'汪德迈中国学奖'颁发给我，这既是对我个人的表彰，更是对敦煌研究院同仁们75年来为莫高窟保管事业艰辛探索进取的激励。这个奖颁发给我，也是鼓励和鞭策我和我的同仁们为人类文化遗产的保护、研究和弘扬事业做出更大的贡献！"

在金石美文学院美丽的殿堂内，在热烈的掌声中，樊锦诗从金石美文学院终身秘书长冉刻先生手中，接受了"汪德迈中国学奖"。

樊锦诗院长不是第一次来巴黎。她早已与巴黎敦煌学研究机构多年来学术进展结缘。我记得 2000 年樊院长与施萍婷一起到巴黎访问时，跟我表示过，敦煌研究院年轻后备力量不足，希望能派出青年学者到巴黎考察研究。我把她们的担忧和愿望一直放在心上，2005 年终于有了机会，法国远东学院北京中心与中方签订了交换博士生的项目，我们可以通过这个项目，邀请 1 名青年学者到巴黎研究学习一个月。以后，从 2010 年起，几乎每年都有两位敦煌研究院的学者到巴黎做 1 个月的学术交流并作研究报告，参加巴黎学界的学术研讨会。在此还要特别感谢樊院长和彭金章老师伉俪于 2011 年 6 月到巴黎参加东亚文明研究所和法国远东学院共同举办的中法敦煌学讨论会。报告会中樊院长向在场学者介绍《莫高窟第 266—275 窟考古报告》的第一编辑校样版本，让听者深感震撼。同为北大考古系毕业的彭金章老师，向大家报告了他在鲜为人知的敦煌北区 248 窟的考古发掘的精彩成果。2015 年，敦煌研究院与巴黎敦煌写卷研究中心的后身东亚文明研究所，正式签订了学术交流协议。

本次趁樊院长来巴黎领奖之际，法国远东学院在前一天下午，特别邀请她做了一场专题演讲。樊院长这次讲座的题目是"玄奘译经和敦煌壁画"。樊院长讲起玄奘其人其事津津有味，接着介绍了依据玄奘所译经典画成的几幅壁画，加上东千佛洞和榆林洞窟中所画的玄奘取经图，展现了宋以后"西游记"故事的早期样貌。讲演内容丰富，依图解说，听者人人入神。不愧为敦煌大师。


**附：第二届颁奖仪式致辞全文**

## 米歇尔·冉刻致辞

今天是第二届"汪德迈中国学奖"的颁奖典礼。这一奖项是由法兰西学院金石美文学院和香港明远中国文化教育基金会共同创立的。

该奖已产生了两届的优秀获奖人，这表明它将成为学界典范，并将延续下去。今天是第二届颁奖典礼，首次在法兰西学院的会议大厅举行。考虑到第一位女性获奖者乐黛云教授的健康状况，第一届中国学奖在北京颁授。

之所以说是女性获奖者，是因为自这个年轻的奖项创立两年来，获奖者都是女性，这让我们感到由衷的喜悦，但这与性别无关，而在于她们本身出类拔萃。我们十分满意，同时也希望，当这个奖项继续下去时，其学术委员会依然能够按照典范的标准进行评选。

今天的获奖者樊锦诗女士，在全世界汉学家的眼中光彩耀目，她获得"汪德迈中国学奖"当之无愧。樊锦诗教授的杰出贡献和名望，使我们有太多话要说，不知从哪里开始介绍和赞扬她。

就让我们从最近的事说起吧，就在上个月，即2019年9月17日，中华人民共和国主席习近平签署了主席令，授予樊锦诗女士2019年国家荣誉称号，表彰她从1963年至今在科学、文化和环境方面对中国敦煌莫高窟文物保护做出的杰出贡献。面对如此荣耀，今天由法兰西金石美文学院颁发、获香港明远基金会支持，并以我们学识渊博的著名学者汪德迈先生命名的中国学奖，无疑是增光添彩。

樊锦诗女士获得中华人民共和国勋章，有无与伦比的光彩。中华人民共和国主席习近平的颁奖，与法兰西金石美文学院汪德迈中国学奖学术委员会的评选，两奖不期而遇，令人倍感欣喜！这证明评选樊锦诗女士有意义。这不仅因为樊锦诗女士获得殊荣，让我们为之欣喜，也因为中国对国家宝藏莫高窟的重视与法兰西金石美文学院对这一不可思议之历史要地所赋予的独特意义，双方不谋而合。它还将法国著名汉学家伯希和重新带回我们的视野。三百五十多年来，在为我们学院增光添彩的所有学者中，伯希和是最为杰出、足迹最深的学者之一。

我才疏学浅，不能充分评价樊锦诗女士的卓越成就，下面会请汪德迈先生发言。在此，我想提及的是，我曾荣幸地前往敦煌遗址莫高窟参观，也许就一般观摩者而言不足为奇，因为每年都有数十万人前去参观，而对我来说却非常震撼，以万分激动、难以言表来形容也毫不为过。非常感谢我的中国朋友们，尤其是董晓萍院长和金丝燕教授。在此，我就这次难忘之旅向她们表示最诚挚的谢意。

两百多年来，中国学一直是法兰西金石美文学院的研究重点之一。随着中国在全世界地位的提升，中国学也变得愈发重要。这并不是源于中国经济和政治的实力带来了紧迫感，而是因为法兰西金石美文学院同许多其他机构一起，在历史学、文献学、人类学或概念史等多个领域，始终致力于更好地阐释中华文明对世界历史做出的巨大贡献。我们不应忽视自己的过去，也不应忽视塑造我们自身文化的所有文明的过去。

我们日益发现，我们与中国的联系，要比想象的更古老、更丰富。这一发现应该感谢汉学家们，以及诸多学者，他们所研究的各民族构成一个持续不断的链条，从很久以前开始，将地中海世界与中国联系起来。这是一条充满生机的链条，每一个环节都至关重要。

出于同样的原因，今晚我们非常荣幸地见证，法兰西金石美文学院为樊锦诗教授获奖举行隆重的典礼，并向莫高窟宝藏致以崇高的敬意！

# 汪德迈致辞

尊敬的樊锦诗夫人：

尊贵的香港明远基金会和法兰西金石美文学院共同创办的奖把您的名字和我的名字连在一起。对于我，这是至高的荣幸。正如王国维所言，20世纪中国最大的考古发现是殷代甲骨文和敦煌文献，后者为你研究所重，前者为我的研究所重。我微不足道，该奖是在我与之合作的中国大学和中国学者的支持下创办的。而您，将您的全部生命贡献在如此艰苦的自然条件下的戈壁滩，在行政和资金非常困难的条件下主持这一无与伦比的文化遗产的管理。

而我的名字与您的生涯离奇相连的唯一理由，我认为，只是因为我自诩为敦煌研究的一个被领养的孩子。我的两位导师，戴密微和饶宗颐于1956年首次在柬埔寨相遇，当时，在一次汉学研究会上，饶宗颐发言，就敦煌石窟所藏一份未曾为人所知的文献，发表了非常出色的研究意见，戴密微立即请他来巴黎帮助伯希和文献编目。两位大学者之间的友谊，使我成为第一个受益者。

这一友谊催生了重要成果，其中有您的工作中被您称为最美丽的一页：以独一无二的渊博知识主编的杰出文献资料，丰富全世界的敦煌研究，从北京到香港，从柬埔寨到巴黎，从彼得堡到东京。

尊敬的夫人，上个月，您得到中华人民共和国主席习近平的接见。我肯定您是以您的全部生涯让他愉快地坚信，古老的丝绸之路真正的终点在敦煌，它是佛教至高无上的地点中最重要的地方。佛教至高无上的崇高性的形成，不经过宗教战争。没有梵蒂冈，而只是通过思想传播的升华。


## 樊锦诗答谢词

尊敬的终身秘书长米歇尔·冉刻先生，

尊敬的汪德迈先生，

尊敬的中国驻法国大使卢沙野先生，

女士们、先生们：

下午好！

我是来自中国甘肃敦煌研究院的樊锦诗。

我是一名中国的考古学者，我一生只做了一件事，那就是守护和研究世界文化遗产地——敦煌莫高窟。我在敦煌度过了近56年的时光，我个人的考古研究和莫高窟的保护事业是不可分离的。

法兰西学院金石美文学院将第二届"汪德迈中国学奖"授予我，并邀请我参加颁奖大会，我感到非常荣幸。在此，我衷心感谢"汪德迈中国学奖"评选委员会的推荐，衷心感谢长期致力于中国文化研究并对中法文化交流做出卓越贡献的汪德迈教授，衷心感谢法兰西学院金石美文学院将敦煌莫高窟的考古与保护作为当前人类文化发展中极为重要的一项工作来给予重视。

我毕业于北京大学历史系考古专业。1962年，我的老师宿白教授在他的《敦煌七讲》中首次提出了中国石窟寺考古学，系统阐述了中国石窟寺考古学的理论和方法，为建立中国石窟寺考古学奠定了基础。他曾对我说，敦煌石窟的考古报告最主要的目的和意义在于永久地保存敦煌石窟的科学档案，一旦在石窟"破坏了的时候，能够依靠全面详细的记录进行复原"。

1963年我大学毕业，被分配去敦煌文物研究所工作。离校之前，当时的北京大学历史系考古教研室主任，著名的考古学家苏秉琦教授把我叫到他的住处。他对我说："你去的是敦煌，将来你要编写考古报告，编写敦煌石窟考古报告是非常重要的事情。"我后来才意识到前辈学者给予我的期望，就是完成对敦煌石窟的考古研究。

我所工作的敦煌石窟共包括三处石窟群。最典型的是敦煌莫高窟，它位于沙漠戈壁深处，鸣沙山和三危山环抱的绿洲中。创建于公元366年，迄至14世纪，连续建造达千年之久，是世界上现存规模最大、保存最完好的佛教石窟艺术圣地，至今在1700米长的断崖上保存了735个洞窟、45000平方米壁画、2000多身彩塑。1900年在莫高窟又发现了藏经洞，出土了4—11世纪初的50000多件文献和艺术品。除莫高窟外，敦煌西千佛洞还保存有5—14世纪的22个洞窟，818平方米壁画，56身彩塑；瓜州榆林窟保存有7—14世纪43个洞窟，近5200平方米壁画，200多身彩塑。世界上没有一处佛教遗址能绵延千年建造，又保存如此丰厚博大的艺术宝库和文献宝藏。

然而，敦煌石窟的建筑、彩塑、壁画，历经千余年，由于自然和人为因素作用的原因，已患有多种病害，呈现退化的趋势，科学的保护工作纵能延长它的寿命，却无法使其永存。敦煌石窟考古报告是一项不可不做的考古工程。规划并编辑出版多卷本记录性的考古报告《敦煌石窟全集》，对于永久地保存这一世界文化遗产的科学档案资料，对于推动这一世界文化遗产的研究，满足国内外学者和学术机构对敦煌石窟研究资料的需求，都具有重要意义。

　　但是，我没有想到一去敦煌，就是半个多世纪。我更没有想到，敦煌石窟考古工作的难度和复杂性，远远超出了我的想象。留存到今天的洞窟，多则1600多年，少则800年，几乎每一个都是内容丰富、辉煌灿烂、各呈特色的博物馆。做一部记录洞窟全部遗迹的石窟考古报告是极为复杂的工程，困难可想而知。加之我担任敦煌研究院副院长、常务副院长、院长，长期从事研究院的管理工作，直到2015年才离开管理岗位，日常事务占去了我大量的时间。但是无论是考古工作还是管理工作，都是为了保护好敦煌石窟艺术，我觉得这样做是值得的。在我担任管理工作期间，我带领敦煌研究院的同仁们，积极开展广泛的国际交流合作；推动保护工作从过去的抢救性保护到现在的科学保护和预防性保护；倡导采用数字敦煌永久保存、永续利用敦煌石窟的珍贵价值和历史信息；使研究院成为国内外敦煌学研究的最大实体；创新文物保护和旅游开放平衡发展的新模式，让敦煌文化艺术走近民众、走向世界，也让世界走近敦煌。此外，在繁忙的管理工作中，我结合自己所学考古专业和保护管理工作，做了敦煌莫高窟的十六国、北朝、隋代、唐代石窟的考古分期断代研究、壁画图像研究、敦煌石窟科学保护的研究。

至于敦煌石窟考古报告工作，历经40多年的曲曲折折，反反复复，历经了许多失败和挫折，我才得以主持完成多卷本《敦煌石窟全集》考古报告的整体规划和分卷考古报告撰写的体例，直到2011年出版了第一卷《莫高窟第266—275窟考古报告》。第一卷考古卷报告，将最先进的测绘技术运用到考古工作中，实现了石窟考古测绘的重大突破。我们的考古手段、考古工具、考古理念、专业分工都有很大的进步，21世纪数字信息的发展给我们带来很多便利，我们可以做出很多前人无法做出的成果。这一考古报告打破了过去仅限于文字、绘图和摄影结合的方法手段，融汇了考古、历史、美术史、佛教、测量、计算机、摄影、化学、物理学、信息资料等多学科的方法手段。第一卷考古报告的编写出版，使永久保存、保护敦煌莫高窟及其他敦煌石窟的科学档案资料，推动敦煌石窟文化遗产的深入研究、满足国内外学者和学术机构对敦煌石窟资料的需求，甚至在石窟逐渐劣化甚至坍塌毁灭的情况下，提供为全面复原的依据，成为可能。

中国古代有一位哲学家庄子，他说过一句话："吾生也有涯，而知也无涯。以有涯随无涯，殆已！"敦煌的考古研究只要钻研进去，是永无止境的，按目前的整体规划，《敦煌石窟全集》考古报告共100卷，整体完成敦煌石窟考古报告至少需要几代人的付出和努力。如今我已经年过80了，我不知还能陪伴敦煌石窟多久，为她做多少事情。我希望借此机会呼吁全世界共同来关心和保护莫高窟这一人类绝无仅有的文化遗产。莫高窟是一个人类艺术和文化的宝库。这里封存的是东西方文化交流的奥秘，也许耗尽一辈子的时光也未必能究尽它的谜底。《敦煌石窟全集》是一个"世纪工程"，需要坚持不懈地做下去。守护莫高窟是值得奉献一生的高尚的事业，是必然要奉献一生的艰苦的事业，也是需要一代又一代人为之奉献的永恒的事业。

敦煌石窟开窟和造像的历史，是一部在戈壁荒漠中营造人类精神家园的历史，是一部贯通东西方文化的历史，也是一部中华民族谋求发展和繁荣的历史。西汉王朝的张骞全线打通了中国与欧亚大陆之间的交通，此后这条"陆上丝绸之路"繁荣千年之久。灿烂瑰丽、博大精深的敦煌莫高窟佛教艺术是中西文化和多民族文化交融荟萃的结晶，是不同文明之间和平共处、相互交融、和谐发展的历史见证。藏经洞发现之后，吸引了西方许多汉学、藏学、东方学等领域的学者竞相研究，特别是法国、英国、俄罗斯和日本等国产生了一批在国际学术界有影响力的敦煌学学者和研究成果，使敦煌学成为一门国际性学问。

汪德迈先生发起设立的"汪德迈中国学奖"，旨在"吸引更多目光关注和理解中国的历史文明及其进程"。我认为这一思想有助于推动西方对中国历史和文化的了解，有利于加强21世纪东西方的交流和理解，有利于守护人类的文明和世界的和平。

敦煌的学术史中，始终有一群人在从事最基础的研究工作；中国也有许多像我一样毕生奉献于人类文化遗产的考古学者。历史赋予他们的学术使命就是铺设研究的地基，犹如一座城市建造的地下工程。它不为人见，也不起眼，但是只有地下工程的坚实，城市地面以上的工程才能得到保证。"汪德迈中国学奖"颁发给我，既是对我个人的表彰，更是对敦煌研究院同仁们75年来为莫高窟保管事业艰辛探索进取的激励。这个奖颁发给我，也是鼓励和鞭策我和我的同仁们为人类文化遗产的保护、研究和弘扬事业做出更大的贡献！

# 第三届"汪德迈中国学奖"施舟人获奖

[法] 金丝燕

2020 年 6 月，法兰西学院金石美文学院第三届"汪德迈中国学奖"揭晓，获奖人为荷兰汉学家、荷兰莱顿大学名誉教授施舟人（Kristofer Schipper），表彰他研究《道藏》所取得的成就，颁奖仪式在法国巴黎举行。

## 第四届"汪德迈中国学奖"劳格文获奖

第四届"汪德迈中国学奖"颁给法国人类学家劳格文（John Lagerwey）教授，表彰他在中国早期宗教史、民间宗教史、华南传统社会研究方面的贡献，颁奖仪式在法国巴黎举行。

## 第五届"汪德迈中国学奖"斯波义信获奖

第五届"汪德迈中国学奖"颁给日本学术院院士、日本经济史学家斯波义信（Shiba Yoshinobu）

教授，表彰他在中国宋代经济史、华人社区经济史和中国城市史研究方面的贡献，颁奖仪式在法国巴黎举行。

法国汉学家汪德迈从事中国学研究七十余年，着力于甲骨文、儒法家思想、中国古代政治制度、中国思想史，以及受中国文化影响的亚洲国家（韩国、日本、越南）的文化史。出版专著七部，发表论文一百多篇，形成其独特思想学说。超越各国的特殊性是汪德迈中国学与跨文化学联系的关键。在他看来，各学科的研究领域之间要搭架桥梁，探究文化间的相应性，而不囿于国别文化或国别文学的研究，总体文化观的研究很重要，需要对被视为"通常"的现象进行研究，找出其中的"非通常性"。汪德迈中国学的重点就在于此。其研究论题，如中国文学的"文言性"与其他文学的"口语性"相异；西方的文字是对口语的记录，而中国的文字则是准科学的书写；要考虑中国的《诗经》里的《国风》如何从口诵变成文言诗，等等。具有共同语言起源的欧洲文学之间的"跨"不明显，欧洲文学的口语与文字之间没有断裂，而在中国文学中，口语与文字之间的断裂是决定性的。汪德迈自 20 世纪 80 年代提出"汉文化圈"的观点，21 世纪进一步提出"新汉字文化圈"的学说，其根基在于此。

法兰西学院金石美文学院"汪德迈中国学奖"旨在鼓励世界范围内终身投入中国文化研究并卓有贡献的学者。

# 愿东西方文明的相遇和平而持久 [①]

Wish the Meeting of Civilizations between East and West
Sustainable and Peaceful

[法] 金丝燕（Jin Siyan）

法兰西学院金石美文学院终身秘书长，

学院院士女士先生们，

"汪德迈中国学奖"评委会成员女士先生们，

亲爱的夏达尔，

女士们、先生们，

我的致辞首先以汪德迈奖的共同创立者香港明
远中国文化教育基金会的名义，献给三位获奖人：
2020 年的施舟人（Kristofer Schipper）先生，2021 年
的劳格文（John Lagerwey）先生，2022 年的斯波义

---

① 金丝燕 2022 年 11 月 18 日在法兰西学院金石美文学院"汪德
迈中国学奖"颁奖仪式上致辞。

信（Shiba Yoshinobu）先生。他们出色的研究极大地推动了汪德迈先生所希望的中国学，为有关中国的人文社会学研究做出重要贡献。

继2019年第二届"汪德迈中国学奖"汪德迈教授亲临颁发典礼的三年后，我们再次会聚在法兰西学院这块法兰西文化辉煌的圣地，不能不让我们想到他离开我们已经一年多了。今天的聚会，对于我，是通过以他命名的奖的颁发，再次向他致敬！

在历史上，除了马可波罗等探险者的旅行外，从文化相撞的意义上，中国与西方的第一次相遇始于16世纪耶稣会士抵达中国之时，中止于罗马教廷的礼仪之争（1633—1742）。第二次相遇由1840年第一次鸦片战争的大炮开始，随后受中国痛苦和民族主义精神所激发于1912年和1949年相续诞生两个共和国。第三次中西相遇始于中国开放的1978年，我们既是证人，亦为参与者。此次相遇是否会延续持久？今天，这一问题萦回在所有人的脑海里。

正是在第三次中西相遇跨文化和文化间对话的背景下，汪德迈教授与中国文化书院创院院长汤一介教授并肩积极行动。在他的论著中，汪德迈努力

"通过中国古典文化最突出的特征，凸显占卜学使中国文化与源自神学的西方文化相背离的决定性变化。这些特征形成中国作者的思想特性，即关联性思想。"(《中国思想的两种理性：占卜与表意》，巴黎，伽利玛出版社，2013)。汪德迈的研究，以他的导师戴密微、饶宗颐和他所赞叹为"关于这一关联性研究的杰出西方分析学家"葛兰言（Marcel Granet, 1884—1940）、葛瑞汉（Angus Charles Graham, 1919—1991）、李约瑟（Joseph Terence Montgomery Needham, 1900—1995）为榜样，"从中国精神的哲学、科学、文学与政治学等多重角度勾勒这一特性"。

"汪德迈中国学奖"正是顺从这一历史脉络由法兰西金石美文学院和香港明远中国文化教育基金会创立。

最后，有必要引用汪德迈的好朋友米歇尔·冉刻教授所言："汪德迈是真正心灵开放的化身，他'将其一生奉献于认识、爱与理解那处在世界彼端的他者，并保持对自己的忠实'。"

我坚信，这段话折射出这一中国学奖的原则：无论政治环境如何，行在长久的征途上，向着更好的互识。

# 1. 法兰西学院金石美文学院 "汪德迈中国学奖" 签约仪式
## （巴黎，2017.11.23-24）

Signing Ceremony of "Léon Vandermeersch Prize for Chinese Study"
at Académie des Inscriptions et Belles-Letters, Collège de France,
Paris, on 23-24 Nov.2017

图 5-1-1　创设单位代表合影（左起：法兰西学院金石美文学院终身秘书长米歇尔·冉刻教授、法国高等社会科学研究院汪德迈先生、香港明远中国文化教育基金会主席陈越光先生）

Group photo of founding units and their representatives (from left: Michel Zink, academician and professor of the Collège de France, permanent general secretary of Académie des Inscriptions et Belles-Lettres, Léon Vandermeersch, corresponding academician of the Collège de France, professor of Ecole des Hautes Études en Sciences Sociales, France, Chen Yueguang, president of Mingyuan Foundation for Chinese Culture and Education of Hong Kong).

图 5-1-2 "汪德迈中国学奖"签约仪式（法兰西学院网站发布）
Signing ceremony of "Léon Vandermeersch Prize for Chinese Study" published by the official website of the Collège de France.

图 5-1-3 应邀参加法兰西学院2017年年度庆典（巴黎，2017.11.24）
Invited to attend the 2017 annual celebration of the Collège de France on 24 Nov.2017 in Paris.

图 5-1-4 年度庆典前的交谈：米歇尔·冉刻与陈越光
Pre-Annual celebration: Michel Zink and Chen Yueguang.

图 5-1-5 年度庆典前的交谈：汪德迈、陈越光、陈力川
Pre-Annual celebration: Léon Vandermeersch, Chen Yueguang and Chen Lichuan.

图 5-1-6　年度庆典前的交谈：汪德迈与陈越光
Pre-Annual celebration: Léon Vandermeersch and Chen Yueguang.

图 5-1-7　年度庆典前的交谈：金丝燕与联合国和平大使法宝博士
Pre-Annual celebration: Jin Siyan and UNESCO Ambassador for Peace,
Dr.Dhannapala Tampalawela.

图 5-1-8　年度庆典前的交谈：汪德迈、陈越光、董晓萍
Pre-Annual celebration: Léon Vandermeersch, Chen Yueguang, Dong Xiaoping.

## 2. 法兰西学院工作会议（巴黎，2018.6.8）

### Communication and Discussions in the Collège de France on 8 June 2018, Paris

图 5-2-1　中法学者陆续到达会场

Chinese-French colleagues arriving the meeting room.

图 5-2-2　散会后穿过走廊

Walking through the corridor after the meeting.

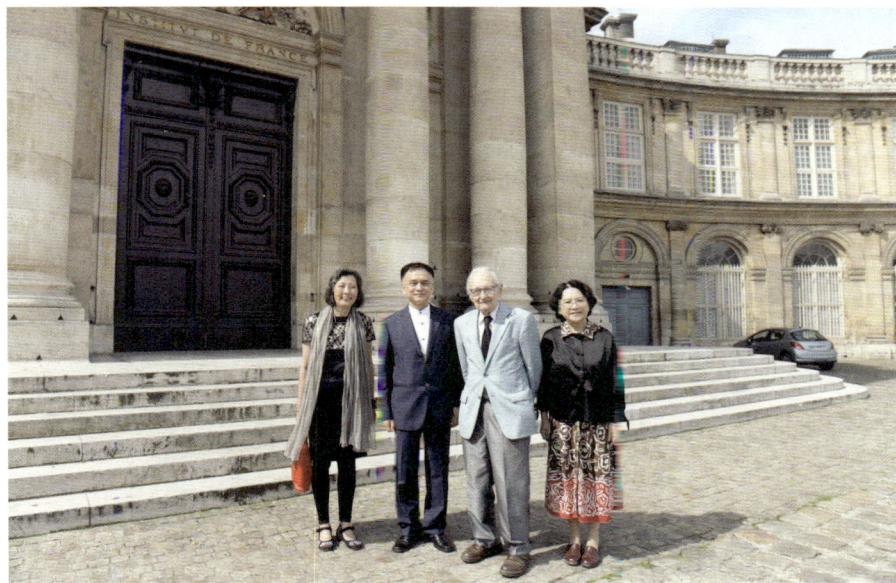

图 5-2-3 广场上的交谈与合影

Conversation and group photos on the square in front
of the main building of the Collège de France.

图 5-2-4　广场上的交谈与合影

Conversation and group photos on the square in front
of the main building of the Collège de France.

## 3. 法兰西学院金石美文学院 "汪德迈中国学奖" 颁奖仪式

### Award Ceremony of "Léon Vandermeersch Prize for Chinese Study" held by Académie des Inscriptions et Belles-Lettres of the Collège de France

~~~❦~~~

### 3.1 第一届颁奖仪式在法国驻华大使馆举行（北京，2019.4.24）
First Award Ceremony of "Léon Vandermeersch Prize for Chinese Study" held at France Embassy in China on 24 April 2019, Beijing.

图 5–3–1.1　法兰西学院院士、法兰西学院金石美文学院终身秘书长米歇尔·冉刻教授致辞

Speech of Michel Zink, academician and professor of the Collège de France, the permanent general secretary of Academy of Inscriptions and Belle-Letters of the Collège de France.

图 5-3-1.2　法国驻华大使馆文化处高等
教育与社科合作专员杜雷（Jean-Francois
Doulet）致辞
Speech of Jean-Francois Doulet, Cooperation
Commissioner of Higher Education and Social
Sciences, Cultural Division, France Embassy
in China.

图 5-3-1.3　法兰西学院通讯院士、法国
高等社会科学研究院汪德迈教授致辞
Speech of Léon Vandermeersch, corresponding
academician of the Collège de France,
professor of École des Hautes Études en
Sciences Sociales France.

图 5-3-1.4　中国艺术研究院研究员刘梦
溪致辞
Speech of Liu Mengxi, researcher of the
Chinese Academy of Arts.

图 5-3-1.5　香港明远中国文化教育基金
会主席陈越光先生致辞
Speech of Chen Yueguang, president of
Mingyuan Foundation for Chinese Culture and
Education of Hong Kong.

图 5-3-1.6 米歇尔·冉刻教授向北京
学乐黛云教授颁发"汪德迈中国学奖"
Professor Michel Zink presents the "Léon
Vandermeersch Prize for Chinese Study" to
professor Yue Daiyun of Peking University.

图 5-3-1.7 米歇尔·冉刻教授向
乐黛云教授表示祝贺
Professor Michel Zink congratulates
professor Yue Daiyun.

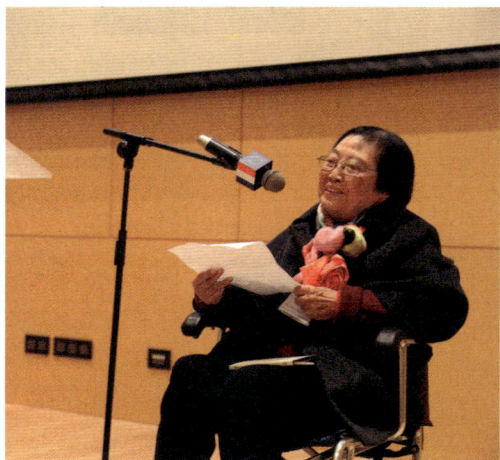

图 5-3-1.8 乐黛云教授致答谢词
Acknowledgement speech by professor Yue
Daiyun.

图 5-3-1.9 法兰西学院院士佛辽若教授和夫人婆苏阆拉·卡瓦利－佛辽若与米歇尔·冉刻教授交谈

Academician and professor of the Collège de France Pierre-Sylvain Filliozat and his wife Vasundhara Kavali-Filliozat talking with professor Michel Zink.

图 5-3-1.10 汪德迈教授与陈方正教授交谈

Professor Léon Vandermeersch talking with professor Fong Ching Chen.

图 5-3-1.11 米歇尔·冉刻教授、佛辽若教授、婆苏阆拉·卡瓦利－佛辽若、董晓萍教授与北京师范大学研究生谈话

Professor Michel Zink, professor Pierre-Sylvain Filliozat, Mme Vasundhara Kavali-Filliozat, professor Dong Xiaoping talking with Ph.D.students and M.A.students of BNU.

图 5-3-1.12 陈越光先生与李正荣教授在法国驻华大使馆会客室
Mr.Chen Yueguang and professor Li Zhengrong at the parlor of France Embassy in China.

图 5-3-1.13　与会中法学者合影

Group photo of Chinese and French scholars attending the ceremony.

## 3.2 第二届颁奖仪式在法兰西学院举行（巴黎，2020.11.12）

Second Award Ceremony of "Léon Vandermeersch Prize for Chinese Study" at Paris in the Collège de France on 12 Nov.2020.

图 5-3-2.1　第二届获奖人敦煌研究院樊锦诗研究员
The second honoree of "Léon Vandermeersch Prize for Chinese Study", researcher Fan Jinshi of Dunhuang Research Academy.

第 6 章

# 法国驻华大使馆主办汪德迈专场讲座
# 《中国教给我们什么》

Chapter Six
The French Embassy in China Hosts a Special Lecture
on *What Does China Teach Us* by Léon Vandermeersch
on 23 April 2019

# 法国汉学家汪德迈眼中的中国

## ——评《中国教给我们什么》

China in the Eyes of A French Sinologist Léon Vandermeersch: Book Review of *What China Does Teach Us*

［法］金丝燕（Jin Siyan）

　　法国汉学家汪德迈（Léon Vandermeersch）的新著《中国教给我们什么》法文版于 2019 年 4 月由法国伽利玛出版社出版。汪德迈是法国大汉学家沙畹（Eouard Chavanne）的再传弟子，师从戴密微（Paul Demiéville），研究中国古代社会制度、中国法学和中国思想史长达 70 年，是法国汉学的当代代表人物，也是在欧洲影响最大的汉学家。他的这部新著出版后，引起西方社会的普遍关注。在本书中，他主要从语言、社会和存在三个方面简明深刻地阐述他的中国学思想。

## 一、从语言层面看中国文化的特殊性

汪德迈认为，汉字是举世无双的文字。汉字把语言的交流功能与思维方式的思辨功能的双重性结合在一起，发展了汉语表意系统，塑造了中国人的思维方式，也奠定了中国社会文化的基础。汪德迈认为，汉字的语言学优势体现在以下 6 个方面。

1. 汉字的性质。汉字是思辨的载体。这一功能是由上古史官实施占卜活动产生的，它衍生为《易经》之学，是一种准科学。

2. 文言文的地位。中国的文言文是一种思辨工具，被用作纯粹探究性的、超越实用性的思考。它是超越口语交流用途的文字，被构建成在西方思想体系中发展起来的"话语学"（logique，即逻辑），而在中国则发展成"文字学"（grammatique，即文法）。

3. 话语问题。在西方文化中，思辨性思想的发展是从话语学形成的拼音文字中提炼出交流性的语言，再从中提取概念性的语言。中国的思辨性话语的发展途径完全不同，它是通过隐喻从根本的意义上阐释问题。它的运行方式不是在语法上，而是在话语的语言性的"文"的含义上运作。中国的逻辑是一种"表意性"逻辑，应从这个逻辑出发去定义中国"文言"的思辨性话语。它决不是亚里士多德的"话语"逻辑，而是与西方语言运行方向完全不同的另一种语言运行方式。

4.字法差异。中西话语的根本分歧在于：西方话语依靠准确的语法秩序，通过词形的变化来表述话语逻辑；汉字则使用"文"的语法，依靠文字的字义以及声符和形符来表示话语的逻辑，有时声符也带有语义。这是一种隐形语义结构，它的形成使源自兆纹占乩的文字变成可以揭示事物"形而上"含义的述行性文字。

5.关联性思维。中国人的思维方式是关联性思维，不是假设—演绎推理式思维。中国在公元前13至15世纪发展起来的表意文字，作为概念的形式，是其思辨漫长发展的一个阶段。由此产生的部首笔画造字法确保了中国古代科技直至近代还在发展，中国"完全没有必要去羡慕西方基于经院式逻辑带来的科技发展"。

6. 美学。汉字有自己的美学维度，它构成了汉字文化的精髓。表意文字的文学是最美的。刘勰对此有精辟的表述："龙凤以藻绘呈瑞，虎豹以炳蔚凝姿；云霞雕色，有逾画工之妙；草木贲华，无待锦匠之奇。"刘勰的《文心雕龙》对中国文法的阐述堪与亚里士多德的《工具篇》对古希腊逻辑学的阐述相媲美。中国古代思想家用文学的方式表述各种学说，中国文化不发展特殊的哲学体裁。

## 二、从社会层面看中国社会的特殊生

汪德迈认为，中国古代社会制度的产生与演变建立在中国特有的生产关系之上。在中国社会，生产关系的观念指导生产方式，而不是生产方式决定生产关系。中国社会按照人的观念构成社会组织。这是认识中国社会的关键。

1. 由礼仪产生生产关系。在中国，生产关系的基础是在中国历史上形成的礼仪文化。

2. 宇宙学社会。中国的社会结构顺应宇宙的结构，整个社会按照四季阴阳和谐运行，让社会服从于礼仪。

3. 仁政。中国的国家官员负责督察土地的分配制度，而不是由地主执行土地分配任务。在地主与供养他的农民之间，还有一层中介社会关系，这种关系模式可以用孟子的"仁"的精神来升华，它不是西方古代社会那种生硬的主奴关系。

4. 非奴隶制社会。中国社会没有奴隶制阶段。古代希腊—罗马有奴隶制，并被法律认可，主人可以像出售货物一样买卖自己的奴隶。在奴隶制问题上，中西社会没有可比性。中国的特殊性在于，历时两千多年的中央帝国建立了政治与社会双重架构，土地农业的官僚权力和知识分子的文官权力掌握主流意识形态。

5. 劳心者与劳力者的分层。在中国古代社会，公田共耕制被初税亩制所取代，农民体力劳动的税制化在齐鲁国家广泛施行，后来被其他诸侯国所采纳。这种社会发展的趋势是，士大夫劳心者阶层不再为自己的国家服务，开始向其他强盛国家举荐自己的才能，这是游士辅佐君主的有偿服务的萌芽。农民则从事社会生产，是劳力者，获得物质成果。

6. 文人的角色。在周代后半期，文人起到了推动政治社会变革的作用。而在传统史书中被书写的农民和诸侯都没有起到这种作用。

7. 孔子的作用。孔子在推动中国从古代文化向古典文化转型的过程中起到了重要的过渡作用。他突破中央集权的束缚，承担起修正整个王权机制书写传承的责任，将官修文字变成私修文字。独任编修五经的工作，这使他达到了非凡的历史高度。

8. 土地所有制。地主阶层土地所有制与文人阶层意识形态权力所有制的形成。废除井田制促进了土地所有权的产生。受长足发展的贸易商品化潮流的推动，肥沃的土地（名田）成为贸易的对象。但是，由于"普天之下，莫非王土"的初始公田概念的影响，"名田"未被私有化抹去，而是在农业社会生产商品化所导致的国家机器弱化的过程中，在意识形态国家强化行政管理的努力中，获得了极大的平衡。

9. 科举制。这是经科举考试产生官员的制度。由于科举制盛行，文人阶层在皇朝中的作用比皇权集团更为重要。马克斯·韦伯主观地将科举制与官僚制混淆，其实两者根本不是一回事。韦伯认为，官僚制是通过行政组织化，使中国生产模式商品化的第一阶段转为法家制。但是，科举制完全相反，它发挥文人的作用，将体制中的儒家思想精华的力量运行到极致。

10. 世界影响。古罗马的财产所有制征服了世界，中国则通过科举制广泛发展学校教育。从中世纪起，科举制在朝鲜、越南和日本等亚洲国家产生了影响；到了近现代，在西方，自英国人在东印度公司通过考试招收雇员开始，整个欧洲都沿用了这一考试选拔人才的制度。

11. 社会形态差异。中国由古代社会发展而来的社会形态与欧洲社会的奴隶制、封建制、资本主义制等社会形态相去甚远。秦始皇时期的罪奴制与古希腊罗马的奴隶制、中国古代土地所有制与古希腊罗马奴隶制的土地所有制、中国的封建制与欧洲的封建制都有很大差别，但学者们通常将西方词汇片面也用于翻译中国社会形态，对认识中西社会的差异造成混淆。

12. 宗法制。中国封建社会制度的基础是宗法制，中国统治者以此强化封建王朝的权力。欧洲封建制建立在骑士（即武士）的价值观上。在西方，封建性具有所有印欧社会的基本组织原则。即杜泽梅尔在比较研究吠陀、古希腊和古罗马宗教后所指出的社会运行的基本三功能性：神、武士和生产者。中国社会则不同，其古代社会建立在以文人阶层为代表的劳心者治人和以农民阶层为代表的劳力者治于人的双重基本关系上。

13. 官僚集团。中国官僚集团与韦伯所指的官僚集团也有差别。中国官僚集团不属于纯行政性运作体系，汉魏以后，中国选拔治国之才不再依据军事能力，而是考量儒家思想道德。韦伯所说的官僚集团则相反，它在体制上追求纯运作性的官僚体系。

14. 中国的科举制不是为了培养称职的官僚，而是要录用真正的文人做文官。至于技术能力，中国并未忽视，但认为必须通过实践获得。技术才能不是科举考试的门槛，在另一个值得注意的中国文人官僚机构——御史台中，技术才能被用来监察文官活动，乃至文官的升降，这在西方的官僚制中不曾有过。

15. 大地主阶层和文人阶层形成中国帝国社会的基础。文人阶层始终优越于大地主阶层，因为文人优越于农民。正是拥有这种知识相对于物质财富的优越感，才使得中国历史上的商品化虽然也经历了商业、货币、技术和制造业的发展，但却不曾导向资本主义。实际上，清代的中国毫不羡慕工业革命前的欧洲。

16. 明代以后，同西方资本主义与官僚体制相结合绝然不同的是，出现了纯中国式的模式，即中国文人阶层与资本阶层的联盟。今天，这种混合体换了一种方式存在，文人阶层转变成为知识分子阶层，又从知识分子阶层转变为政党阶层。

# 三、从存在层面看中国思想史的特殊性

汪德迈被汤一介教授称为"法国儒学研究第一人"。汪德迈认为，中国很早就发展了占卜学，取代了最初的宗教思考，中国文化思维的总本特征是"天人合一"。儒家倡导礼仪实践，道家倡寻解说和顺应万物，它们从不同角度表达中国人的宇宙学的存在观。他的主要视点如下。

1. 由中西艺术比较入手。中国水墨画是生存与自然意念的诗化，它从书法发展而来，在六朝初期，这种绘画与艺匠毫无关联，而为文人之属。文人画非常接近文学构思，是中国艺术理论家所谓"写意"的另一种方式。中国古代画家王维的瀑布、李招道或董其昌的山峦、马远的独立山峰而凝视四周的隐士都是诗化自然的产物。西方画家则不同，他们讲究"写真"，沉浸在《圣经》的创造观、柏拉图的神造观、亚里士多德的改造自然乃创造者的观念之中，坚信自己是依照创造者上帝之像被创造出来的，是模仿自然进行创造。希腊画家宙克西斯（Zeuxis）的艺术观就是这样，它要求画葡萄逼真到引来群鸟争食。西方画家和中国画家对艺术作品的看法完全不同。中国画家沉浸在与上天合一的意念里，在作品中表达出内心深处所感受到的万物的含义（写意），而非通过西方式的"写真"。中国的禅宗与老庄的道家融合，将事物的空性与语言本在之虚假所反映的现实幻象之虚相连。

2. 分析中国式的超验性。西方思想将超越作为思辨的对象，它的性质是超越人以为通过自身的能力具有的认知。中国文化思想中有另一种超验观，即超越感知形体，用"形而上"的概念表述。西方超验性本体的"当下"物质世界与"上天"的非物质世界之间是彼此分裂的，中国的超验性有同质而断裂的特性，现象层面的"形而下"和超感知现象的"形而上"共存，"形而上"在理性层面透过表征解释现象，形成宇宙学，代表内在性超越。内在性超越的概念将道德法则的宇宙化导入儒家思想。

3. 关于《庄子》。中国人将宇宙道德化，体现为汉语的"形而上"特质，以《庄子》的譬喻为代表。它与神话无关，神话制造任意想象的诠释，而《庄子》的譬喻创造含义，将语言中无法直接概念化的能指符号用来解释比喻性的所指。在这一意义上，《庄子》超越了《道德经》。《道德经》尚未从神话思想中解脱出来。《庄子》则通过譬喻，与儒家之圣"文"分道。相比之下，柏拉图式的超验性是另一个世界的、洞穴之外的，而道家的超验性是内在的，好像蛇在蛇皮里，知了在蝉衣里。柏拉图的思想导致康德先验性的哲学批判，而庄子的道家思想则导向佛教禅宗的超验性。

汪德迈基于对中国社会文化的深入研究指出，西方人认为希腊、罗马对世界文化影响深远，但中国对世界也有着举世无双的伟大贡献。西方世界必须了解中国，虽然有些东西是不可能学到的。汪德迈还告诫西方社会去发现属于世界文化共同财富的中国文化的特殊性："不要以为中国文化的特殊性比起所谓世界文化中的普遍性不重要，普遍性是表层的，很多都是没有多少价值的一般性，比如所有人都用两脚走路一样，而中国文化的特殊性中有一种普遍的真实，是必须关注的。"

# 法国驻华大使馆主办汪德迈《中国教给我们什么》专场讲座

France Embassy in Beijing Arranged the Lecture for Léon Vandermeersch of his New Book *What Does China Teach Us*

董晓萍（Dong Xiaoping）

2019 年 4 月 23 日下午 18：30 至 20：00，法国驻华大使馆文化处主办的汪德迈《中国教给我们什么》专场学术讲座在法国文化中心隆重开讲。法国文化处高等教育与社科合作专员杜雷（Jean-Francois Doulet）主持讲座并致辞。他代表法国驻华大使欢迎各位的到来，对讲座网络报名大幅突破限额表示感叹，对汪德迈先生在中法知识界的崇高声望表示敬意。他说，汪先生是今晚的明星。他的人生与学术经历，曾将他带往中国、越南、印度和日本等亚洲国家，他研究中国社会制度和中国思想史，在巴黎高等社会科学研究院重点研究儒学，著作等身。他是法国当今最重要的汉学家。他的近作《中国教给我们什么》，书名就非常吸引人，书中有了解中国的钥匙，这对我们来说是很重要的，我们希望得到这把钥匙。今晚的会议厅很热，有天气的热，也有精神上的、心理上的热度。尊敬的汪德迈先生，我们期待聆听您的话语与思想。

汪德迈先生为讲座做了充分准备，本次到京后，已在北师大面向本科生和研究生进行了预讲，现在面向法国听众，使用法语讲演，增加了中西对比、中法对照的针对性。他对自己的法国同胞亲切地说：

"为什么我会写《中国教给我们什么》，这是我与不同学科的中外同行交流得来的想法。我的看法是：中国文化有特殊性，又是最具有普世价值的真实存在，今天我们要对此加强了解。现在西方世界正在认识中国，但没有认识到中国文化特殊性的普遍意义。"

"在中国文化传统中，文字优于体力劳作，精神优于物质。世人皆知古罗马法典在世界上影响深远，但别忘了中国也对世界有广泛的影响。中国举世无双的影响力之一，是成功地通过科举制选取人才的方式，使全世界普遍建立了以此为基础的学校教育和选举制度。而在西方，从中国科举制学来所选取出来的官僚，却不是劳心者，而是纯粹的官僚，所以西方社会学产生了对官僚体制的研究。"

汪德迈先生的讲演纵横古今、贯穿儒释道，钟情于中国经典思维中的纵浪大化、天人合一的宇宙观境界。讲演的结束部分回味悠长而不无幽默，他最后说，"我把《庄周梦蝶》交给你们，让你们自己去思考"，话音未落已被全场爆发的掌声所淹没。提问环节发言踊跃，思想的音符起落交错。

法国驻华大使馆大使代表、文化参赞、经济参赞、科技参赞，文化处高等教育与社科合作专员、高级项目官员，法国文化中心图书馆馆长，法国驻京研究机构学者和法国在华国际企业主管到会。法兰西学院副院长、法兰西学院院士米歇尔·冉刻（Michel Zink）教授出席会议。北京师范大学跨文化研究院学者应邀与会，其他高校和科研院所到会学者的单位有：北师大文学院、教育学部和外文学院，北京大学，清华大学，中国文化书院，中国科学院，中国社会科学院，南京大学，山东大学和敦煌研究院等，在京重点高校研究生代表到会。中外学者参加会议者逾百人。《人民日报》、中国新闻社和北师大电视台等主流新闻媒体记者到会。会议厅座无虚席，座位间的过道和走廊都坐满了人。很多学者无法进入室内听讲，就坐在会议厅外听广播，从始到终不曾离开。

### 1. 会前交流

**Pre-conference Exchange**

图 6-1-1　在京工作的法国学者会前拜见汪德迈
French scholar working in Beijing visited Léon
Vandermeersch before his lecture.

图 6-1-2　汪德迈与法国人类学摄影家范华交谈
Léon Vandermeersch talking with Patrice Fava, a French
anthropology photographer.

## 2. 法国文化处高等教育与社科合作专员杜霁 （Jean-Francois Doulet）主持讲座并致辞

Jean-Francois Doulet, Commissioner for Higher Education and Social Sciences at the French Cultural Office, Hosts the Lecture and Delivers a Speech

图 6-2-1　法国驻华大使馆文化处会议厅现场
Meeting room of the Cultural Division of the French Embassy in China

图 6-2-2　杜雷主持讲座
Mr.Mr.Jean-Francois Doulet hosts the lecture.

图 6-2-3　杜雷致辞
Welcome speech of Mr.Jean-Francois Doulet.

图 6-2-4　杜雷手捧《中国教给我们什么》
Mr.Jean-Francois Doulet holding professor Léon Vandermeersch's new book *What Does China Teach Us* in his hands.

图 6-2-5　杜雷介绍汪德迈及其新著《中国教给我们什么》
Mr.Jean-Francois Doulet introduces professor Léon Vandermeersch's new book *What Does China Teach Us*.

图 6-2-6 杜霆讲《中国教给我们什么》

Mr.Jean-Francois Doulet
introduces *What Does China Teach Us* to the audiences.

# 3. 汪德迈法语演讲《中国教给我们什么》

## Professor Léon Vandermeersch introduces in French the Key Points of *What Does China Teach Us*

图 6-3-1　会议厅大屏幕介绍汪德迈演讲内容
Presentation of professor Léon Vandermeersch's speech in French on the big screen in the conference hall.

图 6-3-2　汪德迈教授演讲近景
A close picture of professor Léon Vandermeersch's lecture.

## 4. 金丝燕教授同声翻译

**Simultaneous Translation from French to Chinese by
Professor Jin Siyan**

# 5. 会场座无虚席

## The Classroom full of Audiences

图 6-5-1　中法学者聚精会神听讲

Chinese and French scholars listen attentively to the lecture.

图 6-5-2　与会嘉宾（左起：李正荣、刘国辉、陈越光、董晓萍、程正民、李国英、王宁）

Guests attending the conference (from left: Li Zhengrong, Liu Guohui, Chen Yueguang, Dong Xiaoping, Cheng Zhengmin, Li Guoying, Wang Ning).

图 6-5-3　汪德迈先生与《中国教给我们什么》（繁体版）的香港中文大学出版社编辑陈甜合影

Professor Leon Vandermeersch takes photo with Chen Tian, editor of *What Does China Teach Us* (Traditional Chinese edition) in Chinese University of Hong Kong Press.

# 第7章

## 法国驻华大使馆举办中法合作"远近丛书"
## 《谦卑》等新书发布会（2019.4.23）

Chapter Seven

The Embassy of France in China Organized the Book
Launch of *L'Humiliation* in *Far and Near Series* and
Other Books in the Sino-French Cooperation on 23
April 2019

# 在《谦卑》新书发布会上的致辞

Speech at the Press Conference on Release of
*L'Humiliation*

陈越光（Chen Yueguang）

大家好！我还沉浸在汪德迈教授讲座的旋律当中。这简直是一次思想的运动，是让人像冲浪一样在思想的领域内跃动。汪先生《中国教给我们什么》预设的读者是西方读者，但在我看来，这正是每一个中国人都应该问的问题：中国教给我们什么？这里说的"中国"，指的是中国的历史文化传统。其实它教给我们的东西已经在我们身上了，但我们却没有像汪德迈先生这样进行理性的梳理。如果没有这种理性的梳理，它就只是一种隐形的、不自觉的存在。

我首先要感谢米歇尔·冉刻教授。"谦卑"这个题目，我们各自写作。他先写的，他崇高的学术地位，就像他永恒的微笑那样，有着巨大的魅力。从这个意义上来说，我的写作是受米歇尔·冉刻教授的感召，因此我要特别感谢他。

我另外要感谢的是中国大百科全书出版社的郭银星女士。我刚开始被告知有一个月的写作时间，后来他们允许我有所延长，这就增加了出版的压力，留给他们的时间大概只有一个多月。在这一个多月的时间中，他们要完成选题审核、书号审批、编辑、版式和封面设计、印刷、装订、晾干等等步骤，时间实在太紧迫了，然而这一切他们都完满地完成了。

我在表达我对出版者的感谢时，我确实是有感而发。刚才汪德迈先生在他的讲座中提到了《资本论》，《资本论》的第一卷于1867年出版，第三卷是1894年出版的，还可以说一些划时代的巨著：1687年牛顿的《自然哲学的数学原理》出版；1859年达尔文《物种起源》出版，今年是160周年。还有，韦伯《新教伦理与资本主义精神》（1904—1906年）、海德格尔《存在与时间》（1927 年）、罗尔斯《正义论》（1971 年），等等，它们和它们的作者，今天仍然像星座一样在学术的天穹中照耀着我们。这些著作被一而再、再而三地翻译和再版，但是请问，谁还记得第一个出版人呢？如果没有这第一个出版人，对人类文明史又会有什么影响呢？

我当然不敢把我们这本小册子和上述巨著相提并论，而是要表示：出版者是知识生产的公共化过程中一个不可或缺的重要环节，但他们的贡献在思想史、科学史、文明史上却常常没有获得理应获得的致敬。因此，我特别要表达对出版社诸位的感谢和敬意！对出版者的致敬，是对人类文明史的致敬。

我还要感谢"远近丛书"的中法主编，乐黛云先生、金丝燕教授和执行主编董晓萍教授。她们这20 多年的努力，使跨文化学在中国引起了一些学者的兴趣，跨文化学正在成为一门学科，进而成为一种艺术，成为中国当代性的一部分。也就是说在今天，如果还以为文化是一种隔离带，如果还以为在单一文化当中可以面向未来的世界，那么，就不可能成为一个21 世纪的真正的知识分子和真正的时代精英。

最后我想说一下我这本书的意思。"谦卑"之"谦"字，在中国三千年前就有一个认识，是一个图像。山在地下，这是《周易》第十五卦的卦象。山都是高高耸起的，但高高耸起之物，却低着头在地下，这就是"谦卑"的精神。我念一段我在书中写的文字。我想通过"谦卑"来表达一种历史的正义感——

谦卑者学习大地而成为大地，举毛起历史的精神。

一切有谦卑精神的历史人物都会被历史厚葬，这是他们的善终，他们在历史中安息是他们最终的谦卑，也是他们因为谦卑而得到的最后的安宁。历史是什么？历史是可以被一代又一代后人在心中复活的往事，所以他们又因此而不朽！而那些傲慢残酷、凌虐众生的弄权者，他们被悬挂在耻辱柱上不得入土的灵魂，因生前的强梁与暴行，要被无数代人鄙视的目光之剑所批判，永无安宁。

占用大家太多时间了，谢谢大家。

# 在《谦卑》新书发布会上的致辞

Speech at the Press Conference on the Release of
*L'Humiliation*

［法］米歇尔·冉刻（**Michel Zink**）


　　我也借此机会向金丝燕教授表示诚挚的感谢！首先因为她长期以来致力于中法、中西之间的文化交流与沟通，为此付出了不懈的努力。同时，从我个人来说，她在中西交流的跨文化研究系列丛书中为我预留了一个位置。我这部小书的特点，是由两位作者共同执笔来写，包括"天"等等其他各类主题。我非常荣幸能够在这部丛书中找到自己的位置，这对于我来讲是无上的荣誉。

　　我还要向另外两位人士表示感谢。首先是董晓萍教授，我们一直以来受到了她非常热情的款待，并且她一直致力于我们的合作。她所在的跨文化学院师生给了我们极其周到的照顾，在此对她表示诚挚的感谢！另一位我想感谢的是陈越光先生，首先感谢他们的基金会创建了以汪德迈先生命名的奖项。以这样一名学者命名，显示着对于这名学者一生成就的承认，也显示了中国对于法兰西学院的信任，尤其是对金石美文学院的信任。另外，我今天还发现，陈越光先生其实是与我共同撰写这部书的，这对于我来说是巨大的发现。

这部书的主题是"谦卑"。不知道陈先生那一部分写的是什么，我自己的这一部分我也不想过多剧透。但是我想说，这是一个非常重要的主题。我们知道，"谦卑"在各个文化当中都有存在，它是一种将其他人排除在外的方法，是社会进行自我反抗与保护的方法。隐形的谦卑更加行之有效，它并非一种躯体上的折磨，因此很难被注意到，人们也不会为了这些小事而去抱怨和控诉。在严重的谦卑中，我们常常能看到一种反抗的力量；而在小的谦卑中，人们却常常忍耐了事。比如说，有的人不问候我们，他假装看不到我们，或他故意在我听不懂的情况下说一个其他人都能听懂的词，这种情况应当如何处理和反应，都是问题。

在不同国家和文化中，不同的谦卑都有自己的"仪式"。比如说，明明一个人可能已经成为阶下囚了，但我们却还要给他戴上手铐，这就是一种谦卑的仪式。不知道在东方和中国是怎么样的，在西方和法国，我知道这种情况是无处不在的，使得人们非常为之担忧。比如在体育的领域中，一个运动员如果输了，我们则说他遭到了对方球队的"谦卑"，但其实并没有什么可以谦卑的。

　　除了这些现象，另一方面来说，由这些现象引发的人们的那种忧虑，也是十分令人深省的。我们感觉我们的社会进入了一种自恋、封闭、极为需要别人给自己承认的一种状态里。

# 法国驻华大使馆举办中法合作《谦卑》等新书发布会

## Press Conference on Release of New Books Collaborated by Chinese and French Scholars Held in France Embassy in Beijing

董晓萍（Dong Xiaoping）

中法关系不仅仅是政治、经济和外交的关系，也是文化、艺术和学术交流的关系。法国驻华大使馆文化处近期举办中法合作《谦卑》等新书发布会，展现了 2019 年双方学术交流的丰硕成果。新书共包括中国大百科全书出版社最近出版的中法合作"远近丛书"《谦卑》等共 10 种 15 册，主要作者和书目有：陈越光 /［法］米歇尔·冉刻（Michel Zink）《谦卑》，［法］汪德迈《中国教给我们什么》《跨文化中国学》和《中国文化思想研究》，乐黛云、［法］乐比雄主编《跨文化对话》最新一期学术期刊，［法］

金丝燕《文化转场：法国早期汉学视野》，王一川《中国艺术心灵》，李国英《〈说文解字〉研究四题》，韩琦《康熙皇帝·耶稣会士·科学传播》，董晓萍《跨文化民间叙事学》和《跨文化技术民俗学》。"远近丛书"已出版 18 种，《跨文化对话》已出版 39 辑，"跨文化研究"丛书已出版 80 种，合计 137 种。其中"跨文化研究"丛书属教育部人文社科重点研究基地重大项目成果，共有法国学者 22 人次和中国学者 63 人次参加撰写，汇聚了中法高端人文学术对话与研究的丰富内容。这批著作同步投入北京师范大学和相关高校的跨文化学教学和慕课研制，提供研究生教材，促进学科建设，有助于中法双方在学术界、思想界、教育界和文化艺术界开展深层交流。

2019 年 4 月 23 日晚会议开始后，法国文化中心多媒体图书馆馆长李大维（David Liard）首先致辞。他代表法国驻华大使馆文化与科技合作处向中法双方合作单位致谢。他谈到，中法专家在各自的领域内做着同一件事情，并为之付出持续的努力，包括双方研究成果的中文版出版。这些书籍可以进入法国学者的思想当中，与之近距离地接触。法国驻华大使馆文化处的使命，就是要促进这种交流的顺利展开与不断发展。他感谢汪德迈先生对中法两国的学术贡献，并指出，汪德迈先生的新著《中国教给我们什么》正是法文原著的中译本，列于本次新书发布之首。他提出，法国驻华大使馆文化处一向鼓励将法文著作译成中文，希望推动中法双方的学术文化交流走得更远。

在本次发布的新书中，《谦卑》十分亮眼。这是一套跨文化对话的个案丛书。其作者不是一个，而是两个，一中一外，各说各话。《谦卑》即由中法两位学者撰写，背靠背，小而精，在共时性的框架中，针对当代跨文化交流的差异与超越等普遍问题，讨论人类优秀人文思想的共享性与现代性。法兰西学院院士、法兰西学院副院长米歇尔·冉刻教授发言，他提出，人类文化差异是常态现象，但有些差异代表了文化特质，需要保持；也有些差异在当时合理而后来转为负面现象，需要反思。法语中的"谦卑"包含"谦恭"与"羞辱"双重语义，他主要就中国传统文化中不大触碰的"羞辱"之意做了简要阐述。他认为，"羞辱"存在于各种文化之中，是一种将其他人排除在外的观念和行为，一般用于自我反抗或自我保护。但是，现代社会也出现另一种现象，就是某些社会进入一种自恋或封闭状态，只需要别人承认自己，却没有考虑这种心态和相关行为对他者造成的伤害。提倡"谦卑"，正是要强调尊重他人，敬畏人类优秀文化。中国文化书院副院长陈越光先生发言，他从跨文化视野下的中国文化思想的角度阐述个人的谦卑观，认为，谦卑之"谦"的核心概念是高山与大地的象征喻义。在人类社会经历冲突与战争的历史中，"谦卑"也被用来表达一种社会正义感。一切有谦卑精神的历史人物会因此而不朽，历史也因此可以成为在后人心中复活的往事。那些傲慢残酷、凌虐众生的弄权者，会被无数代人以鄙视的目光之剑所批判，永无宁日。现在跨文化学正在成为一门学科，进而成为一种艺术，成为中国当代性的一部分。在今天，如果有谁还认为文化是一种隔离带，认为单一文化可以面向未来世界，就不可能成为 21 世纪真正的知识分子和真正的时代精英。

精品图书面世的背后是中法多家出版社的共同努力。中国大百科全书出版社社长刘国辉先生在讲话中指出，近期习近平主席在访问法国期间，将中法关系称为"世界大国关系中的一对特殊关系"。中法关系的"特殊性"，就突出体现在文化上。中国大百科全书出版社有幸出版了汪德迈先生的《中国文化思想研究》和《跨文化中国学》，它们都是汪先生中国学的最新研究成果，汪先生曾说："一辈子研究中国文化是世界上最迷人的事。"这让我们十分感动。这次聆听汪德迈先生的睿智讲演更感荣幸。在与北京师范大学的友好合作下，中国大百科全书出版社已经出版了包括汪德迈、米歇尔·冉刻（Michel Zink）、乐黛云、王宁、程正民、金丝燕、董晓萍、王邦维、白乐桑（Joel Bellassen）等一大批中外著名学者的 23 部跨文化研究著作，相比于 74 卷的《中国大百科全书》，这些著作同样话题重大，意义深远，它们必将大大加强中西文化交流和互相理解。

香港中文大学出版社编辑陈甜发言说，本社出版汪德迈先生的中文版著作并非偶然，而是代表了香港中文大学出版社对法国思想与学术持之以恒的关注。我们立足于中国与世界之间，将世界带给中国和中文读者，也将眼光放在全球对中国和中国文化的研究和思考方面，还要致力于将中英文之外的其他语言和思想传统的优秀作品推向世界广大读者。

本次新书发布会在携手共进的氛围中落幕。与会中法学者、高校师生、出版社团队人员和各界来宾济济一堂，感谢法国驻华大使馆文化处组织了这次精彩的活动。法国驻华大使馆文化处高等教育与社科合作专员杜雷（Jean-Francois Doulet）、法国文化中心多媒体图书馆馆长李大维（David Liard）、文化处高级项目官金瑞玲（Juliette Jin）、法国远东学院北京中心主任杜杰庸（Guillaume Dutourmier）等出席会议。法兰西学院院士、法兰西学院副院长米歇尔·冉刻（Michel Zink）教授，法兰西学院通讯院士、法国高等社会科学研究院汪德迈教授，法国阿尔多瓦大学特级教授、东方学系金丝燕主任和香港明远中国文化教育基金会主席陈越光先生等特邀到会。北京师范大学跨文化研究院名誉院长王宁教授、学术委员会主任程正民教授、院长董晓萍教授、副院长李国英教授和李正荣教授应邀与会。中法合作出版单位代表，中国大百科全书出版社刘国辉社长、社科学术分社郭银昌社长和曾辉副社长。香港中文大学出版社陈甜编辑，商务印书馆杜广廷编辑出席了会议。北京大学、清华大学、北京师范大学、中国文化书院、中国科学院、中国社会科学院、南京大学、山东大学和敦煌研究院等单位的学者与会。法国阿尔多瓦大学特级教授兼北京师范大学跨文化研究院副院长金丝燕教授主持会议。

**1. 中法合作"远近丛书"《谦卑》与中法合作《跨文化对话》学术期刊和"跨文化研究"系列丛书海报**

Posters of New Publications Cooperated by Chinese and French Scholars in 2019 Including *L'Humiliation* in *Far and Near Series*, Journal of *Transcultural Dialogue* and *Transcultural Studies Series*

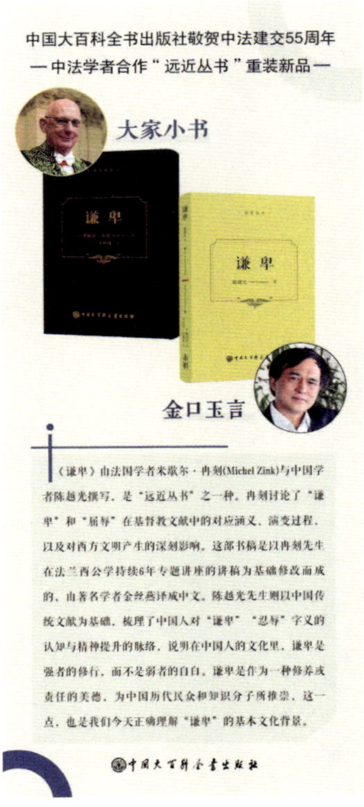

图 7-1-1　中法合作《谦卑》新书海报

Posters of *L'Humiliation.*

图 7-1-2 陈越光、[法] 米歇尔·冉刻 (Michel Zink)《谦卑》，中文版，北京：中国大百科全书出版社，2019

Chen Yueguang and Michel Zink, Chinese Edition of *L'Humiliation*, Beijing: China Encyclopedia Publishing House, Published in 2019.

图 7-1-3 中法两作者对谈《谦卑》

Chinese and French autors of *L'Humiliation*, one of them is a Chinese scholar, and the other is a French scholar who wrote this book separately.

图 7-1-4 中法合作《跨文化对话》学术期刊与"跨文化研究"系列丛书

Exhibition of new publications such as the Journal of *Transcultural Dialogue* and the books of *Transcultural Studies Series* cooperated by Chinese and French scholars.

## 2. 法国驻华大使馆文化中心多媒体图书馆馆长
## 李大维（David Lizard）先生致辞

### Speech of Mr.David Lizard, Director of the Multimedia
### Library of Cultural Center of France Embassy in China

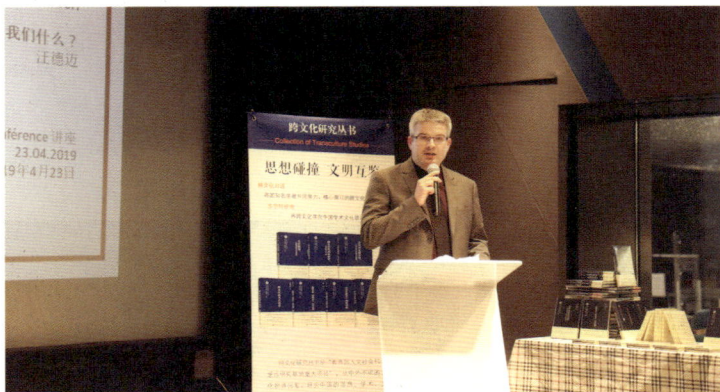

图 7-2-1　李大维先生致辞
Speech of Mr.David Lizard.

图 7-2-2　李大维先生与中法作者、与会中国学者、承担中法合作图
书出版工作的中国大百科全书出版社和香港中文大学出版社代表合影
Mr.David Lizard takes photo with Chinese scholars and the representatives from
China Encyclopedia Publishing House and Chinese University of Hong Kong Press
who undertook the publishing work of Sino-French cooperative books.

# 3.《谦卑》中法两作者致辞

## Speech of both Chinese and French Authors of *L'Humiliation*

### 3.1 中国作者陈越光致辞
Speech of Chen Yueguang, the Chinese author of *L'Humiliation*.

图 7-3-1.1 《谦卑》作者陈越光致辞
Speech of Chen Yueguang, the author of *L'Humiliation*.

## 3.2 法国作者米歇尔·冉刻致辞

Speech of Michel Zink, the French author of *L'Humiliation.*

图 7-3-2.1 《谦卑》作者米歇尔·冉刻致辞
Speech of Michel Zink, the French author of *L'Humiliation.*

## 4. "跨文化研究"丛书等新书发布（2019.4.23）

**The Press Conference of New Publications of *Transcultural Studies* Series Collaborated by Chinese and French Scholars on 23 April 2019**

图一-4-1 中国大百科全书出版社社长刘国辉发言
Speech of Liu Guohui, the president of China Encyclopedia Publishing House.

图一-4-2 香港中文大学出版社编辑陈甜发言
Speech of Chen Tian, the editor of Chinese University of Hong Kong Press.

图 7-4-3　中国大百科全书出版社社长刘国辉先生向中法学者赠书

Mr.Liu Guohui, the president of China Encyclopedia Publishing House presented the new books to the Chinese and French scholars.

# 第 8 章

## 陈越光、董晓萍、金丝燕
## 在法国巴黎访谈汪德迈（2018.6.9）

## Chapter Eight
Chen Yueguang, Dong Xiaoping and Jin Siyan
Interviewed Léon Vandermeersch in Paris of France on
9 June 2018

# 汤先生给我一个任务：让中国知道汪德迈

A Task Given By Professor Tang Yijie to Me: Let China
Learn about Léon Vandermeersch

［法］金丝燕（Jin Siyan）

我与汪德迈先生的缘来自汤一介、乐黛云两位先生 2003 年来法国巴黎访学。受汤一介和乐黛云两位先生之命，加入《跨文化对话》杂志和"远近丛书"，并与汪老合作。"要让中国知道汪德迈"，汤老师给了我任务。由此我们开始周日学术工作坊，从无间断，哪怕中间发生恐袭事件。在跨文化研究新学科发生地的中国，北京师范大学暑期国际访学期间，我们可以每日工作一次。

我们和汪德迈先生关于法译本《文心雕龙》工

作的重点：

1. 重分量的注释。为了保证翻译的忠实性，翻译正文不加解释，保持原文的纯正，包括姓、名、字。另加注释，在注中对原文做简要的解释。所有的人名、作品名逐一讨论，作者补入生卒年代、作品、文注明出处等。

2. 翻译尽可能贴近原文原词原意。宁可直译，不以任何今天的理由或尺度在翻译中对原本做任何修改、删除。《文心雕龙》的成书年代在6世纪初，文字的含义断不在6世纪初以前，因此应避免用近古文言或当代汉语去意译。

3.《文心雕龙》的源语为中古文言，译者在所用的译出语中尽力接近这一书面语。

4. 汪老写《总序》和各章导读，在译本完成后，我写《文心雕龙》研究论著，时间不限。

5. 所参照的中文文本定为：

范文澜《文心雕龙注》，北京：人民文学出版社，1978。

郭晋稀《文心雕龙译注十八篇》，兰州：甘肃人民出版社，1963。

李曰刚《文心雕龙斠诠》，台北：台湾编译馆中华丛书编审委员会，1982。

詹锳《文心雕龙义证》，上海：上海古籍出版社，1989。

周勋初《文心雕龙解析》，南京：凤凰出版社，2018。

周振甫《文心雕龙注释》，北京：人民文学出版社，2002。


2020 年 3 月 19 日巴黎第一次禁足后，我们的工作移至汪老家。

疫情暴发以来，2015 年在北京师范大学跨文化研究院开设的年度暑期班只能远程上课了。《文心雕龙》的翻译工作坊夏季时间表不再是京师大厦的每天，而是回到巴黎的节奏，每周三和周六。改在周六上午，是因为汪老家边有菜市，我们工作完后去，无论风雨雪交加或风和日丽都不会中断。路上，汪老会讲故事，不谈工作。日本的游学生活是他喜欢说的。

我的导师内田智雄请我去他家晚餐，要我四点到。我很按时的。他让我进书房，"这是我父亲的藏书。"他一本一本地拿下来展开。谈得很开心。六点，小门轻轻开了，他夫人跪着递进两个托盘："请慢用。"我随内田先生坐下，心想："餐前菜很讲究。"我恭敬地等着。内田先生说："晚餐结束。"我恭敬地辞别。看表，六点十分。他退休后，我任法国远东学院院长时再去日本。去看导师，开门的是他夫人，说："先生退休后去寺院出家了，任何人不见。"

记得 2015 年 8 月 29 日，在敦煌的蓝夜下，汪老讲过这个故事，当时的听者有李范文先生夫妇和敦煌研究院科研处的李国先生。面对沙漠，汪老要我转告乐黛云先生一句话：

> Le risque principal, ce n'est plus les chocs
> des civilisation, mais celui de l'unification
> des civilisations, des langues. Dans le monde
> d'aujourd'hui, que tout le monde parle quatre
> langues.
>
> 最大的危险，不再是文明的冲突，而
> 是文明的一元化，语言的一元化。今天的
> 世界，每人要会说四种外语。

2020 年 6 月 27 日周六上午，《文心雕龙》法译进入第二次校审。汪老的视力减弱得很厉害，为了保护他的视力，我一字一字地念，中国的古文和法文。他的脑力好，听着，会背出前一天审读的句子。第四十五章第三节关于柏梁宫，我译成柏穹顶宫，他说："穹顶都是石头建的，要译成柏木屋梁宫。"我赞叹汪老的脑子清晰。他笑了："我早上六点到七点是脑子里念头最多的时候。之后按逻辑整理就是了。"

– 那是在日本养成的习惯？我问。

– 我做大学博士论文的时候，每天早上四点到七点写作，之后去大学上课。

– 白天不累吗？

– 一点不。我是早晨，不是晚间。

– 很少有法国人是早晨的。

– 就我一个。


汪老笑了，还带一丝调皮的满足。

2020年7月16日，布列塔尼海边汪老的朋友家，继续《文心雕龙》工作坊。花园的树丛光影下，主人汉学家白兰花（Flora Blanchon）的丈夫克里斯蒂安（Christian Blanchon）端来咖啡，顺着香味，我们的讨论有了空闲。谈起西方和中国在文学、哲学和文字学这三个方面的关系：


金丝燕：因此，饶宗颐是文字学家。

汪德迈：要搞哲学，必须做文字。比如我在索邦大学做学生时，学西方大作家柏拉图、亚里士多德等，都是从文字学分析进入文本。

金丝燕：就像您所做的，从甲骨文进入，但您没有满足停留在甲骨文的释析上，而是要走出来。可以这么说吗？您想从甲骨文文字学抽象出来。

汪德迈：不一定是抽象出来，而是超过甲骨文，超过不是跨越，而是走其之上。

金丝燕：超越。

汪德迈：对，就是，在哲学上超越。可以说中国文学让我感兴趣的是文学中的哲学性，而这，就是《文心雕龙》。这与亚里士多德的《诗学》一样，西方文学的哲学性在《诗学》，《文心雕龙》是中国文学的一种哲学性。

金丝燕：写入《文心雕龙》法译本的总论如何？

汪德迈：是的。因此，刘勰如此重视"雕龙"中的阴阳五行。

金丝燕：同意。雕龙不仅仅是文字学上的，更是哲学上的，所有人在"雕"的层面挖掘，而您是唯一指出"雕龙"是书学意义上的。

2020 年 11 月 28 日上午，周六工作坊。我带去北京师范大学跨文化研究院院长董晓萍教受快递寄来的《汪德迈全集》第一至第四卷，中国大百科全书出版社出版。汪老说："汤一介的书库里有我的藏书和我写的书了。"

### 1. 陈越光先生访谈汪德迈

**Mr.Chen Yueguang Interviews Professor Léon Vandermeersch**

图 8-1-1　汪德迈下楼迎接访谈人［左起：汪德迈（在楼内开门）、金丝燕、罗珊、陈越光、董晓萍］

Professor Léon Vandermeersch went downstairs to meet the interviewers[from left: Léon Vandermeersch(opening the door inside the building), Jin Siyan, Luo Shan, Chen Yueguang, Dong Xiaoping].

图 8-1-2 汪德迈先生在书房与陈越光等合影（墙上挂着饶宗颐抚琴旧照）
Professor Léon Vandermeersch taking photo with Mr.Chen Yueguang and the other visitors in his study room (an old photo of Jao Tsung-I playing the guqin on the wall of the study room).

图 8-1-3 汪德迈先生来到书桌前
Professor Léon Vandermeersch came to his desk.

图 8-1-4 汪德迈先生给陈越光看电脑中的新书稿
Professor Léon Vandermeersch shows on his computer to Mr.Chen Yueguang the manuscripts of his new books.

图 8-1-5 陈越光先生的访谈主题是"中国古代思想史"
Mr.Chen Yueguang's interview topic is "History of Ancient Chinese Thought".

图 8-1-6 陈越光先生访谈汪德迈
Mr.Chen Yueguang interviews professor Léon Vandermeersch.

图 8-1-7 陈越光在访谈中
Mr.Chen Yueguang in interview.

## 2. 金丝燕教授访谈汪德迈

Professor Jin Siyan Interviews Professor Léon Vandermeersch

图 8-2-1　金丝燕教授的访谈主题是"汪德迈中国学奖与法国文学"
The topic of professor Jin Siyan's interview is "the Léon Vandermeersch Prize for Chinese Study and French sinology".

## 3. 董晓萍教授访谈汪德迈

### Professor Dong Xiaoping Interviews Professor Léon Vandermeersch

图 8-3-1　董晓萍教授的访谈主题是"反观法国汉学研究中国民俗的方法"

The topic of professor Dong Xiaoping's interview is "Rethinking the methods of French sinology on the Chinese folklore study".

# 第 9 章

# 汪德迈在北京大学和清华大学讲学与访问

Chapter Nine

Léon Vandermeersch's Lectures and Visited at Peking
University and Tsinghua University

# 汤一介——21 世纪儒学研究的复兴者

Tang Yijie, A Revivalist for Confucian Study in 21st Century

［法］汪德迈（Léon Vandermeersch）

　　首先，请允许我向北京大学哲学系、北京大学儒学研究院表示感谢，感谢邀请我于今天在第一届"一介学术讲座"做报告。我感到非常荣幸。

　　1. 我与汤一介和乐黛云夫妇相识在八十年代，是通过我的朋友李中华认识的。李中华的夫人齐艳芬女士曾经是我埃克斯 – 普罗旺斯大学的学生，然后又是我巴黎七大的学生。此后，她在联合国教科文组织任职，联合国教科文组织的总部就在巴黎，在我家附近，因此我们经常在巴黎碰面。当我有时暑假期间经过北京时，常常又正是她回北京度假的时候，我就去北京大学校园里她丈夫李中华的公寓拜访她，成了他们家的常客。这样，我有机会通过李中华教授认识了汤一介先生。当时李中华是汤一介先生的助教。

我了解汤一介的父亲，著名的汤用彤先生，主要是了解汤用彤先生有关中国魏晋南北朝时期的佛教斗道教的研究，但我并不认识汤一介先生本人。汤一介先生侧重儒学研究，这让我非常感兴趣。我于 1979 年离开大学的教职，被任命为法国高等社会科学研究院儒学研究组的负责人，便全身心地投入到儒学领域研究中去。基于这个缘故，我于 1980 年 9 月去曲阜参加了儒学国际讨论会，那次讨论会应该是在"文革"以后第一次召开的关于儒学的讨论会。在这同一年，我订阅了《孔子研究》月刊。同年在法国创建了曲阜之友协会，我是该协会的创始人之一。该协会两年一度，于夏季的曲阜，在当地政府的协助下组织一次国际研讨会，我参加了五届研讨。每一次均要经北京到曲阜，我就趁这个机会，在北京停留两三天，去访问汤一介和乐黛云夫妇，一直受到他们两位的热情接待，我们很有成效地交换意见、探讨问题。

难以忘怀的是他们在北大的家。在那个很简朴的屋子里，家具甚至磨得发亮，椅子凳子也许是无数来访求教的学生们坐过的吧？谁曾想，这就是中国最著名大学一个大教授的家！普通的木制书桌，沙发，旧的皮革椅子，简易的板凳……但是，在这样简单的屋子里却居住着具有无比丰厚精神财富的人，桌子后面升向天花板的书架，指引着我的视线：那堆积如山的书——他们夫妇自己的"四库全书"。

2. 在这些书中有一套新藏书，即《儒藏》。随着我两年一次的造拜，我眼见着它增加厚度。这个艰巨庞大工程的指挥者，就是汤一介先生。他自己也承认，这个任务常常让他想到时出一身冷汗。在接受《现代教育报》的记者采访时，汤教授说过，这个他自己制订的出版计划可谓雄心勃勃，但绝不仅仅靠他个人的努力就能完成，需要各方人力和财力资源的支持。他深知其难度。是什么样的力量支撑着他，在 75 岁的高龄承担一个将需要 20 年工作的重要任务呢？这要何等的勇气！虽然汤一介未能参与至最后完成的阶段，但至少在生命的最后时刻，他看到了不远的未来：近百册《儒藏》的出版。一位老人领导了一支来自30多所大学的近400名研究人员的队伍，这个研究项目涉及600多部作品的研究范围，共计1.5亿字的研究成果，涵盖了2000多年的历史，这一惊人的学术研究成果填补了学术界的空缺，这一不可思议的庞大出版计划令人惊叹

3.编纂《儒藏》（精华编）这一壮举，把汤一介推上21世纪中国儒学研究的领导人物的位置上，成为国家级新的儒学研究的核心人物。我希望看到的是，用新的观点去解释儒学，让人们了解孔学丰富的历史渊源，而摒弃容易让西方误解的东西。我在这里要谈的是在汤一介领导下的我的研究，我对于孔子——中国文化历史上最伟大的人物的研究。

4.在西方，人们不大看得起孔子的学说，认为他只不过写《论语》，而且把《论语》看作"三纲五常"等很平庸的伦理说教的课本，顶多把孔子当作中国的苏格拉底，只寻求真实的基础的真理，却见不到古希腊雅典人所聪明运用的辩证法。为什么这

样一位普通的伦理学家，在中国历史上能成为如此重要的人物？西方人以西方视角，还把他看成是某个宗教的创始人，与释迦牟尼和耶稣一样被信仰者神化。

5. 我再回到《论语》上来，不用提醒说它非孔子所作，而是其弟子们对其言语的记录。儒家思想，不是宗教，却是一种治国理念，即礼的规范机制（礼理的治理），而非如西方体制那样以权的规范机制（权理的治理）去管理国家。真正反映孔子思想的，乃是孔子所编著的五经，亡佚于秦始皇时代。汉代这些学术巨著得以重编，并被完好地保存下来。孔子这位曾经的编著者也因此成为中国古典文化的创始人，而非一个宗教创始人。我对这一观点做如下解释。

6. 孔子在他 20 岁时（公元前 532 年），在鲁国充任委吏一职，当时的中国文字只为行政文书，被殷代称为"史"官的上层社会行政官员所用。因为这一文字由当时实施占卜的"史"官们所造，为其占卜之需而创甲骨文，之后，运用的范围越来越广，超出了占卜的范畴，首先是为礼仪所用的青铜器铭文，然后是记录并存档的行政管理文件（要保存的公文）。这些活动都由曾参与占卜的"史"官们去加注并行文。作为占卜者的"史"官们，从其主要职能看，（从某种程度上说）就转变成文字处理的书吏了。他们在丝绸、木牍、竹简等上抄写文字，作为档案保存起来，当时这种广泛使用的文字只限于行政管理层内部使用，除了用于行政管理之外，没有人会想到运用这些官方礼仪仪式上所用的文字。这些官方用的丝绸或竹简文件，曾非常仔细地被作为档案归档，但与甲骨文和金文不同的是，由于丝绸的柔弱性和竹简的易腐性，孔子时代还存在的档案，后来全部消失了。但我们知道孔子时代仍有存世的档案，其中有关系到占卜的《连山》和《归藏》，也有关系到其他国家重要事情的《三坟》和《五典》。这些档案都含有关于周朝孔子时代以前25个王朝的历史真实数据，研究它们，可以明白建朝者周文王、周武王、周公旦所创建的很有道理的政治制度，也可以明白东周时代以后那些政治制度何以遭到越来越多的反叛。孔子生活的时代，正处于周代思想和制度严重下滑的危机之中，这个变化的过程全部隐含在当时的档案记录里，孔子力图恢复曾经强盛的周朝，便特别重视这批资料。

7. 孔子 34 岁时（公元前 518 年），与陪同的学生南宫敬叔，去周都雒邑阅览典籍式的文本文件（《史记》的索隐曾记载此事）。他此行为何呢？因为当时孔子已经授课四年了，他感到自己的思想已趋于成熟，并越来越意识到他的职责是遵天命，更感到他有挽救濒于灭亡的周朝之使命。因此，为恢复周朝政治制度，孔子开始整理、编修他所收集的大量档案，细究因制度"礼崩乐坏"导致王朝衰落的原因。

8. 实际上，孔子阅览、修订并编录文档这个庞大工作，就是完成他一生抱负的成果。而这个成果不可能作为私人书写的作品，任何一种这类书写都不被允许，而留下来的文字只是那些为国家所撰写报告的书吏们抄写的文字，所以，孔子把国家的档案材料加以修订，用"微言大义"的方式仔细修改，同时隐约地注入了自己的观点（这就是孔子自谓"述而不作"）。这种诠释修订著作的方式一直延续到大师生命结束之时，到完成五经第一部的主干部分以前，传至他的学生一代。在此过程中，孔子承担了极大的风险。三个齐国的史官为了写就官方的齐国春秋的年鉴，相继在公元前 521 年时，被齐庄公麾下的大夫崔杼所杀害，这就是著名的崔杼弑君斩史官的故事。公元前 500 年，崔杼竟敢越权，分别下令杀害史官，以逼他们更修档案。孔子先后任司空和司寇，他何以决定自己去更正国家档案呢？因为他奉天命替天子行事。因此儒学家认为，孔子修《春秋》是代王者立法，有王者之道，而无王者之位。然而，在汉代时，孔子确实有"素王"（这就是说"无冕之王"）的称呼（王充《论衡·定贤》："孔子不王，素王之业在于春秋。"）。这里，唯有《春秋》可视为王经的转喻，在五经中《春秋》是最具儒家"素王"之概念的。

9. 其实孔子自己修订国家档案，自认为他是奉天命，恢复周礼，可是儒家之外的士大夫可认为他的所作所为是一种非常厉害的夺权行为。这场非礼的行为没有人敢效仿。还有另一个举动同样大胆，这就是他的弟子们对《论语》的撰写。《论语》实际上只是孔子与弟子之间对话的集成，是最亲近大师的一群弟子们所录。弟子们认为就是在做官方档案，因为他们认为，孔子是"素王"，虽然没有左史记其言（请参看《礼记·玉藻》："言则左史书之，动则右史书之。"）。《论语》后来成为国家经典档案，即《经》书之一。

当时新兴的儒学刚刚冒头，对之充满争论，包括一些对现实不满的人，他们也试图按照《论语》的模本复制去辩驳，但他们只把它作为一个普通作者写的著作，却并未当作一部《经》，认为它仅仅是私人书写的作品，实际在古代，从此时才开始出现私人书写的文章。孟子告诉我们，第一个挑战来自春秋战国时期的"杨朱"与"墨子"之争（见《孟子》6.9）。杨子与墨子各陈己见，杨朱的追随者热衷于与墨翟的门徒论战，参与辩论，并效仿孔子的弟子，也著了一部书，即与他们的师傅之间的争论，即他们的《经》，这就是《庄子·天下》一书里"百家争鸣"的章节。从这第一部书发展到其他流派的著作，这就构成了最早的带有私人思想倾向的著作，形成了中国文学的内在核心，它在汉朝以后孕育和发展了含散文与诗体的中国文学。

10. 最初来源于私有文字需求的文言文，由于孔子的夺权的作用，超越了史官和占卜者的功能，使之成为诸子的思维工具，使中国文学从一开始就拥有了他国文学无法比拟的地位。正如《文心雕龙》中所道："文之为德也大矣，与天地并生者何哉……此盖道之文也。"而在西方世界却无法与之相比，在那里文学的来源只是把民间故事用表音文字记录下来。中国文学在中国文化中占据着非常高的地位，这在中国政治体制内可以由科举考试体系来体现。然则，与其说古代中国是官僚性质的国家，不如说它是文言文性质的国家。另外，中国文化最初的私人文学作品就是孔子所修编的经书，因此，经书成为中国文学的基础。《文心雕龙·宗经》说："三极彝训，其书曰经。"

经书之首就是《易经》，它在中国的地位相当于西方文化里的《圣经》。据说当年孔子读《易经》这部书时，三次翻断了系竹简的皮绳，可见这部书是圣人深奥哲理之宝。所以汤一介先生研究中国先秦重视易经《系辞》的阐释学。汤一介先生以为，类似西方文化的阐释学基础与《圣经》的注释一样，中国先秦的阐释学基础在经书的经传，这是汤一介先生的非常重要的思辨。而且他以为，三种不同的中国经传，即易经《系辞》、春秋《三传》，与韩非子《解老》和《喻老》，其中最重要的是《系辞》。

汤一介先生的这一观点，我十分同意。而且，从纵向的角度广而言之，我以为汤一介先生编纂《儒藏》的伟大工作很像孔子对五经的编修。当今大部分史学家认为孔子，是一个完全的"反动派"，因为他要恢复周朝初期的政治制度。我绝不同意。实际上相反，孔子修编五经，开了编修个人文章之路，开了中国文学的路。这一方面，他是革命家（即"素王"），其非常有革命性的贡献，就是使中国文字开始民主化的第一步。然而我认为，汤一介先生编纂《儒藏》，同样旨在为当今中国的思想拓开一条新路，这就是，不但模仿西方的现代化，而要在中国本地文化的基础上开辟中国本地现代化的新路。

终于，我很高兴有今天这样的隆重机会，向汤一介先生的诸位同事、诸位学生表示我心中对汤先生的敬意。我最敬重他，就是因为他专心致力于他的汉学和中国文化研究。我1928年出生，从阴历上讲，生在那年的正月初，因此我其实跟汤一介先生同年，比他年轻仅仅四个月。他对儒家思想有着深刻的分析与理解力，他是我的榜样，我希望能向他学习。

# 汪德迈在清华大学观摩清华简

Léon Vandermeersch Visited and Communicated with the Research Team of Warring States Bamboo Manuscripts at Tsinghua University

董晓萍（Dong Xiaoping）

  2018 年 8 月 29 日，汪德迈（Léon Vandermeersch）先生到清华大学观摩清华简。贾连翔教授应邀向汪先生介绍了对清华简的鉴定、整理和研究进展情况，帮助汪先生实现了多年的夙愿。

  汪德迈先生已在自己的著作《中国思想文化研究》（中国大百科全书出版社，2016）和《中国教给我们什么》（香港中文大学出版社，2019）中，使用了已少量发布的清华简信息，但从未亲眼看到清华简的实物。本次观摩让他赞叹。他认为，清华简是21 世纪初公布于世的中国考古文献，与 20 世纪初的敦煌发现相比，相隔一个世纪，对它的整理、利用和研究，体现了 21 世纪中国学的特点。中国拥有这样丰富的考古发现，应该使用自己的材料研究中国文化，不必一味地模仿西方。中国学者也要提出更多的适合中国的概念和方法，而西方学术界应该看到中国学术界的这个转变，这对于 21 世纪的中西学术交流是十分重要的。

关于清华简的重要性，他举例说，在清华简中有一些数字值得关注。中国历史经典中都有数字，这是中国古老文化中的思想符号，是一种准科学。中国古代的数字观念与西方自然科学中的数学观念不同，双方的逻辑观念不同。中国古代的数字帮助中国人建立自己的宇宙观体系和整体联系的思维模式，走了中国自己的道路，在这点上他很赞成李约瑟的观点。

汪德迈先生表示，他很期待清华大学的研究者利用清华简的考古学财富取得研究新突破。他还问，敦煌文献产生了敦煌学，清华简文献能不能产生清华学？

本次随行参观的中法学者有：法国索邦大学哲学系主任谢内（François Chenet）、法国阿尔多瓦大学特级教授金丝燕、中山大学外文学院与翻译学院前院长王宾教授、北京师范大学跨文化研究院院长董晓萍教授。清华大学社会学学院院长李强教授对汪德迈先生的这次学术访问给予了重要帮助。

**1. 汪德迈教授应北京大学儒学研究院和北京大学
高等人文研究院之邀到北京大学陈经纶学术交流中心
做"中国人思想中的历史观念"讲座（2013.7.24）**

Professor Léon Vandermeersch Invited by the Research Institute for
Confucianism and the Advanced Research Institute of Humanities
of Peking University to Deliver the Lecture "Historical Concepts in
Chinese Thought" at the Conference Hall of Chen Jinglun Academic
Exchange Center on 24 July 2013

图 9-1-1　北京大学儒学研究院和北京大学高等人文研究院联合主办
本次讲座
Peking Universiy's Research Institute for Confucianism and the Advanced
Research Institute of Humanities are jointly organizing this lecture.

图 9–1–2　北京大学高等人文研究院院长杜维明教授主持讲座
Professor Tu Weiming, director of Advanced Research Institute of Humanities of Peking University, hosts the lecture.

图 9–1–3　金丝燕教授担任翻译
Professor Jin Siyan translates the lecture of professor Léon Vandermeersch from French to Chinese.

图 9-1-4 法国学者、北京大学儒学研究院教师与北京师范大学部分师生合影
Group photo of French scholars, members of Research Institute for Confucianism of Peking University and professors and students of Beijing Normal University.

## 2. 汪德迈出席北京大学第一届"汤一介学术讲座" 并做大会发言（2015.9.9）

**Professor Léon Vandermeersch Attends "the First Academic Lecture in the Name of Professor Tang Yijie" at Peking University and Present His Conference Speech on 9 Sept.2015**

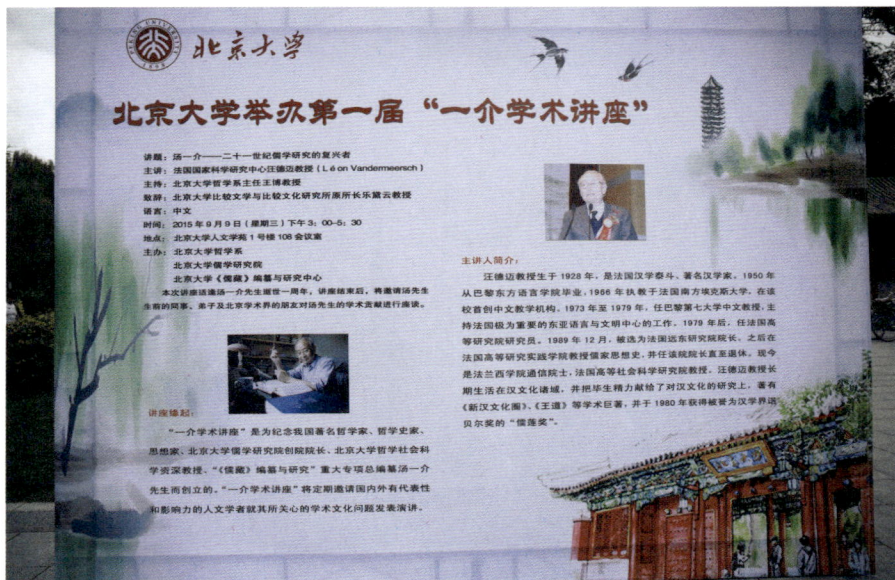

图 9-2-1　北京大学第一届"汤一介学术讲座"会标

The conference logo of "the First Academic Lecture in the name of professor Tang Yijie" at Peking University.

图 9-2-2　汪德迈先生在北京大学第一届"汤一介学术讲座"会标前留影
Professor Léon Vandermeersch takes photo in front of the conference logo of "the First Academic Lecture in the name of professor Tang Yijie" at Peking University.

图 9-2-3　北京大学第一届"汤一介学术讲座"现场
Scene of the conference hall of "the First Academic Lecture in the name of professor Tang Yijie" at Peking University.

图 9-2-4　会前播放纪念汤一介先生的纪录片
Pre-conference screening of a documentary in memory of Mr.Tang Yijie.

图 9-2-5　北京大学哲学系主任王博教授主持讲座
Professor Wang Bo, director of the Philosophy Department of Peking University hosts the conference.

图 9-2-6　乐黛云教授与汪
德迈先生交谈
Professor Yue Daiyun
talks with professor Léon
Vandermeersch.

图 9-2-7　汪德迈先生在主
席台上
Professor Léon Vandermeersch
on the rostrum.

图 9-2-8　汪德迈先生与乐
黛云教授在主席台上
Professor Léon Vandermeersch
and professor Yue Daiyun on
the rostrum.

图 9-2-9　汪德迈发表题为《汤一介——21 世纪儒学研究的复兴者》的演讲
Professor Léon Vandermeersch delivers the lecture "Tang Yijie, A Revivalist of Confucian Studies in 21st Century".

图 9-2-10　王博教授、乐黛云教授、汪德迈先生
Professor Wang Bo, professor Yue Daiyun, professor Léon Vandermeersch

图 9-2-11　汪德迈先生与乐黛云教授在主席台下就座
Professor Léon Vandermeersch and professor Yue Daiyun under the rostrum.

图 9-2-12　汪德迈先生与董晓萍教授参观北京大学哲学系
Professor Léon Vandermeersch and professor Dong Xiaoping walk to visit the Philosophy Department of Peking University.

图 9-2-13　汪德迈先生与董晓萍教授走出会场
Professor Léon Vandermeersch and professor Dong Xiaoping walk out of the conference hall.

图 9-2-14　与会人员合影
Group photo of participants of the conference.

图 9-2-15　汪德迈先生在"李兆基人文学苑"前留影
Professor Léon Vandermeersch takes photo in front of "Lee Shau Kee Renwen Xueyuan".

图 9-2-16　汪德迈先生与北京师范大学部分师生在"李兆基人文学苑"前合影
Group photo of Professor Léon Vandermeersch with the teachers and students of BNU in front of "Lee Shau Kee Renwen Xueyuan".

## 3. 汪德迈先生在北京师范大学跨文化学研究生国际课程且授课期间与其他主讲教授前往北京大学朗润园看望乐黛云先生
### （2017.9.7）

Professor Léon Vandermeersch and Other Professors Visited Professor Yue Daiyun at Langrun Garden of Peking University During the Course of the International Workshop of Transcultural Studies at Beijing Normal University on 7 Sept.2017

图 9-3-1 汪德迈先生与乐黛云教授在北京金秋季节重逢

Professor Léon Vandermeersch and professor Yue Daiyun meet each other again during the autumn season in Beijing.

图 9-3-2 乐黛云教授、汪德迈先生、程正民教授

Professor Yue Daiyun, professor Léon Vandermeersch and professor Cheng Zhengmin.

图 9-3-3 乐黛云教授、汪德迈先生、李正荣教授

Professor Yue Daiyun, professor Léon Vandermeersch and professor Li Zhengrong.

图 9-3-4 金丝燕教授与汤双先生交谈

Professor Jin Siyan talks with Mr.Tang Shuang.

图 9-3-5　汪德迈先生在乐宅
Professor Léon Vandermeersch at professor
Yue Daiyun's house.

图 9-3-6　王邦维教授重回乐宅
Professor Wang Bangwei returns to professor
Yue Daiyun's house from his office.

图 9-3-7　程正民教授在乐宅
Professor Cheng Zhengmin at professor Yue
Daiyun's house.

图 9-3-8　李强教授在乐宅
Professor Li Qiang at professor Yue Daiyun's
house.

图 9-1-9　汪德迈先生、乐黛云教授、汤双先生与其他来访教授在乐家合影

Group photo of professor Léon Vandermeersch, professor Yue Daiyun, Mr.Tang Shuang and the other visiting professors.

# 4. 汪德迈先生到清华大学参观清华简（2018.8.29）

## Professor Léon Vandermeersch Visits and Comunicates with the Research Team of Warring States Bamboo Manuscripts of Tsinghua University on 29 Aug.2018

### 4.1 中法学者在会议室进行学术交流
Academic exchanges between Chinese and French scholars in the conference room.

图 9-4-1.1　黄教授介绍清华简考古文物的鉴定与管理
Professor Huang introduces the identification and management of Tsinghua archaeological relics.

图 9-4-1.2　贾连翔教授介绍清华简考古文物的研究状况
Professor Jia Lianxiang introduces the research progress of Tsinghua archaeological relics.

图 9-4-1.3　汪德迈先生认真听讲
Professor Léon Vandermeersch listens attentively.

图 9-4-1.4 离开清华新斋

Professor Léon Vander-meersch leaves the building *Xin Zhai* of Tsinghua University.

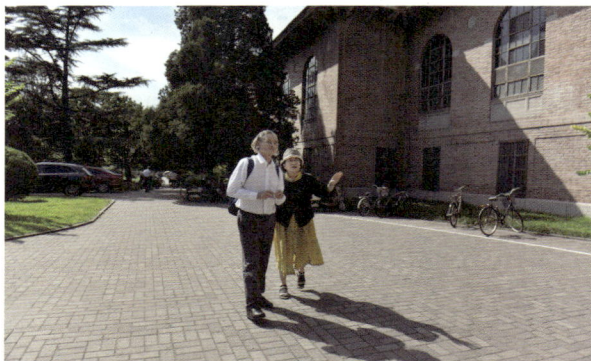

图 9-4-1.5 谢内教授与董晓萍教授讨论

French professor François Chenet discusses with professor Dong Xiaoping.

图 9-4-1.6 汪德迈先生与女儿香塔尔·汪德迈·达尔玛医生

Professor Léon Vandermeersch and his daughter, doctor Chantal Vandermeersch Dalma.

## 4.2 清华课题组介绍研究成果

The research team of Tsinghua University introduces research results to professor Léon Vandermeersch.

图 9-4-2.1　在清华图书馆旧馆二楼会议室讨论

Discuss in the meeting room on the second floor of the old Library of Tsinghua University.

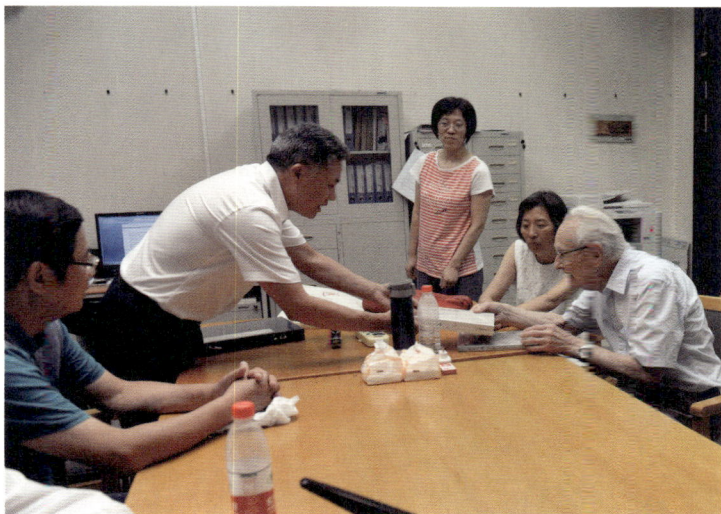

图 9-4-2.2　清华简课题组向汪德迈先生赠送研究著作

The research team of Tsinghua University presents their research books to professor Léon Vandermeersch.

## 4.3 竹简观摩

Professor Léon Vandermeersch visits the Warring States Bamboo Manuscripts preserved by Tsinghua University.

图 9–4–3.1　贾连翔教授说明竹简的科学登记与保存方式
Professor Jia Lianxiang explains the scientific registration and the method of protecting bamboo slips.

图 9-4-3.2 王德迈先生使用放大镜观看竹简
Professor Léon Vandermeersch looks closely with a magnifying glass.

图 9-4-3.3　汪德迈先生与贾连翔教授讨论竹简上的数字

Professor Léon Vandermeersch discusses with professor Jia Lianxiang about the numbers engraved on the Warring States Bamboo.

图 9-4-3.4　汪德迈先生兴致勃勃再提问题

Professor Léon Vandermeersch raises the questions again with a great interest.

图 9-4-3.5　贾连翔教授有问必答

Professor Jia Lianxiang answers all the questions.

图 9—-3.6　汪德迈先生与贾连翔教授合影

Professor Léon Vandermeersch takes photo with professor Jia Lanxiang.

图 9-4-3.7　汪德迈先生、贾连翔教授和黄教授三人留影

Group photo of professor Léon Vandermeersch, professor Jia Lanxiang and professor Huang.

图 9-4-3.8　中法学者一行与清华简课题组成员合影
Group photo of visiting French and Chinese scholars and research team of Tsinghua University

## 5. 汪德迈将法国国家博士学位论文《王道》手稿捐赠给 北京大学图书馆汤一介图书室（2019.4.22）

Professor Léon Vandermeersch Donates Manuscript of His French National Doctoral Thesis *The Wang Dao* to the Tang Yijie Branch Library of Peking University Library on 22 April 2019

图 9-5-1　在汤一介先生像前举行捐赠仪式

Donating ceremony was held in front of the statue of professor Tang Yijie.

图 9-5-2　汪德迈先生把个人的法国国家博士学位论文《王道》手稿四册交给乐黛云教授

Professor Léon Vandermeersch hands to professor Yue Daiyun his dissertation manuscript *The Wang Dao*(all four volumes).

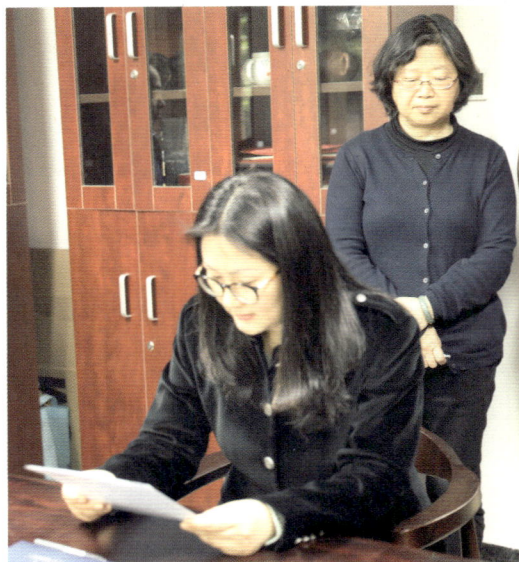

图 9-5-3　北京大学图书馆副馆长别立谦向汪德迈先生颁发捐赠证书

Vice-Director Bie Liqian of Peking University Library presents the certificate of donation to professor Léon Vandermeersch.

图 9-5-4 参加捐赠仪式的中法学者合影
Group photo of French and Chinese scholars attended the donating ceremony.

图 9-5-5 王德迈先生与乐黛云教授在汤一介像前留影
Professor Léon Vandermeersch and professor Yue Daiyun takes photo in front of the statue of professor Tang Yijie.

图 9-5-6　汪德迈先生为汤一介图书纪念室题写留言
Professor Léon Vandermeersch writing the memorial message to the Tang Yijie Branch Library.

图 9-5-7　在汤一介图书纪念室门前合影
Group photo in front of the Tang Yijie Branch Library.

# 为法国阿尔多瓦大学孔子学院讲学

## （2017.1.6）

Chapter Ten
Lecture for the Confucius Institute at University of
Artois, France on 6 Jan.2017

# 用中国文化特色认清中国文化道理

## Recognize the Chinese Cultural Principles with the Chinese Cultural Characteristics

［法］汪德迈（Léon Vandermeersch）

1973 年，我在法国巴黎东方语言文化学院的一位老同学，时任巴黎大学中文系主任，邀请我到巴黎去，我就成了巴黎第七大学中文系的负责人。1979 年，我调到巴黎高等实验学院，负责儒家史研究组的工作，这是我的研究专长。

中国文化和西方文化，从根本上说，是差异性文化，两者不能用解释此方现象的方法解释彼方的现象。要解释中国文化的特征，就应该用中国文化自身提供的现象去解释。

为什么中国会有这样的历史？……这与中国文字有关。思想依靠文字，文明依靠思想。

最初来源于私有文字需求的文言文，由于孔子的夺权的作用，超越了史官和占卜者的功能，使之成为诸子的思维工具，使中国文学从一开始就拥有了他国文学无法比拟的地位。正如《文心雕龙》中所道："文之为德也大矣，与天地并生者何哉……此盖道之文也。"而在西方世界却无法与之相比，在那里文学的来源只是把民间故事用表音文字记录下来。中国文学在中国文化中占据着非常高的地位，这在中国政治体制内可以由科举考试本身来体现。然则，与其说古代中国是官僚性质的国家，不如说它是文言文性质的国家。另外，中国文化最初的私人文学作品就是孔子所修编的经书，因此，经书成为中国文学的基础。《文心雕龙·宗经》宛："三极彝训，其书曰经。"①

---

① ［法］汪德迈（Léon Vandermeersch）《中国思想文化研究》，北京：中国大百科全书出版社，2016，第10、13、98—99页。

图 10-1-1　汪德迈先生在法国阿尔多瓦大学为孔子学院讲学
Professor Léon Vandermeersch lectured for Confucius Institute of
University of Artois, France.

图 10-1-2　汪德迈先生检查演示文稿
Professor Léon Vandermeersch checks his PPT.

图 10-1-3　法国阿尔多瓦大学博士生刘曼协助汪德迈先生调整演播距离
Professor Léon Vandermeersch assisted by Liu Man, a Ph.D.student of the University of Artois in adjusting the broadcasting distance.

图 10-1-4　汪德迈先生与其他主讲人一道在主席台上回答听众问题
Professor Léon Vandermeersch joins other speakers on the rostrum to answer questions from the audiences.

图 10-1-5　法国阿尔多瓦大学孔子学院为汪德迈先生颁发学术贡献奖
The Confucius Institute at University of Artois, France, presented professor Léon Vandermeersch with an award for his academic contributions.

# 第 11 章

## 汪德迈著作获中国政府突出成就表彰

## Chapter Eleven

Léon Vandermeersch's Works Honoured for Outstanding Achievements Award by Chinese government

# 第十届中华图书特殊贡献奖获奖名单在京揭晓

## Release of the List of 10<sup>th</sup> Special Book Award of China

新华社（Xinhua News Agency）

　　新华社北京 8 月 23 日电（记者 陈聪、姜潇）记者从 23 日在京举行的第十届中华图书特殊贡献奖新闻发布会上获悉，共有 19 位外国（外裔）翻译家、出版家和作家获得本届奖项。

　　获得中华图书特殊贡献奖的专家共 14 位，他们是：法国汉学家汪德迈，拉脱维亚汉学家、拉脱维亚大学孔子学院外方院长贝德高，瑞典汉学家、作家林西莉，尼日利亚作家奥努奈朱·查尔斯，荷兰汉学家、荷兰莱顿大学教授包乐史，加拿大出版家、国际安徒生奖评委会主席、国际儿童读物联盟基金会主席帕奇·亚当娜，西班牙出版家梅赛德斯·卡勒罗·巴雷阿尔，美国出版家、爱思维尔科技图书部总裁白素贞，罗马尼亚出版家、罗马尼亚文化中心主任康斯坦丁·鲁博安，越南翻译家、越中友好协会副会长阮荣光，秘鲁汉学家、翻译家吉叶墨·达尼诺·里瓦托，韩国翻译家金泰成，缅甸翻译家通丁，新西兰翻译家邓肯·坎贝尔。

获得青年成就奖的专家共 5 位，分别是：埃及青年翻译家哈赛宁，土耳其青年翻译家吉来，沙特青年作家阿里·穆特拉菲，格鲁吉亚青年汉学家、格鲁吉亚汉学家协会主席玛琳娜·吉布拉泽，捷克青年翻译家李素。

在这些获奖人当中，拉脱维亚汉学家贝德高编纂了拉脱维亚唯一一部汉—拉双语工具书《汉吾—拉脱维亚语大词典》；加拿大出版家帕奇·亚当娜为中国儿童文学走向世界做出突出贡献；韩国翻译家金泰成推动 200 多部中国优秀图书在韩版权输出，翻译出版了 100 多部文学作品。

国家新闻出版广电总局进口管理司副司长赵海云在新闻发布会上说，本届"特贡奖"在评选过程中，推荐选拔的渠道更加多元化，有不少"一带一路"沿线国家翻译家、出版家、作家获奖。

中华图书特殊贡献奖设立于 2005 年，主要表彰在介绍中国、翻译和出版中国图书、促进中外文化交流方面做出突出贡献的外籍作家、翻译家和出版家。

# "跨文化研究"丛书7种获评"2019年中版好书榜"好书

Seven Books of Transcultural Studies Series Won the Best Books of 2019

中国出版集团（China Publishing Group Co., Ltd.）

2019年5月16日，中国出版集团公司网站发布了"2019年第三期中版好书榜"，分为主题出版、人文社科、文学艺术、少儿教育四大类，共25种好书。由北京师范大学跨文化研究院金丝燕教授和董晓萍教授主编的"跨文化研究"丛书，新近出版的7种，名列其中"人文社科"类好书，以下列举"2019年中版好书榜"主题出版和人文社科类书目。

**3. "跨文化研究"丛书系列（7种）**，董晓萍、李国英、王一川、［法］金丝燕等著，中国大百科全书出版社。

"跨文化研究"丛书是教育部十三五规划"教育部人文社会科学重点研究基地重大项目",由承担北京师范大学"跨文化学研究生国际课程班"教学任务的中外学者撰写。本次获奖的"跨文化研究"系列丛书7种包括:董晓萍《跨文化技术民俗学》、董晓萍《跨文化民间叙事学》、王一川《中国艺术心灵》、[法]金丝燕《文化转场:法国早期汉学视野》、李国英《〈说文解字〉研究四题》、韩琦《康熙皇帝·耶稣会士·科学传播》、[法]罗栖霞《法国国家图书馆:汉学图书的跨文化典藏》。

# "跨文化研究"丛书入选社科优秀图书

Transcultural Studies Series Selected as the Distinguished Social Science Books

出版人 [ Publisher (Journal of China Press and Publication Administration) ]

前几年，一篇题为"买书不挑出版社的都是山炮"的文章爆红，为"青铜"读者提供了颇有价值的出版社科普。后来有媒体推出了"买书只看出版社的，都是山炮"一文，为读者推荐了有品质保障的民营公司和出版社子品牌，段位又上一层。如今，随着读者口味的日渐"挑剔"，图书市场的眼花缭乱，以"丛书"和"书系"来挑选图书或许是一个更为有效的方式。

近日，京东与界面文化携手推出线上"文道 - 精选书系展"，在国内专家学者鼎力相助下，聚焦人文社科的七个类别、近百种书系，《出版人》杂志经授权整理发布，以飨读者。这些优秀的书系，由于选书和做书的环节有自己的标准，而且经过了时间和市场的检验，本身即可以作为品质的保证，可以让读者放心挑选。当然了，对于"王者"级别的读书人，已经不再需要这一份推荐，但是让更多人看到这些坚持出好书的书系品牌，也是对出版市场成熟的一种推动。

## 社　科

### 03 跨文化研究丛书

出版机构：中国大百科全书出版社

简介：本丛书是教育部十三五规划"教育部人文社会科学重点研究基地重大项目"成果，由多国著名学者教授共同完成，为读者提供另外一种观察中国文化的视角，理解中国文化在世界中的重要位置，增强民族自信。

……

# 11.2 图片选例

## 2. 汪德迈获第十届中华图书特殊贡献奖（2016.8.23）

### Professor Léon Vandermeersch Won the 10th Special Book Award of China reviewed by the Special Book Award Issues by State Administration of Press, Publication, Radio, Film and Television, PRC on 23 Aug.2016

1.1 汪德迈获中华"第十届中华图书特殊贡献奖"文件
Documents of professor Léon Vandermeersch won the 10th Special Book Award of China.

图 11-1-1.1 中华人民共和国新闻出版广电总局获奖通知（2016.7.4）
Award-winning notice inssues by State Administration of Press, Publication, Radio, Film and Television, PRC on 4 July 2016.

中华人民共和国新闻出版广电总局
STATE ADMINISTRATION OF PRESS, PUBLICATION,
RADIO, FILM AND TELEVISION

SAPPRFT

北京市武门外大街40号
40 Xuanwumen Wai Street,
Beijing 100052, China
传真 FAX：8610-83138705
电话 TEL：+86-10-83138600

尊敬的汪德迈（Léon Vandermeersch）先生：

我非常荣幸地通知您，经过中华图书特殊贡献奖评审委员会评审，您荣获第十届中华图书特殊贡献奖。

中华图书特殊贡献奖是中国政府为表彰在介绍、翻译和出版中国图书、促进中外文化交流等方面做出突出贡献的外籍或入籍中国籍翻译家、作家和出版家而设立的国家级奖项。该奖项于2005年设立，今年是第十届。

颁奖仪式将于2016年8月23日在人民大会堂举行，现诚挚邀请您来北京出席颁奖仪式。届时将为您颁发奖励证书和奖金。

诚挚地祝愿您在中外出版交流中取得更大的成就。

顺致崇高敬意！

第十届中华图书特殊贡献奖
评审委员会主任委员

2016年7月4日

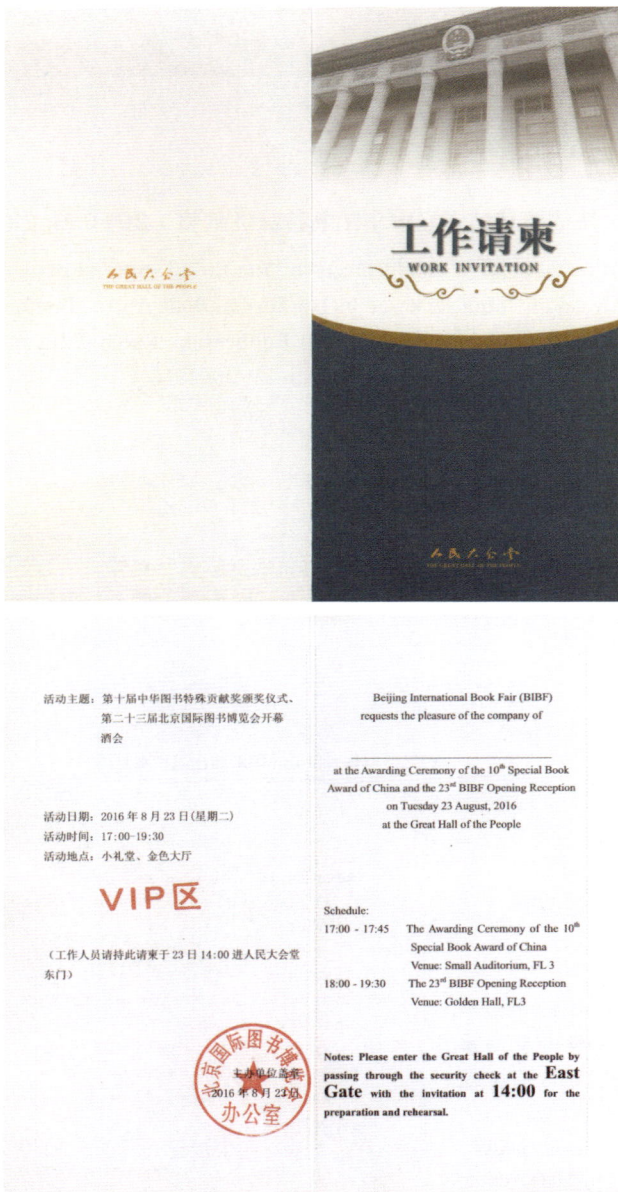

活动主题：第十届中华图书特殊贡献奖颁奖仪式、
　　　　　第二十三届北京国际图书博览会开幕
　　　　　酒会

活动日期：2016 年 8 月 23 日(星期二)
活动时间：17:00-19:30
活动地点：小礼堂、金色大厅

**VIP区**

(工作人员请持此请柬于 23 日 14:00 进入人民大会堂
东门)

Beijing International Book Fair (BIBF)
requests the pleasure of the company of

at the Awarding Ceremony of the 10th Special Book
Award of China and the 23st BIBF Opening Reception
on Tuesday 23 August, 2016
at the Great Hall of the People

Schedule:
17:00 - 17:45　The Awarding Ceremony of the 10th
　　　　　　　Special Book Award of China
　　　　　　　Venue: Small Auditorium, FL 3
18:00 - 19:30　The 23st BIBF Opening Reception
　　　　　　　Venue: Golden Hall, FL3

Notes: Please enter the Great Hall of the People by
passing through the security check at the **East
Gate** with the invitation at **14:00** for the
preparation and rehearsal.

图 11-1-1.2　人民大会堂汪德迈贵宾请柬（2016.8.23）
Vip invitation inssues by Great Hall of the People for professor Léon
Vandermeersch on 23 Aug.2016.

图 1-1-1.3 "第十届中华图书特殊贡献奖"获奖证书（2016.3.23）
Certificate of the 10th Special Book Award of China issues on 23 Aug.2016.

## 1.2 汪德迈出席"第十届中华图书特殊贡献奖"新闻发布会（2016.8.23 上午，北京国际饭店）

Professor Léon Vandermeersch Attended the Press Conference of the 10th Special Book Award of China in Beijing International Hotel on the morning of 23 Aug.2016.

图 11-1-2.1　汪德迈先生在"第十届中华图书特殊贡献奖"新闻发布会主席台前

Professor Léon Vandermeersch stands before the podium of the press conference of the 10th Special Book Award of China.

图 11-1-2.2 新闻发布会宣布开会
Press conference to declare open.

图 11-1-2.3 新闻发布会宣布获奖名单
The press conference announced the list of winners.

图 11-1-2.4　汪德迈先生代表获奖外国专家学者发言
Professor Léon Vandermeersch delivers a speech on behalf of the award-winning foreign experts and scholars.

图 11-1-2.5　汪德迈先生与其他欧洲和非洲国家获奖学者交谈与合影
Group photo of professor Léon Vandermeersch, European and Africa winner after communication.

## 1.3 汪德迈在人民大会堂接受中国国家领导人颁奖（2015.3.23 下午，人民大会堂）

Professor Léon Vandermeersch accepted the award from the Chinese state leaders at the Great Hall of the People on the afternoon of 23 Aug.2016.

图 11-1-3.1　汪德迈先生来到人民大会堂东门口

Professor Léon Vandermeersch arrived at the East Gate of the Great Hall of the People.

图 11-1-3.2　在人民大会堂东门口留影

Took a photo before the East Gate of the Great Hall of the People.

图 11-1-3.3　人民大会堂一层大厅颁奖仪式导向牌
Award ceremony orientation board in the first floor lobby of the Great Hall of the People.

图 11-1-3.4　人民大会堂会议大厅大屏幕滚动播放获奖人成就

The achievements of the winners were played repeatedly on the big screen in the conference hall of the Great Hall of the People.

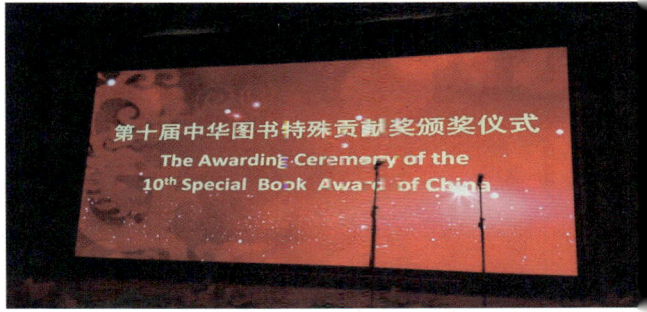

图 11-1-3.5　在人民大会堂会议大厅就座

Professor Léon Vandermeersch seated at the conference hall of the Great Hall of the People.

图 11-1-3.6　颁奖仪式开始前循环播放法国汉学家汪德迈先生学术成就与获奖著作信息

Information on the academic achievements and award-winning works of French sinologist Mr.Léon Vandermeersch is played on a loop before the commencement of the award ceremony.

图 11-1-3.7　国务院副总理刘延东上台颁奖并在仪式后会见汪德迈先生

Vice-premier Liu Yandong took the stage to present the award and met with professor Léon Vandermeersch after the ceremony.

上
图 11-1-3.8 法国驻华大使馆文化
与教育合作参赞罗文哲在人民大会
堂休息厅拜见汪德迈先生
Mr.Robert Lacombe, Counsellor for
Cultural and Educational Cooperation of
the French Embassy in China, met with
pzrofessor Léon Vandermeersch in the
lounge of the Great Hall of the People.

下
图 11-1-3.9 汪德迈先生手捧奖杯
站在红毯上
Professor Léon Vandermeersch stood on
the red carpet with a golden trophy.

图 11-1-3.10　汪德迈先生与首届中华图书特殊贡献奖获得者、法国巴黎友丰书店总经理潘立辉及其夫人合影

Professor Leon Vandermeersch takes photo with Mr. M. Kim Hun, the 1st winner of Special Book Award of China and his wife.

图 11-1-3.11　汪德迈先生返回北京师范大学后与跨文化研究院部分教师合影

Professor Leon Vandermeersch takes photo with some teachers of College of Transcultural Studies after ceremony and returned to BNU.

## 2. 中华人民共和国国务院新闻办公室网站对外发布汪德迈等首批“跨文化研究”著作出版消息

### The Website of The State Council Information Office, P.R. China Released the News of the First Publications of *Transcultural Studies Series*

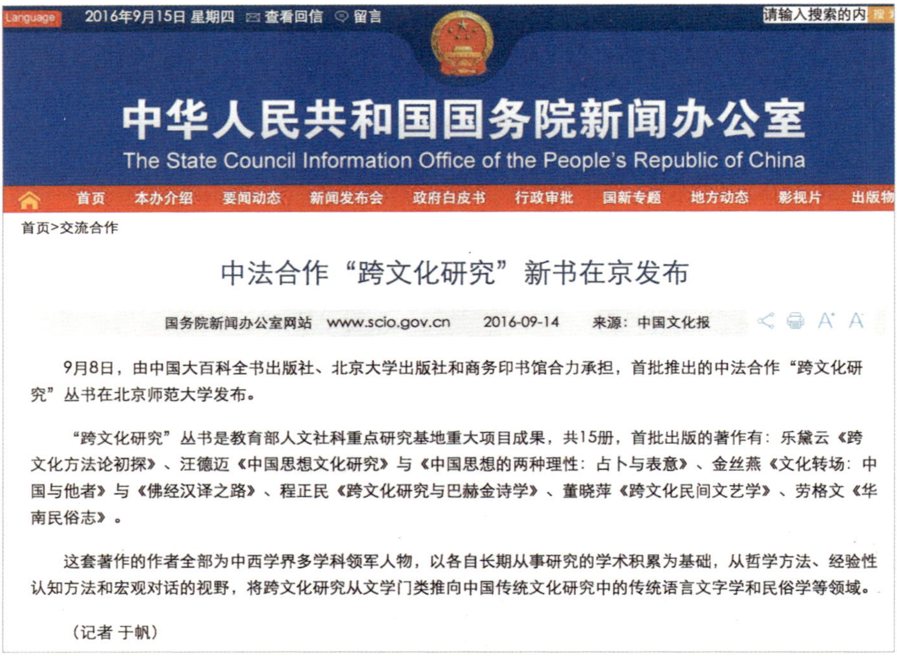
Language 2016年9月15日 星期四 查看回信 留言 请输入搜索的内

中华人民共和国国务院新闻办公室

The State Council Information Office of the People's Republic of China

首页 本办介绍 要闻动态 新闻发布会 政府白皮书 行政审批 国新专题 地方动态 影视片 出版物

首页>交流合作

中法合作“跨文化研究”新书在京发布

国务院新闻办公室网站 www.scio.gov.cn 2016-09-14 来源：中国文化报

9月8日，由中国大百科全书出版社、北京大学出版社和商务印书馆合力承担，首批推出的中法合作“跨文化研究”丛书在北京师范大学发布。

“跨文化研究”丛书是教育部人文社科重点研究基地重大项目成果，共15册，首批出版的著作有：乐黛云《跨文化方法论初探》、汪德迈《中国思想文化研究》与《中国思想的两种理性：占卜与表意》、金丝燕《文化转场：中国与他者》与《佛经汉译之路》、程正民《跨文化研究与巴赫金诗学》、董晓萍《跨文化民间文艺学》、劳格文《华南民俗志》。

这套著作的作者全部为中西学界多学科领军人物，以各自长期从事研究的学术积累为基础，从哲学方法、经验性认知方法和宏观对话的视野，将跨文化研究从文学门类推向中国传统文化研究中的传统语言文字学和民俗学等领域。

（记者 于帆）

图 11-2-1　中华人民共和国国务院新闻办公室网站发布包括汪德迈《中国思想文化研究》在内的“跨文化研究”新书出版消息（2016.9.14）

The website of The State Council Information Office, P.R.China released the news of first publications of *Transcultural Studies Series* including Léon Vandermeersch's new book *On Chinese Thought and Culture* on 14 Sep.2016.

## 3. 法国驻华大使馆官员参加 "跨文化研究" 新书发布会
## （2016.9.8）

The officials of France Embassy in China Attended the Press
Conference of New Publications of *Transcultural Studies Series*
at BNU on 8 Sep.2016

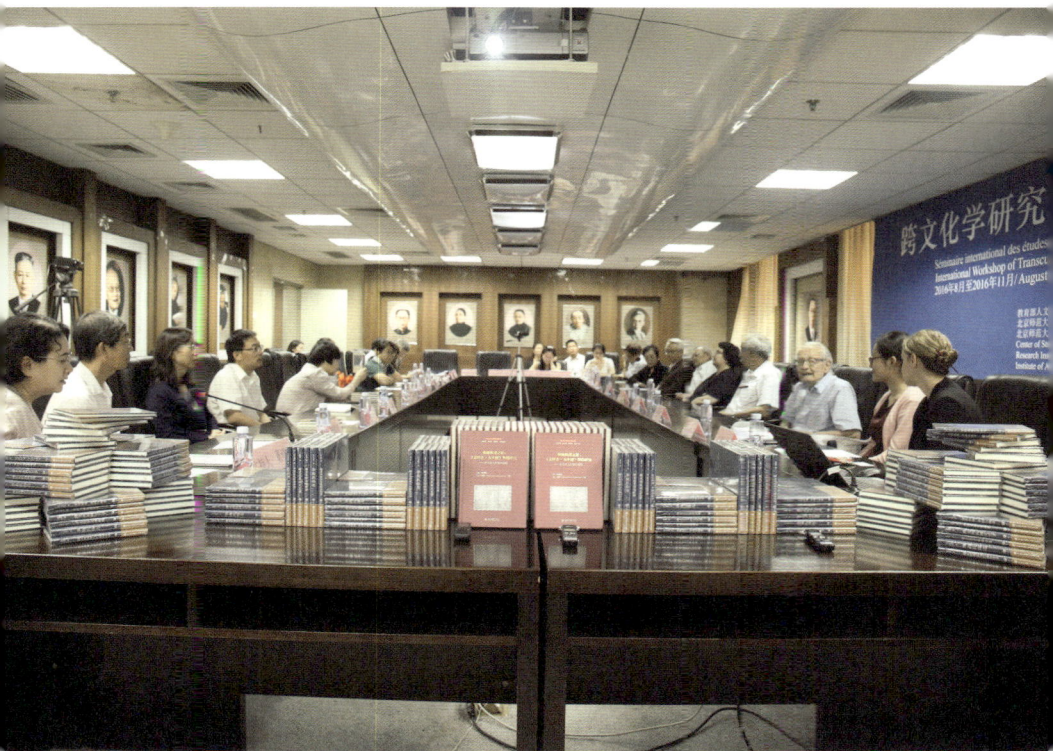

图 11-3-1　中法合作 "跨文化研究" 新书发布会现场
New books launch site of the publications of *Transcultural Studies Series* collaborated by Chinese
and French scholars.

图 11-3-2　法国驻华大使馆文化官员安黛宁发言、法国驻华大使馆翻译张琦翻译
Speech of Mme Delphine Halgand, cultural commissioner of France Embassy in China, interpreted by Miss Zhang Qi from French to Chinese.

图 11-3-3　北京师范大学跨文化研究院副院长李国英教授致辞
Speech of Li Gouying, vice director of College of Transcultural Studies, BNU.

图 11-3-4　中国大百科全书出版社社科学术分社社长郭银星博士发言
Speech of Dr.Guo Yinxing, director of the Social Sciences and Academic Branch of China Encyclopedia Publishing House.

图 11-3-5　北京大学出版社编辑初艳红女士发言
Speech of Chu Yanhong, editor of Peking University Press.

图 11-3-6　中国文化书院副院长陈越光先生发言
Speech of Chen Yueguang, vice director of Academy of Chinese Culture.

图 11-3-7 北京师范大学跨文化研究院名誉院长汪德迈先生发言
Speech of professor Léon Vandermeersch, honorary director of College of Transcultural Studies, BNU.

图 11-3-8 法国东方语言大学教授、北京师范大学客座教授白乐桑教授发言
Speech of Joël Bellassen, professor of Institut National des Langues et Civilisations (INALCO), France and guest professor of BNU.

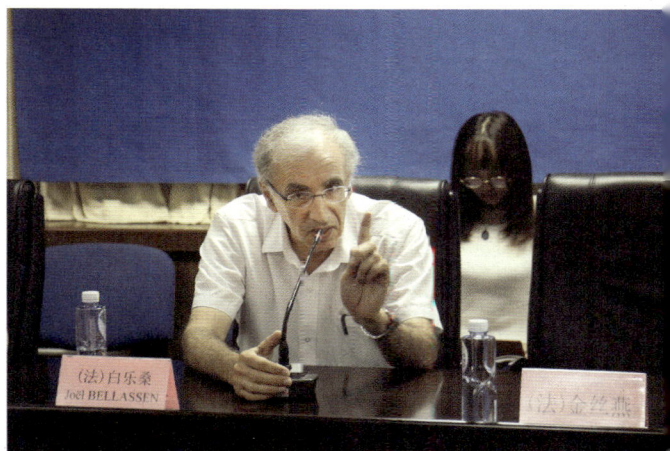

图 11-3-9 北京师范大学跨文化研究院名誉院长、资深教授王宁教授发言
Speech of Wang Ning, senior professor and honorary director of College of Transcultural Studies, BNU

图 11-3-10　中法合作"跨文化研究"新书发布会会后全体合影

Group photo after the press conference of newly publications of *Transcultural Studies Series*.

北京师范大学研究生学术交流平台重点建设项目
教育部人文社科重点研究基地北京师范大学民俗典籍文字研究中心
中国大百科全书出版社
北 京 大 学 出 版 社
商 务 印 书 馆

## 中法合作"跨文化研究"新书发布会

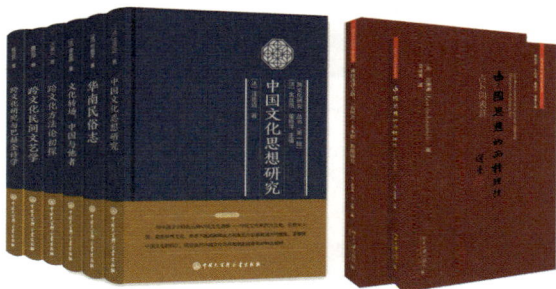

"跨文化研究"丛书（第一辑）是教育部人文社会科学重点研究基地重大项目"跨文化方法论研究"的首批成果，由北师大2015年"跨文化方法论研究首期讲座"中欧10位主讲教授撰写。首批出版的著作有：（中）乐黛云《跨文化方法论初探》、（法）汪德迈《中国思想文化研究》与《中国思想的两种理性：占卜与表意》、（法）金丝燕《文化转场：中国与他者》与《佛经汉译之路》、（中）程正民《跨文化研究与巴赫金诗学》、（中）董晓萍《跨文化民间文艺学》、（法）劳格文《华南民俗志》。即将出版的有：（中）王　宁《礼仪经典与礼仪文化》、（中）李国英《传统语言文字的理论与方法》、（中）王邦维《跨文化的想象：文献、神话与历史》、（爱）于鲁·瓦尔克《爱沙尼亚民俗学》、（中）董晓萍《跨文化民俗学》与《跨文化民俗文献志》、（德）艾伯华《中国民间故事类型》（第二版）。

时　间：2016年9月8日上午10:00 -11:30
地　点：北师大前主楼B700A励耘学术报告厅

图 11–3–11　中法合作"跨文化研究"新书发布会海报
Poster of press conference of newly publications of *Transcultural Studies Series* collaborated by Chinese and French scholars.

## 4. "跨文化研究"丛书2019年26种新书发布会 (2019.8.28)

### Press Conference of 26 New Books of *Transcultural Studies Series* Published in 2019 on 28 Aug.2019

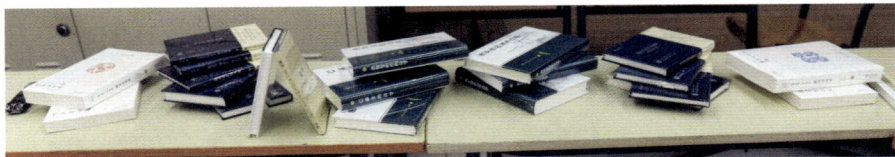

图 11-4-1  "跨文化研究"丛书 2019 年出版 26 种新书
26 New books of *Transcultural Studies Series* published in 2019.

图 11-4-2  新书发布会现场
New books launch site of the publications.

图 11-4-3  参加"跨文化研究"新书发布会的中外学者

Scholars at home and abroad attended the press conference of *Transcultural Studies Series*.

图 11-4-4　北京师范大学教务部副部长
汪明教授致辞

Speech of Wang Ming, professor and vice
provost of Beijing Normal University.

图 11-4-5　北京师范大学文学院副院长
齐元涛致辞

Speech of Qi Yuantao, professor and vice
director of School of Chinese Languages and
Literature, BUN.

图 11-4-6　中国大百科全书出版社社科
学术分社社长郭银星致辞

Speech of Guo Yinxing, director of Social
Sciences and Academic Branch of China
Encyclopedia Publishing House.

图 11-4-7　中国大百科全书出版社社科
学术分社副社长曾辉致辞

Speech of Zeng Hui, vice director of Social
Sciences and Academic Branch of China
Encyclopedia Publishing House.

图 11-4-8 中国社会科学出版社副社长许琳致辞

Speech of Xu Lin, vice president of China Social Science Press.

图 11-4-9 "跨文化研究"丛书 2019 年出版新书中的《20 世纪俄罗斯诗学流派研究》(全 6 卷，中国社会科学出版社，2019)主编兼作者程正民教授发言

Speech of Cheng Zhengmin, professor and chief editor of *Studies on Russian Poetics in the 20th Century* (total six volumes), one of the newly publications of *Transcultural Studies Series* in 2019.

图 11-4-10 "跨文化研究"丛书作者代表陆桂荣教授和张冰教授出席会议

Professor Lu Guirong and professor Zhang Bing, representatives of the authors attend the meeting.

图 11-4-11 "跨文化研究"丛书法方作者之一汪德迈先生发言，"跨文化研究"丛书法方主编金丝燕教授、法国巴黎高师米歇尔·西班牙教授出席会议

Professor Léon Vandermeersch, one of the French authors of *Transcultural Studies Series* made a speech; professor Jin Siyan and Michel Espagne, professor of Ecole Normale Supérieure de Paris, France, attenced the meeting.

图 11-4-12　俄罗斯圣·彼得堡大学尤里·别林斯基教授发言
Speech of Yury Berezkin, professor of St. Petersburg University, Russia.

图 11-4-13　比利时根特大学巴得胜教授出席会议
Speech of Bart Dessein, professor of Ghent University, Belgium.

图 11-4-14　"跨文化研究"丛书编委李正荣教授发言
Speech of professor Li Zhengrong, member of the editorial board of *Transcultural Studies Series*.

图 11-4-15　与会中外学者在北师大教九楼小广场合影（左起：汪明、程正民、米歇尔·西班牙、董晓萍）

Chinese and foreign scholars took a group photo on the small square in front of the teaching building No.9, BNU(from left: Wang Ming, Cheng Zhengmin, Michel Espagne, Dong Xiaoping).

第 12 章

# 出席联合国教科文组织"推进持续性和平的孔子教育:文化与语言的相遇"国际会议与系列交流活动

Chapter Twelve

Attended UNESCO International Conference of "Confucian Education for Promoting Sustainable Peace: When Culture Meets Language" and Serials of Communication Events

# 联合国教科文组织会议厅跨文化国际会议

International Transcultural Conference Held at the
Congregation Hall of UNESCO, Paris

董晓萍（Dong Xiaoping）

2017 年 9 月 29 日至 10 月 3 日，由联合国教科文组织、法国阿尔多瓦大学与北京师范大学通力合作，成功举办以"推进持续性和平的孔子教育：文化与语言的相遇"为主题的国际学术会议。会议在联合国教科文组织会议厅召开，同期在法国阿尔多瓦大学举行报告会。在国际学界享有崇高威望的法国汪德迈教授深刻阐述了他多年坚持的创新维护中国儒学以推进可持续人类和平的重要思想，所有与会中西学者均集数十年研究之功力，精妙地阐释领先各自领域的思辨与研究，主要学者与题目有：法国高等社会科学研究院终身教授汪德迈（Léon Vandermeersch）《孔子：诸子百家的鼓动者》、北京师范大学资深教授王宁《汉语与中国文化传统》、法国国家科研中心教授雷米·马修（Rémi Mathieu）《古代中国的诗歌语言》、挪威奥斯陆大学教授何莫邪（Christophe Harbsmeier）《古汉语中的抽象意境》、北京大学教授王邦维《锦绮之花：佛经的语言、文本与翻译》、美国职业围棋协会主席江铸久《围棋中的〈易经〉思想》、比利时根特大学教授巴得胜（Bart Dessein）《翻译技艺：汉语文献翻译概念系统的再构建》、法国阿尔多瓦大学教授金丝燕《文化转场：中国诗律的形成与公元五世纪佛经翻译》、北京师范大学教授董晓萍《治理与多元：中国民俗与语言的传承》和北京师范大学教授李国英《汉字义符研究的方法与意义》。会议盛况在联合国教科文组织和联合国纽约总部同步播放。

21 世纪的主题是人类和平与教育，跨文化学的建设得到联合国教科文组织的支持，这是一个新的里程碑。

## 12.2 图片选例

### 1. 联合国教科文组织"推进持续性和平的孔子教育：文化与语言的相遇"会议厅

**UNESCO Conference Hall of "Confucius Education for Promoting Sustainable Peace: When Culture Meets Language"**

图 12-1-1　国际会议海报（2017.9.29-10.2）
Poster of the international conference from 29 Sept. to 2 Oct.2017.

图 12-1-2　会议厅主席台上用投影播放海报
Playing poster with video project on the rostrum in the conference hall.

图 12-1-3　与会主要学者在主席台就座［右起：何莫邪（挪威奥斯陆大学）、巴得胜（比利时根特大学）、江铸久（美国职业围棋协会）、汪德迈（法国高等社会科学研究院）、董晓萍（北京师范大学）、王宁（北京师范大学）、王邦维（北京大学）、金丝燕（法国阿尔多瓦大学）、法宝（联合国和平大使）］

Main scholars attending the conference on the rostrum(from right: professor Christoph Harbsmeier of University of Oslo, professor Bart Dessein of Ghent University, president of American Professional Go Association Jiang Zhujiu, professor of École des Hautes Études en Sciences Sociales Léon Vandermeersch, professor Dong Xiaoping of Beijing Normal University, professor Wang Ning of Beijing Normal University, professor Wang Bangwei of Peking University, professor Jin Siyan of University of Artois, Ambassador of Peace, Dhannapala Tampalawela of UNESCO).

图 12-1-4　联合国和平大使法宝主持会议并宣布开会

Ambassador of Peace, Dhannapala Tampalawela of UNESCO hosts the conference.

图 12-2-1 主要发表学术报告的中外学者与嘉宾在联合国教科文组织会议厅主席台合影（后排左四起：金丝燕、董晓萍、吴朝阳、江铸久、芮乃伟、罗曼·乐佛逊、路士栋，前排右起：巴得胜、何莫邪、王宁、汪德迈、法宝、王邦维）

Chinese and foreign scholars who mainly delivers the lectures and guests took group photo on the rostrum in the conference hall (from the fourth person on the left of the back row: Jin Siyan, Dong Xiaoping, Wu Zhaoyang, Jiang Zhujiu, Rui Naiwei, Romain Lifebver, Robert Lechemin; from right side of the front row: Bart Dessein, Christoph Harbsmeier, Wang Ning, Léon Vandermeersch, Dhannapala Tampalawela, Wang Bangwei).

图 12-2-2　汪德迈先生发表法文学术报告，金丝燕翻译
Professor Léon Vandermeersch delivers his paper in French, interpreted by Jin Siyan from French to Chinese.

图 12-2-3　王宁教授发表学术报告，路士栋翻译
Professor Wang Ning delivers her paper in Chinese, interpreted by Robert Lechemin from Chinese to French.

图 12-2-4　王邦维教授发表英文学术报告
Professor Wang Bangwei delivers his paper in English.

图 12-2-5　汪德迈先生与部分中外学者在联合国教科文组织会议厅内合影（左起：何莫邪、王宁、蒲芳莎、汪德迈、王邦维、董晓萍）
Group photo of Christoph Harbsmeier, Wang Ning, Françoise Bottero, Leon Vandermeersch, Wang Bangwei, Dong Xiaoping in conference hall of UNESCO.

图 12-2-6 部分学者和嘉宾在联合国教科文组织会议厅内合影（左起：王宁、蒲芳莎、王邦维）

Group photo of some scholars and guests in the congregation hall of UNESCO(from left: Wang Ning, Françoise Bottero, Wang Bangwei).

图 12-2-7 在联合国教科文组织大楼外合影

Group photo took outside the official building of UNESCO.

图 12-2-8　联合国教科文组织国际会议法国阿尔多瓦大学分会场
Section of the International Conference of UNESCO at University of Artois, France.

图 12-2-9　法国阿尔多瓦大学校长玛蒙教授会见汪德迈先生和同子的中法学者
Professor Pasquale Mammone, the president of University of Artois, France, met with professor
Léon Vandermeersch and his fellows' Chinese and French scholars.

图 12-2-10　汪德迈与其他与会学者一道参观法国阿尔多瓦大学孔子学院
Professor Léon Vandermeersch, together with other participating scholars, visited the Confucius Institute at University of Artois in France.

# 3. 文化交流与学术访问

## Cultural Visiting and Communication Events

### 3.1 法国国家图书馆汉学图书馆访书
Visit to the Chinese Studies Library of the Bibliothèque Nationale de France.

图 12-3-1.1　王邦维谈起 20 世纪 90 年代从英国剑桥到法国巴黎寻访伯希和书目的经历

Professor Wang Bangwei recalled his experience when he studied in Cambridge University in UK traveling to the National Library of France for searching Paul Pelliot's bibliography in the 1990s.

图 12-3-1.2　重读 20 世纪 30 年代王重民编的伯希和书目

Re-read Paul Pelliot's bibliography reorganized and edited by professor Wang Zhongmin in 1930s.

图 12–3–1.3　中法学者谈法国国家图书馆的汉学藏书
Chinese and French scholars talked about the sinology collections of the National Library of France.

图 12–3–1.4　据说这座有陈年历史的阅读大厅也是世界文化遗产
It is said that the historical reading hall of the National Library of France has been listed as a World Cultural Heritage on UNESCO.

图 12–3–1.5　在笛卡尔故居宾馆继续讨论
Discussing in the lobby of hotel of René Descartes's former residence.

## 3.2 参观世界文化遗产里尔煤矿博物馆

Visit to the Lille Coal Mining Museum, a World Cultural Heritage Site.

图 12-3-2.1  曾经是第一次世界大战时期的煤矿旧址

It was once the site of the coal mine during the First World War.

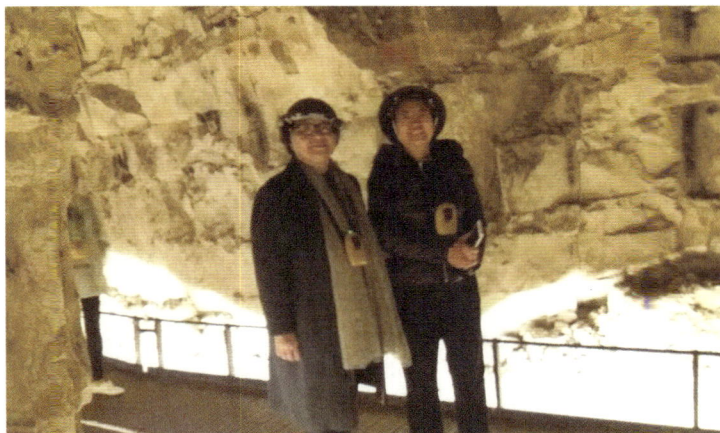

图 12-3-2.2  体验里尔的煤矿史

Experiencing Lille's coal mining history.

图 12-3-2.3　改造成现代博物馆
Transformed into a modern museum.

### 3.3 参观巴黎高等佛学院

Visiting the higher Buddhist Institute in Paris, France.

图 12-3-3.1　法宝院长
与王宁教授握手
The President of the
Institute, Dhannapala
Tampalawela, shook hands
with professor Wang Ning.

图 12-3-3.2　参观巴黎高等佛学院图书馆
Visiting the library of the higher Buddhist Institute in Paris.

## 3.4 出席阿拉斯市政厅音乐会

Attending the concert in Arras City Hall.

图 12-3-4.1　汪德迈先生与中法学者共同出席中法文化交流音乐会开幕式

Professor Léon Vandermeersch attended the opening ceremony of the Sino-French cultural exchange concert with other Chinese and French scholars.

图 12-3-42　汪德迈先生回到宾馆准备明天的会议用稿

Professor Léon Vandermeersch returned to the hotel to prepare his lecture for tomorrow's meeting.

［法］汪德迈（Léon Vandermeersch）

汪德迈（Léon Vandermeersch），1945 年就读于法国巴黎东方语言文化学院学汉语与越南语，同时在巴黎索邦大学学哲学与法律。1948 年获汉语本科文凭，1950 年获越南语本科文凭，1951 年获哲学硕士与法学博士学位。1962 年获法国高等社会研究院法学研究硕士学位，1975 年以中国古代体制研究的论文获法国国家博士学位。法兰西学院通讯院士，法国远东学院原院长，法国高等社会科学研究院教授，北京师范大学荣誉教授。主要研究甲骨文、儒法家思想、中国古代政治制度、中国思想史，以及受中国文化影响的国家（韩、日、越）的文化史。

主要出版专著七部，发表论文逾百篇。获法兰西学院儒莲奖（Prix de Stanislas Julien）、法兰西学院金石美文学院最重要的奥马乐奖（Prix du duc d'Aumale）、法国荣誉军团骑士勋章（Chevalier de l'ordre de la Légion d'Honneur）、法国教育荣誉勋位（Officier de l'Ordre des Palmes académiques）、日本神器金银星（Etoile d'or et d'argent de l'Ordre du Trésor sacrédu Japon）、中国政府中华图书特殊贡献奖。

# 跨文化的一颗星：汪德迈

## Léon Vandermeersch, A Star of Transculture

## 中法学术文化交流图文集

Collection of Photos and Essays on the Academic and Cultural
Exchanges between China and France

中集

陈越光　董晓萍　［法］金丝燕　编著

中国大百科全书出版社

图字：01-2024-4688 号

**图书在版编目（CIP）数据**

跨文化的一颗星：汪德迈．中集 ／ 陈越光，董晓萍，
[法] 金丝燕编著．-- 北京：中国大百科全书出版社，
2024.10．--ISBN 978-7-5202-1633-3

（汪德迈全集⑧）

董晓萍、[法] 金丝燕主编"跨文化研究"丛书

Ⅰ．K835.655.81

中国国家版本馆 CIP 数据核字第 2024B7N715 号

| | |
|---|---|
| 策 划 人 | 郭银星 |
| 责任编辑 | 王红丽 |
| 责任校对 | 康丽利 |
| 封面设计 | 程　然 |
| 版式设计 | 博越创想 |
| 责任印制 | 李宝丰 |
| 出版发行 | 中国大百科全书出版社 |
| 地　　址 | 北京市阜成门北大街 17 号 |
| 邮政编码 | 100037 |
| 电　　话 | 010-88390790 |
| 网　　址 | http://www.ecph.com.cn |
| 印　　刷 | 北京汇瑞嘉合文化发展有限公司 |
| 开　　本 | 710 毫米 ×1000 毫米　1/16 |
| 印　　张 | 64（全三册） |
| 字　　数 | 451 千字（全三册） |
| 印　　次 | 2024 年 10 月第 1 版　2024 年 10 月第 1 次印刷 |
| 书　　号 | ISBN 978-7-5202-1633-3 |
| 定　　价 | 398.00 元（全三册） |

董晓萍　［法］金丝燕　主编

《汪德迈全集》（8）

北京师范大学中国民间文化研究所

香港明远中国文化教育基金会

合作项目

## "八十年代思想文化研究"

### 综合性成果

北京师范大学跨文化研究院敦和学术基金

香港明远中国文化教育基金会

资助出版

中集

跨文化中国学教育

Part Two
Higher
Education
of
Chinese
Studies
in
the
Transcultural
Perspective

# 目录

# 第 13 章

# 第一届 跨文化学研究生国际课程班
## （2015）

Chapter Thirteen

First International Workshop of Transcultural Studies

(2015)

# 跨文化方法论成为新兴学科

让中国更好地与世界对话

## Methodology of Transcultural Studies Has Become a New Discipline

《人民日报》（*People's Daily*）

张烁（Zhang Shuo） 丁乐（Ding Le）

在美国人心中，最熟知的"中国符号"是什么？北京师范大学中国民间文化研究所所长董晓萍的研究结果出人意料：不是中餐，也不是民歌，而是"中国历史文明"和"中国制造"。

不沟通，如何相互了解？

日前，"跨文化方法论"在北师大成为一个新的学科，课程由中法教授共同讲授。所谓跨文化研究，就是从差异出发研究人类的文化模式，生存、思维、语言、行为、交流、视角等，其目的之一是揭示存在于文本中的文化冲突问题，探讨各文化间可能的联系、对抗、相关性、交流和互动。

## 意义何在

### 让世界聆听中国，让中国聆听世界

"将令一声震山川，人披衣甲马上鞍……"在陕西华阴，几位来华留学生被老唱腔深深吸引。对中国传统艺术，留学生们感到陌生而新鲜，他们兴致勃勃地学着唱老腔、打长板、做皮影。"我们不仅迷上了中国传统文化，还要为宣传和传承非物质文化遗产做贡献。"

在当今社会和国际环境下，跨文化交流意味着什么？

"人类发展到今天，经济发展，互联网发达。各国人民交流增多，但战争并未停止，其中一个比较重要的原因就是文化冲突。"北京师范大学校长董奇指出，"在这种背景下，各国学者坐到一起，研究不同文化相互理解、跨文化研究方法的问题，显得尤为重要。"

北京大学跨文化研究中心主任乐黛云认为，从正面说，跨文化交流是建立人类命运共同体的必由之路，两种文化的交流就好像两个圆，可以相交，可以相切，也可以相互重叠。但即使是相切、擦边而过，也跟没有接触是不一样的，文化在相切的瞬间，可以吸收很多东西，让自己原来的文化得到启发，从而产生新的东西。

引人注意的是，北师大的"跨文化方法论"讲座并不是"你讲我听"，而是中法专家同台互动，通过对话互通有无。语言文字学家、北京师范大学教授王宁说："讲座的可贵之处在于，让我们了解到外国汉学家用什么眼光、站在什么角度看待中国文化，这样才能有针对性地在交流中作出相应的阐释，将中国优秀文化准确传达出去。"

高校作为学术自由交流、专业知识研究的平台，已然是跨文化研究理论建设和实践领域的主场。据了解，目前我国高校成立的跨文化研究中心已有 29个，涵盖理论建设、文化比较、全球化研究、媒体传播、人际交往、企业管理、国际比较教育和汉语教学等多个领域。

## 如何进行
### 树立文化自信，追求平等互动

那么，不同文化之间如何对话？学者们指出，跨文化交流往往容易走向两个极端，一个是保守主义，认为国外文化不要去碰，要保持自己的原汁原味；另一个则是激进主义，试图把自己的文化灌输给对方，实行文化单边统治。

"这两个极端都不可取，最好的办法就是'相切'、互动，在这个过程中产生新思想、新文化，进而就会有新发展。"乐黛云指出。

把握好跨文化交流的火候，首先要站稳自己的脚跟。专家表示，优秀传统文化是一个国家、一个民族传承和发展的根本，如果丢掉了，就割断了精神命脉。乐黛云认为，要"共赢、互通"，只有充分把握自己文化的特点，对之加以现代思想的创造性诠释，并增强对他种文化的理解和宽容，才能促成各民族的多元共存，开展对话沟通，并形成全球性的文化多元格局。

中国进行跨文化交流，有着先天的优势。"中国传统文化一向强调和而不同、以德化人。"在乐黛云看来，中国传统文化的一些元素都可能对多极均衡、多元共存的世界做出贡献。

据北京师范大学民俗典籍文字研究中心主任李国英教授介绍，"跨文化方法论研究首期讲座"依托北师大民俗学、语言文字学和古典文献学三大传统文科。李国英说："三者都重视对科学方法论的探讨，有了正确的方法，才能坚持'保持自我，理解对方'的学术理念，把不同学科、不同文化背景的思想和学术凝聚到一个平台上进行交流与对话。"

"将跨文化的研究集中到方法论上，是非常智慧的。"王宁说，"文化有差异，但方法可以彼此借鉴，在每种文化适合自己文化的研究方法中，都可能蕴藏着共有的方法要素，而更多的科学方法是为世界共有的。所以，研究方法的交流是跨文化对话的一个开端。"

# 难点在哪儿

## 打通语言障碍，培养跨文化人才

"文化的偏见，往往是由于不能精准地传译，无法准确地理解造成的，所以培养中西文化兼通、外语和学术水平俱佳的桥梁型人才是当务之急。"北师大文学院分党委书记王立军指出，比如中文中的"礼"，含义何等丰富，但在西方语言中，往往被简单地翻译成了"礼节"或"礼仪"，以致给外国读者造成误读。

跨文化交流的"门槛"之一，就是语言障碍。学者指出，在国际交流日益深入广泛的当下，只有打通语言障碍，才能更好地促进中外文明的交流互鉴。

"学习语言不仅仅是学习一种语言能力，还需要将所学语言与其背后深厚的历史文化与社会现实相结合，进而培养兼具专业素养和外语交流能力的复合型人才。"北京大学副校长高松说。

正是在这样的初衷下，不久前，北京大学启动了"'一带一路'外国语言与文化系列公共课程"项目，自 2015 年秋季学期起，面向全校学生开设总计40门语言和文化类课程，其中包括32门语言类课程，涵盖近 20 个语种，以及诸如"当代阿拉伯世界""中西文化比较""中俄文化交流史""中日文化交流史"等8门有关"一带一路"相关国家文化与社会的课程。项目除了系列语言课程、系列讲座与文化课程外，还包括文化节和"大使眼中的'一带一路'"等系列活动。北京大学外语学院院长宁琦认为："了解世界的目的，是为了让世界更好地了解中国。借助生动的文化活动、专业的讲座与研讨会，学生能够了解到不同文化的研究现状和各个国家的发展情况。"

除了本国人才的培养，"中国通"的培养也至关重要。"懂得中国的外国人才能更好地向世界讲述中国故事、介绍中国文化。"王宁认为，跨文化交流应当重视高层次人才之间的互动，尤其是对汉语教学人才和中国文化科研人才的培养，因为他们在海外的影响力更加深入人心。

海外培训基地是培养"中国通"的平台之一。来自孔子学院总部的数据显示，截至 2014 年底，全球已有 127 个国家和地区开办了 476 所孔子学院和

851 个中小学孔子课堂。同时，董晓萍也指出："在培养跨文化交流人才的过程中，在中外不同文化之间进行动态调适，为各国多元差异文化提共'接触点'，主动留出'边际区'，让双方都有时间去包容和理解，也是十分必要的。"

# 中法学者致力跨文化学学科建设

## Sino-French Scholars Make Contributions to the Construction of Transcultural Studies

董晓萍（Dong Xiaoping）

2015 年第一届北京师范大学跨文化方法论课程班由教育部人文社科重点研究基地北京师范大学民俗典籍文字研究中心、北京师范大学中国民间文化研究所主办，北京师范大学文学院协办，时间自 2015 年 9 月至 10 月，共 21 讲，60 学时。中外教授 9 人组成师资团队，由法国汉学家汪德迈（Léon Vandermeersch）先生和金丝燕教授，北京大学跨文化研究开拓者乐黛云先生和东方学家王邦维教授，北京师范大学三大传统文科民俗学、语言文字学和古典文献学的中方教授，共同组成最强阵容联合演讲。21 世纪的今天，在全球化和现代高校教育国际化的背景下，在呼吁文化多样性蓬勃发展的前提下，首批法国汉学家来到中国，与中国传统文科学者对话，关注中华历史文明创新传承，携手在北京师范大学创建世界上首个跨文化研究新学科，推动人类社会和谐健康发展。

2015 年 9 月 7 日上午，本届课程的开幕式在北师大英东学术会堂隆重举行。董奇校长首先讲话，他说，当今世界极为关注高等学校人文社会科学研究与人才教育的走势，呼吁文化多样性，同时也希望从中国崛起中获得对于外部世界的种种启示，而这种种理解和交流工作都要通过跨文化对话完成。首届中欧跨文化方法论讲座由法国汉学家开启首讲，意义重大。法国汉学的历史辐射力众所周知。在 21 世纪的今天，在全球化和现代高等教育国际化的背景下，世界各国高校教育更加呼吁发展文化多样性，保存差异，和而不同，但如何将中国辉煌的历史文明、中国传统文化研究的丰厚成果，与法国汉学家同行进行积极对话？如何将这些现代研究成果投入教育实践，转化为大学课程，激励各国年轻一代为延续人类优秀文明而携手奋斗？这是我们双方高等教育工作者都要思考的大问题。跨文化方法论建设是人类的文化自觉和多元化教育走向纵深的标志。

在开幕式上，北京师范大学授予法国汉学家汪德迈名誉教授职衔并颁发证书，向金丝燕教授颁发客座教授证书。汪德迈先生发表了感谢词，他说："我勤奋工作。60年来，我几乎没有一天不读，哪怕是几行字的中文。但我没有任何功绩可言。因为我的努力始终迅速被发现的欣喜所回报，哪怕是细微的发现，对于我来说都是中国文化不可枯竭的丰富性的展现，中国文化3000年来不断发展，在依旧活跃至今的所有文化中最为古老。诚然，它在与西方激烈的现代化的相遇中受到冲击，深受伤害，在近2个世纪中，震荡不断；但是，它现在开始重获青春，那是它自己的、现代化的青春，我深信，这一青春将瞩目于21世纪。"

北京师范大学资深教授王宁先生代表中方学者致辞，他指出，汪德迈先生所代表的法国汉学有三个特点，一是在东、西文化的分别实地考察和具体研究中，指出差异、尊重差异、维护文化多样性、反对全球文化一统；二是注重实证研究，强调从资料中提出方法和结论；三是创立法国汉学教席，形成了对汉学、汉字文化学与汉语教学的深刻影响。跨文化方法论的研究，绝不仅仅是技术层面的研究，它是一种抵制文化霸权、提倡各国优秀文化话语权平等对话交流的正确文化价值观。文学院分党委书记王立军教授、北师大民俗典籍文字研究中心主任李国英教授和北师大中国民间文化研究所所长董晓萍教授分别致辞。

2015 年 9 月 7 日下午开讲，由汪德迈先生和北京大学乐黛云先生教授首讲，金丝燕教授主持。本届参加授课的中外学者和题目分别是：〔法〕汪德迈《导言：汉学研究方法要点》《第一讲 用中国文化特色认清中国文化道理》《第二讲 依靠汉字文言考古学划分古代历史分期》《第三讲 用整体观点考察中国思想的特殊性》《第四讲 特别考察中国文化的基本特点：礼治》，乐黛云《第一讲 多元文化发展与跨文化对话》《第二讲 跨文化对话与中国现代文学的发端》，〔法〕金丝燕《导论：跨文化研究与文化转移的定义》《第一讲 佛经汉译：早期中国的文化接受》《第二讲 中国文学西渡》《第三讲 中国新诗源：初期象征派的接受视野》《第四讲 当代中国的文化转移平台：跨文化对话杂志》，王宁《关于汉字的性质和研究方法的几个问题》，程正民《巴赫金的对话思想和跨文化研究》，王邦维《第一讲 书写"异域"：古代中国的印度想象与经验》《第二讲 "边地"还是"中国"：跨文化交流中的文化优越感问题》，李国英《中国传统语言文字学的基本理论与方法》，董晓萍《第一讲 跨文化民间文学研究的方法与个案》《第二讲 从跨文化的角度研究史诗故事群》，［爱沙尼亚］于鲁·瓦尔克（Ülo Valk）《第一讲 从互文角度研究欧洲魔法故事》《第二讲 民俗中的人兽互变与人类学中的本体论转移问题》《第三讲 爱沙尼亚传说中的社会现实建构》。

本课的开设得到北京师范大学研究生院的支持，主要面向选修跨学科方法论平台课的博士研究生，学分课，也适当吸收往届研究生听讲。

来自北京大学、清华大学、中国社会科学院、北京语言大学、中央民族大学和北京联合大学等在京高校学者和研究生代表逾百人出席了开幕式。

## 13.2 图片选例

### 1. "跨文化方法论研究首期讲座：方法与前景" 开幕式（2015.9.7 上午）

**Opening Ceremony of "The First International Workshop of Transcultural Studies: Methodology and Prospect" on the Morning of 7 Sept.2015**

图 13-1-1　第一届跨文化学研究生国际课程班开幕式合影
Group photo of the First International Workshop of Transcultural Studies.

图 13-1-2　北京师范大学校长董奇教授与汪德迈先生等嘉宾合影
Professor Dong Qi, president of Beijing Normal University takes a group photo with professor Léon Vandermeersch and the other scholars.

图13-1-3　北京师范大学校长董奇教授与法国专家汪德迈先生交谈
Professor Dong Qi, president of Beijing Normal University talking with professor Léon Vandermeersch.

图 13–1–4　董奇校长代表北京师范大学向汪德迈先生颁发 "荣誉教授" 职衔证书
President Dong Qi issues the certificate of the "Honorary Professor" to professor Léon
Vandermeersch on behalf of Beijing Normal University.

图 13–1–5　董奇校长代表北京师范大学向金丝燕教授颁发 "客座教授" 证书
President Dong Qi issues the certificate of the "Guest Professor" to professor Jin Siyan on behalf of
Beijing Normal University.

图13-1-6　汪德迈先生致答谢词
Professor Léon Vandermeersch expressed a solemn speech of appreciation.

图13-1-7　北京师范大学资深教授王宁教授致辞
Congratulatory speech of Wang Ning(the fourth from left), senior professor of BNU.

图 13-1-8　北京师范大学民俗典籍文字研究中心主任李国英教授致辞

Congratulatory speech of Li Guoying(the second from right), professor & director of Research Center of Study for Chinese Folklore and Ancient Writing at BNU, the key research base of humanities and social sciences under the Education Minister, P.R.China.

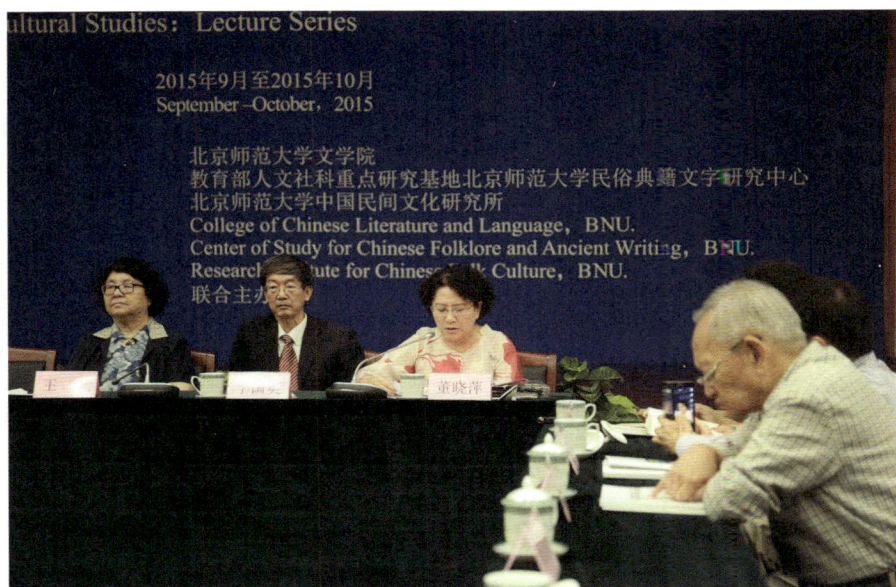

图 13-1-9　北京师范大学中国民间文化研究所所长董晓萍教授致辞

Congratulatory speech of Dong Xiaoping, professor & director of Research Institute for Chinese Folk Culture, BNU.

## 2. 汪德迈先生《导言：汉学研究方法要点》
### （2015.9.7 下午）

Professor Léon Vandermeersch Delivers the Lecture "Introduction:
Key Points of Sinology Research Methods" on the Afternoon of 7 Sept.2015

图 13-2-1　北京师范大学文学院励耘学术报告厅现场
Scene of the classroom at Liyun academic lecture hall, School of Chinese Languages and Literature of BNU.

图13-2-2 汪德
迈先生签名
The signature of
professor Léon
Vandermeersch.

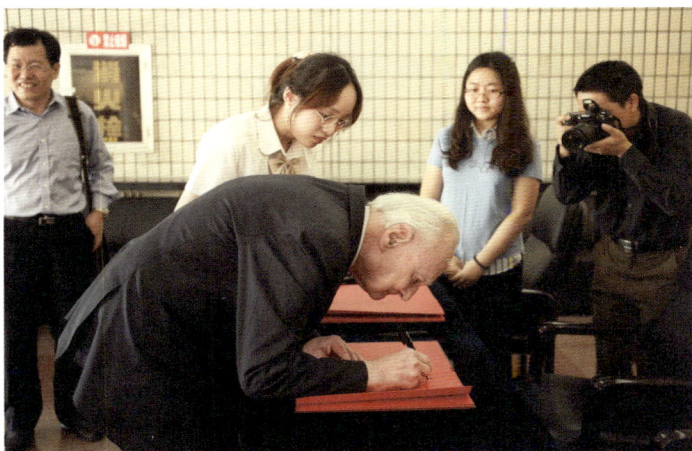

图 13-2-3 董晓
萍教授主持
Professor Dong
Xiaoping hosts the
lecture.

图 12-2-4 汪德
迈先生主讲
Professor Léon
Vandermeersch is
lecturing.

## 3. 乐黛云教授《第一讲 多元文化发展与跨文化对话》（2015.9.7 下午）

**Professor Yue Daiyun Delivers the Lecture 1 "Development of Cultural Diversity and Transcultural Dialogue" on the Afternoon of 7 Sept.2015**

图13-3-1　乐黛云教授主讲
Professor Yue Daiyun is lecturing.

图 13-3-2　金丝燕教授主持
Professor Jin Siyan hosts the lecture.

## 4. 汪德迈先生《第一讲 用中国文化特色认清中国文化道理》
### （2015.9.8 下午）

Professor Léon Vandermeersch Delivers the Lecture 1 "Recognize the Chinese Cultural Principles with the Chinese Cultural Characteristics" on the Afternoon of 8 Sept.2015

图 13-4-1　汪德迈先生《第一讲用中国文化特色认清中国文化道理》会场
Scene of Professor Léon Vandermeersch's Lecture 1.

图 13-4-2　金丝燕教授与董晓萍教授合作主持
Professor Jin Siyan and professor Dong Xiaoping co-hosts lecture of professor Léon Vandermeersch.

## 5. 汪德迈先生到北京中医药大学交流（2015.9.9 上午）

Professor Léon Vandermeersch Went to Beijing University of
Traditional Chinese Medicine for Scholarly Exchange on the Morning
of 9 Sept.2015

图 13-5-1　李国英教授在京师大厦接待汪德迈先生一行
Professor Li Guoying waited and guided professor Léon Vandermeersch and
the other scholars at the lobby of Jingshi Hotel, BNU.

图 13-5-2　北京中医药大学国家一级专家钱超尘教授在北京中医药大学门口等候汪德迈，并在国医堂前与汪先生合影

Professor Qian Chaochen, a national first-level expert of the study of Chinese Medicine, waited for professor Léon Vandermeersch in front of the gate of Beijing University of Traditional Chinese Medicine and took a photo with professor L.Vandermeersch before the National Medical Hall at the campus of this University.

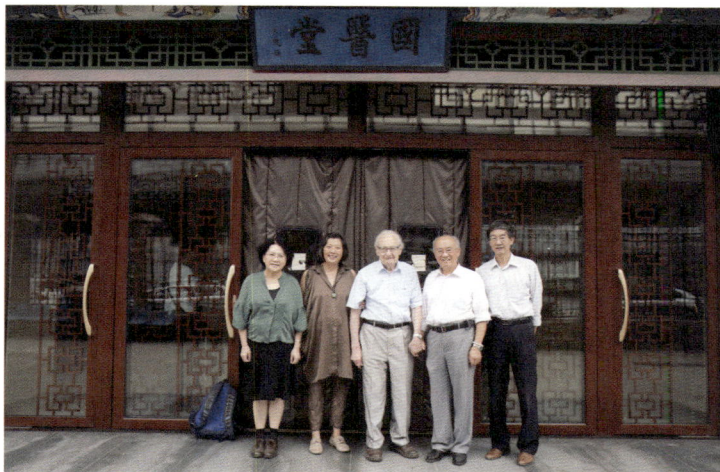

图13-5-3　钱超尘教授与汪先生一行在国医堂前留影（右起：李国英、钱超尘、汪德迈、金丝燕、董晓萍）

Group photo of professor Qian Chaochen, professor Léon Vandermeersch and the other scholars before the National Medical Hall(from right: Li Guoying, Qian Chaochen, Léon Vandermeersch, Jin Siyan, Dong Xiaoping).

图 13-5-4 北京中医药大学王琦教授与汪德迈先生谈中医特征并进行研究生现场教学 Professor Wang Qi of Beijing University of Traditional Chinese Medicine talks with professor Léon Vandermeersch about the characteristics of traditional Chinese medicine and conducted clinical teaching for their postgraduates.

图 13-5-5 王琦教授为汪德迈先生号脉 Professor Wang Qi gave a pulse for professor Léon Vandermeersch.

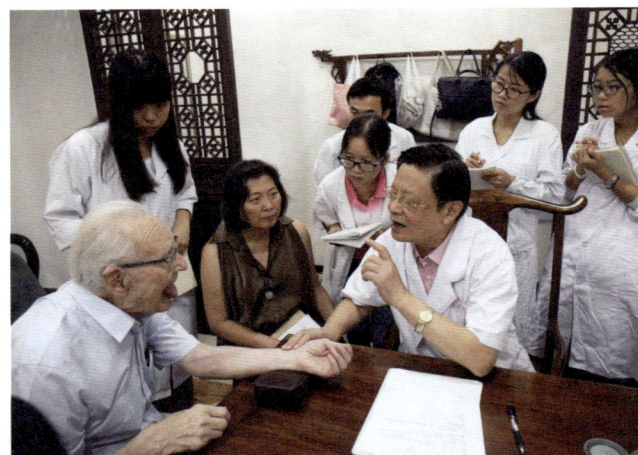

图 13-5-6 王琦教授为汪德迈先生望诊 Professor Wang Qi asked professor Léon Vandermeersch to show the tongue for diagnose the condition.

图13-5-7　汪德迈先生向钱超尘教授告别
Professor Léon Vandermeersch thanked professor Qian Chaochen and said goodbye.

## 6. 金丝燕教授《导论：跨文化研究与文化转移的定义》
## （2015.9.10 上午）

Professor Jin Siyan Delivers the "Definition of Transcultural Research and Cultural Transfer" on the Morning of 10 Sept.2015

图13-6-1　金丝燕教授主讲
Professor Jin Siyan is lecturing.

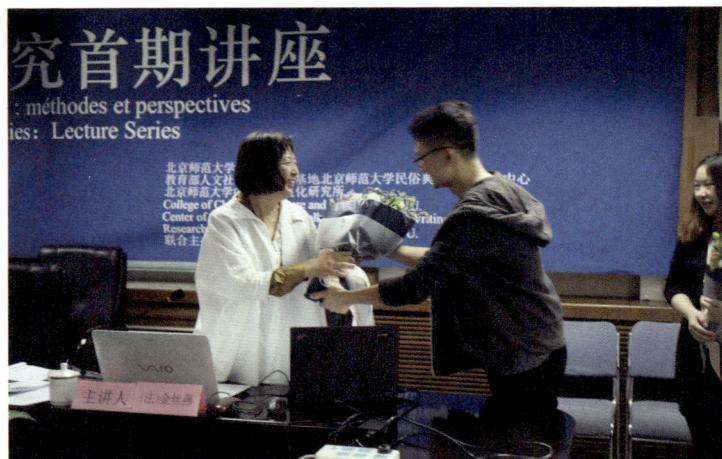

图 13-6-2　研究生向金丝燕教授献花祝贺中国教师节
Graduate students present professor Jin Siyan with flowers to celebrate the Chinese Teacher's Day.

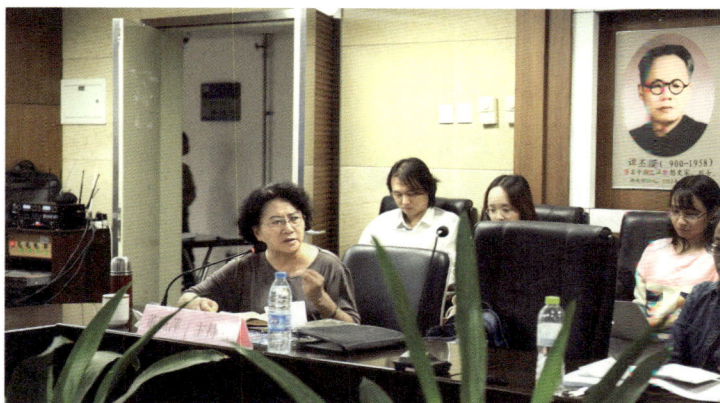

图 13-6-3　董晓萍教授主持
Professor Dong Xiaoping hosts the lecture.

图 13-6-4　研究生向董晓萍教授献花祝贺中国教师节
Graduate students present professor Dong Xiaoping with flowers to celebrate the Chinese Teacher's Day.

## 7. 金丝燕教授《第一讲 佛经汉译：早期中国的文化接受》
### （2015.9.10 下午）

**Professor Jin Siyan Delivers the Lecture 1 "The Acceptance of Foreign Culture in Early China through Translating Buddhist Scriptures from Indian to Chinese" on the Afternoon of 10 Sept.2015**

图13-7-1 北京师范大学文学院励耘学术报告厅会场
Scene of the classroom at Liyun academic lecture hall, School of Chinese Languages and Literature of BNU.

图13-7-2　金丝燕教授主讲

Professor Jin Siyan is lecturing.

图 13-7-3 董晓萍教授主持
Professor Dong Xiaoping hosts the lecture.

图 13-7-4 王宁教授点评
Professor Wang Ning comments.

图 13-7-5 金丝燕教授接受《人民日报》记者采访
The Journalist of *People's Daily* interviews professor Jin Siyan.

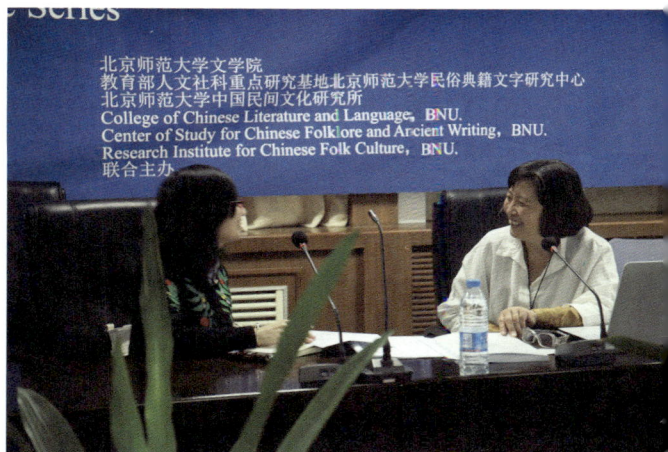

图 13-7-6 金丝燕教授与董晓萍教授接待《人民日报》记者
The Journalists of *People's Daily* interviews professor Jin Siyan and professor Dong Xiaoping.

图 13-7-7 金丝燕教授回答研究生的问题
Professor Jin Siyan answers the questions from graduate students.

文化方法论研究首期讲座
Leçon inaugurale des études transculturelles : méthodes et perspectives
Methodology of Transcultural Studies： Lecture Series

图 13-7-8　金丝燕教授与北师大中国民间文化研究所师生合影
Group photo of professor Jin Siyan with teachers and students of Research Institute for Chinese Folk Culture, BNU.

## 8. 金丝燕教授《第二讲 中国文学西渡》（2015.9.11 下午）

**Professor Jin Siyan Delivers the Lecture 2 "The Spread of Chinese Literature in the West" on the Afternoon of 11 Sept.2015**

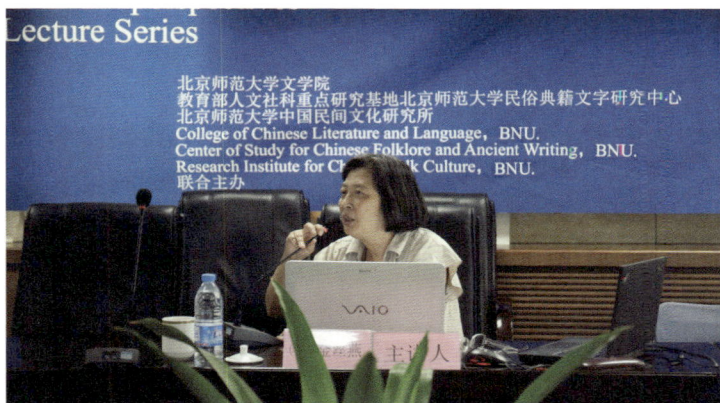

图 13-8-1　金丝燕教授主讲《第二讲 中国文学西渡》
Professor Jin Siyan delivers the lecture 2 "The Spread of Chinese Literature in the West ".

图13-8-2　金丝燕教授与听讲师生交流
Professor Jin Siyan communicated with the Chinese teachers and students.

## 9. 金丝燕教授《第三讲 中国新诗源：初期象征派的接受视野》
（2015.9.14 上午）

Professor Jin Siyan Delivers the Lecture 3 "Sources of New Chinese Poetry: Receptive Vision of the Early Symbolists" on the Morning of 14 Sept.2015

图 13-9-1 北京师范大学文学院励耘学术报告厅现场
Scene of the classroom at Liyun academic lecture hall, School of Chinese Languages and Literature of BNU.

图 13-9-2　金丝燕教授《第三讲 中国新诗源：初期象征派的接受视野》
Professor Jin Siyan delivers the lecture 3 "Sources of New Chinese Poetry: Receptive Vision of the Early Symbolists".

图 13-9-3　研究生认真听讲
Graduate students listen attentively.

图 13-9-4　董晓萍教授主持
Professor Dong Xiaoping hosts the lecture.

图 13-9-5　金丝燕教授、董晓萍教授与听课者课后交流
Professor Jin Siyan and professor Dong Xiaoping talking with the listeners.

# 10. 金丝燕教授前往北京大学拜访乐黛云教授（2015.9.14晚）

Professor Jin Siyan visited professor Yue Daiyun in Peking University on the Evening of 14 Sept.2015

图13-10-1　乐黛云教授向金丝燕赠送新著

Professor Yue Daiyun presents her new book to professor Jin Siyan as a gift.

图 13-10-2　乐黛云教授与董晓萍教授交谈

Professor Yue Daiyun is talking with professor Dong Xiaoping.

## 11. 汪德迈先生《第二讲 依靠汉字文言考古学划分古代历史分期》（2015.9.15 下午）

Professor Léon Vandermeersch Delivers the Lecture 2 "Archaeology of Ancient Historical Stages by Chinese Characters and Literary Words" on the Afternoon of 15 Sept.2015

图 13-11-1　汪德迈先生主讲
Professor Léon Vandermeersch is lecturing.

图 13-11-2　金丝燕教授与董晓萍教授合作主持

Professor Jin Siyan, Dong Xiaoping co-host the lecture for professor Léon Vandermeersch.

图 13–11–3　汪德迈先生回答研究生的问题

Professor Léon Vandermeersch answers the questions from graduate students.

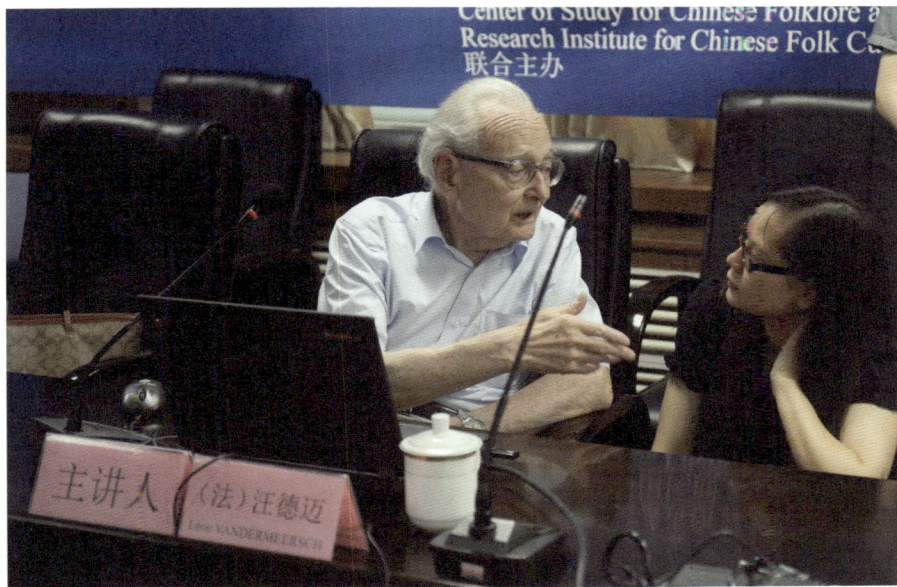

图13–11–4　《人民日报》记者现场访问汪德迈先生

The journalist of *People's Daily* interviews professor Léon Vandermeersch on site.

## 12. 参观北京师范大学文物博物馆（2015.9.15晚）

## Visiting the Cultural Relics Museum of Beijing Normal University on the Evening of 15 Sept.2015

图 13-12-1　汪德迈先生在北师大文物博物馆标志前
Professor Léon Vandermeersch takes photo near the logo of the Cultural Relics Museum, BNU.

图13-12-2 汪德迈先生为北师大文物博物馆题签
Professor Léon Vandermeersch writes a message for the Cultural Relics Museum, BNU.

图13-12-3 汪德迈先生与北师大文物博物馆研究人员合影
Professor Léon Vandermeersch takes photo with the clerks of the Cultural Relics Museum, BNU.

图13-12-4　北师大文物博物馆研究人员向汪德迈先生介绍馆藏文物
The clerk of the Cultural Relics Museum of BNU introduces precious colletions here to professor Léon Vandermeersch.

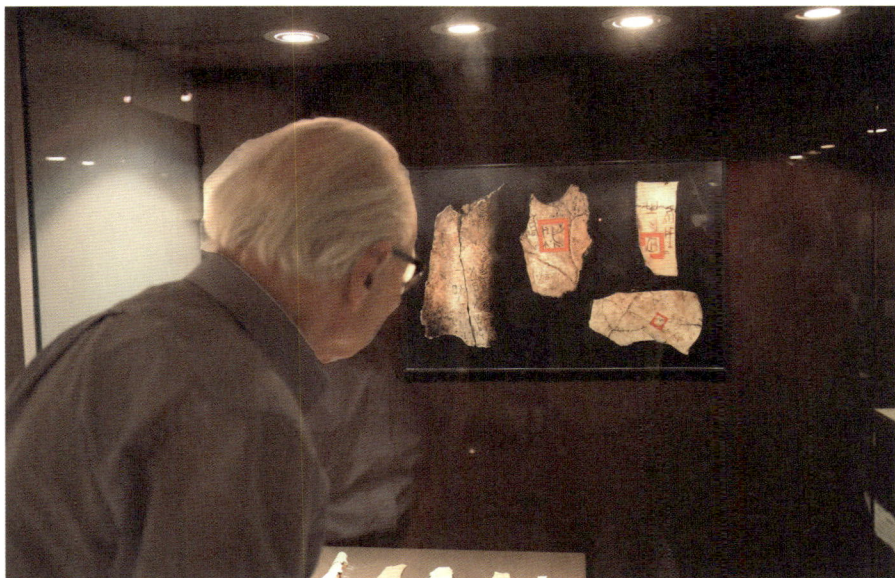

图13-12-5　汪德迈先生仔细观看甲骨残片
Professor Léon Vandermeersch is looking at the oracle bones fragments attentively.

图13-12-6　汪德迈先生观摩青铜器
Professor Léon Vandermeersch is looking at the bronze ware.

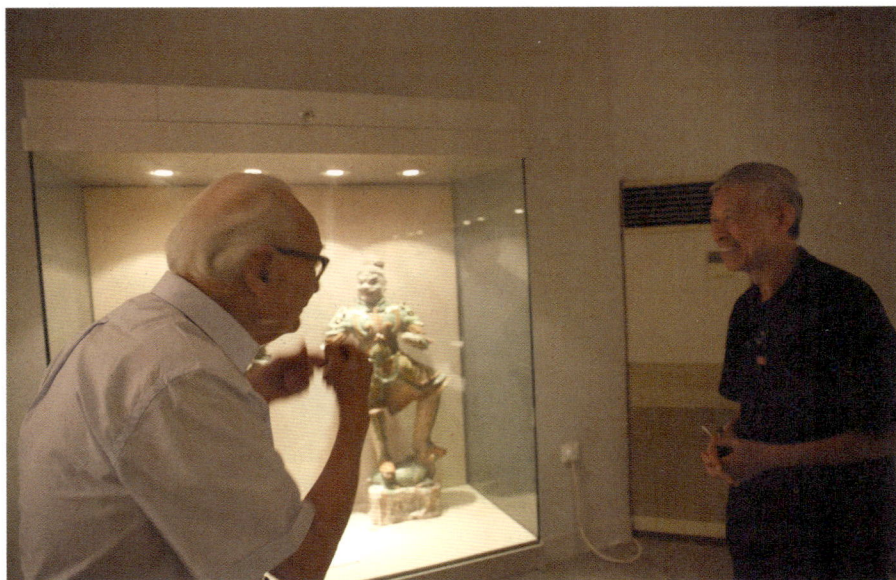

图 13-12-7　汪德迈先生观摩胡人俑
Professor Léon Vandermeersch is observing the terracotta warriors from west region of China.

图 13-12-8　汪德迈先生观摩馆藏佛像
Professor Léon Vandermeersch is observing the collection of Buddha statues.

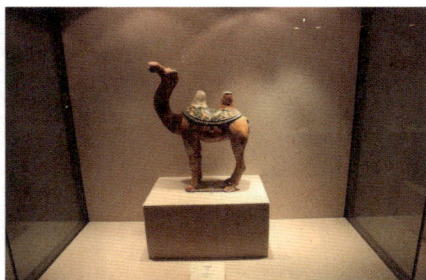

图 13-12-9　汪德迈先生观摩馆藏唐三彩
Professor Léon Vandermeersch is observing the collection of tri-coloured glazed pottery of the Tang Dynasty.

图13-12-10　汪德迈先生观摩馆藏瓷器
Professor Léon Vandermeersch is observing the collection of ancient Chinese porcelain.

# 13. 汪德迈先生与西夏文专家李范文先生见面（2015.9.15 晚）

## Professor Léon Vandermeersch meets Mr.Li Fanwen, an Expert of Xixia Texts on the Evening of 15 Sept.2015

图13-13-1　汪德迈先生与李范文先生在宁夏大厦见面
Professor Léon Vandermeersch meets Mr.Li Fanwen in Ningxia Hotel.

图13-13-2　汪德迈先生与李范文先生交谈并共进晚餐
Professor Léon Vandermeersch talks and shares a dinner with Mr.Li Fanwen.

图13-13-3　汪德迈先生签字留念
Professor Léon Vandermeersch writes a signature as a souvenir.

图13-13-4　金丝燕教授签字留念
Professor Jin Siyan writes a signature as a souvenir.

## 14. 王宁教授《关于汉字的性质和研究方法的几个问题》
## （2015.9.16 下午）

**Professor Wang Ning Delivers the Lecture "the Nature of Chinese Characters and Some Questions of Research Methodology" on the Afternoon of 16 Sept.2015**

图13-14-1　北师大励耘学术报告厅讲座现场
Scene of the classroom at Liyun academic lecture hall, School of Chinese Languages and Literature of BNU.

图13-14-2　王宁教授主讲

Professor Wang Ning is lecturing.

图 13-14-3　李国英教授主持
Professor Li Guoying hosts the lecture.

图 13-14-4　董晓萍教授联合主持
Professor Dong Xiaoping co-hosts the lecture
with professor Li Guoying.

图13-14-5　听讲人挤满了讲座现场
Lecturers filled the lecture hall.

图 13-14-6　听众中的老者和外国留学生
Older and foreign students in the audiences.

图13-14-7　王宁教授、李国英教授、董晓萍教授、钱翰教授合影
Group photo of professor Wang Ning, Li Guoying, Dong Xiaoping, Qian Han.

图13-14-8　王宁教授、李国英教授、董晓萍教授合影
Group photo of professor Wang Ning, Li Guoying, Dong Xiaoping.

图 13-14-9　王宁教授与部分听讲师生合影
Professor Wang Ning takes photo with teachers and students among the audiences.

# 15. 北京大学袁行霈先生拜访汪德迈先生（2015.9.17 下午）

## Professor Yuan Xingpei of Peking University Visits Professor Léon Vandermeersch on the Afternoon of 17 Sept.2015

图13-15-1　袁行霈教授拜访汪德迈先生
Professor Yuan Xingpei visits professor Léon Vandermeersch.

# 16. 程正民教授《巴赫金的对话思想和跨文化研究》
## （2015.9.17 下午）

Professor Cheng Zhengmin Delivers the Lecture "Mikhail
Bakhtin's Idea of Dialogue and Transcultural Studies" on the
Afternoon of 17 Sept.2015

图 13-16-1 北师大文学院励耘学术报告厅现场
Scene of the classroom at Liyun academic lecture hall, School of Chinese Languages and Literature
of BNU.

图13-16-2  程正民教授主讲

Professor Cheng Zhengmin is lecturing.

图 13-16-3　李正荣教授主持讲座
Professor Li Zhengrong hosts the lecture.

图 13-16-4　听众认真听讲
The audiences listen attentively.

图 13-16-5 程正民教授回答研究生提问
Professor Cheng Zhengmin answers the questions from graduate students.

图 13-16-6 北师大文学院文艺学研究所钱瀚教授发言
Speech by Qian Han, professor of Institute of Theory of Literature and Arts, BNU.

图 13-16-7 北师大文学院比较文学与世界文学研究所姚建彬教授发言
Speech by Yao Jianbin, professor of Institute of Comparative Literature and World Literature, BNU.

图13-16-8 程正民教授、钱翰教授、董晓萍教授课后合影

Group photo of professor Cheng Zhengmin, Qian Han, Dong Xiaoping after class.

图 13-16-9 程正民教授、钱翰教授与北师大中国民间文化研究所师生合影

Professor Cheng Zhengmin and Qian Han take photo with teachers and students of Research Institute for Chinese Folk Culture of BNU.

# 17. 乐黛云教授《第二讲 跨文化对话与中国现代文学的发端》
## （2015.9.21 上午）

**Professor Yue Daiyun Delivers the Lecture 2 "Intercultural Dialogue and the Beginning of Modern Chinese Literature" on the Morning of 21 Sept.2015**

图13-17-1 北师大励耘学术报告厅现场
Scene of the classroom at Liyun academic lecture hall, School of Chinese Languages and Literature of BNU.

图13-17-2　乐黛云教授主讲

Professor Yue Daiyun is Lecturing.

图 13-17-3 董晓萍教授主持
Professor Dong Xiaoping hosts the lecture.

图 13-17-4 乐黛云教授与部分听讲师生合影
Professor Yue Daiyun takes photo with teachers and students.

图 13-17-5 乐黛云教授在讲座海报前留影
Professor Yue Daiyun takes photo in front of the poster of her lecture.

# 18. 汪德迈先生《第三讲 用整体观点考察中国思想的特殊性》
## （2015.9.21 下午）

Professor Léon Vandermeersch Delivers the Lecture 3 "Examining
the Specificity of Chinese Thought from a Holistic Point of View" on
the Afternoon of 21 Sept.2015

图13-18-1　汪德迈先生主讲
Professor Léon Vandermeersch is lecturing.

图 13-18-2　董晓萍教授主持讲座
Professor Dong Xiaoping hosts the lecture.

图 13-18-3　汪德迈先生回答研究生提问
Professor Léon Vandermeersch answers the questions from graduate students.

图 13-18-4　汪德迈先生与研究生讨论

Professor Léon Vandermeersch discusses with graduate students.

图 13-18-5 汪德迈先生与北师大中国民间文化研究所师生合影
Professor Léon Vandermeersch takes photo with teachers and students of Research Institute for Chinese Folk Culture of BNU.

图 13-18-6 汪德迈先生在讲座海报前留影
Professor Léon Vandermeersch takes photo in front of the poster of his lecture.

图 13-18-7 汪德迈先生与北师大中国民间文化研究所师生在讲座海报前合影
Professor Léon Vandermeersch takes photo with teachers and students of Research Institute for Chinese Folk Culture of BNU in front of the poster of his lecture.

# 19. 李国英教授《中国传统语言文字学的基本理论与方法》
## （2015.9.23 上午）

Professor Li Guoying Delivers the Lecture "Basic Theory and Method of Study of Traditional Chinese Writing" on the Morning of 23 Sept.2015

图13-19-1　李国英教授主讲
Professor Li Guoying is lecturing.

图13-19-2　北师大文学院励耘学术报告厅现场
Scene of the classroom at Liyun academic lecture hall, School of Chinese Languages and Literature of BNU.

图 13-19-3　齐元涛教授主持
Professor Qi Yuantao hosts the lecture.

图 13-19-4　李国英教授回答研究生的问题
Professor Li Guoying answers the questions from graduate students.

图 13-19-5　现场听讲的外国留学生
Foreign students are listening to the lecture on site.

图 13-19-6　李国英教授与部分听讲师生合影
Professor Li Guoying takes photo with teachers and students.

# 20. 董晓萍教授《第一讲 跨文化民间文学研究的方法与个案》
## （2015.9.23 下午）

**Professor Dong Xiaoping Delivers the Lecture 1 "Methods and Cases in Transcultural Folklore Research" on the Afternoon of 23 Sept.2015**

图 13-20-1 董晓萍教授的第一讲
Professor Dong Xiaoping's first lecture.

图 13-20-2 北师大文学院励耘学术报告厅现场
Scene of the classroom at Liyun academic lecture hall, School of Chinese Languages and Literature of BNU.

图 13-20-3 万建中教授主持 Professor Wan Jianzhong hosts the lecture.

图 13-20-4 董晓萍教授回答研究生提问 Professor Dong Xiaoping answers the qustions from graduate students.

图 13-20-5 听讲研究生认真做笔记

The graduate students take notes attentively.

图 13-20-6 董晓萍教授与部分听讲师生合影

Professor Dong Xiaoping takes photo with audiences including teachers and students.

# 21. 董晓萍教授《第二讲 从跨文化的角度研究史诗故事群》
## （2015.9.24 下午）

Professor Dong Xiaoping Delivers the Lecture 2 "Epics Narrated as Integral Folktales: A Research from the Perspective of Transcultural Studies" on the Afternoon of 24 Sept.2015

图 13-21-1　董晓萍教授主讲
Professor Dong Xiaoping is lecturing.

图 13–21–2　北师大文学院励耕学术报告厅听讲现场
Scene of the classroom at Liyun academic lecture hall, School of Chinese Languages and Literature of BNU.

图 13–21–3　万建中教授主持讲座
Professor Wan Jianzhong hosts the lecture.

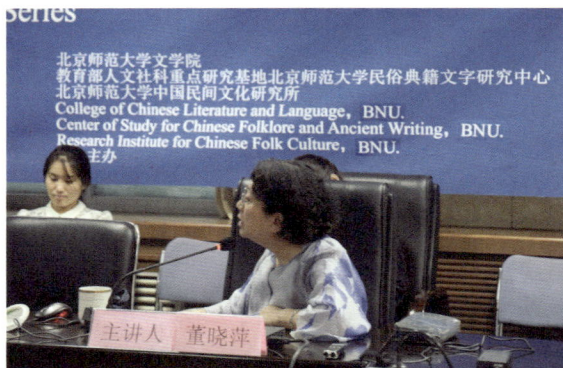

图 13–21–4　董晓萍教授回答研究生提问
Professor Dong Xiaoping answers the qustions from graduate students.

图 13-21-5　董晓萍教授与部分听讲师生合影

Professor Dong Xiaoping takes photo with teachers and students.

图13-21-6　董晓萍教授与万建中教授合影

Professor Dong Xiaoping takes photo with professor Wan Jianzhong.

图 13-21-7　董晓萍教授、万建中教授与部分听讲研究生合影

Professor Dong Xiaoping and professor Wan Jianzhong take photo with part of postgraduate students.

## 22. 王邦维教授《第一讲 书写"异域"：古代中国的印度想象与经验》（2015.9.25 上午）

Professor Wang Bangwei Delivers the Lecture 1 "Writing the Exotic: The Indian Imagination and Experience in Ancient China" on the Morning of 25 Sept.2015

图 13-22-1　王邦维教授第一讲
Professor Wang Bangwei's first lecture.

图13-22-2 北师大文学院励耘学术报告厅现场

Scene of the classroom at Liyun academic lecture hall, School of Chinese Languages and Literature of BNU.

图 13-22-3 董晓萍教授主持
Professor Dong Xiaoping hosts the lecture.

图 13-22-4 王邦维教授听研究生的提问
Professor Wang Bangwei listens the questions from the graduate students.

图 13-22-5 王邦维教授使用屏幕上的文本回答研究生的问题
Professor Wang Bangwei answers the questions from the graduate students by reviewing the manuscript of his lecture on-screen.

图 13-22-6　王邦维教授与北师大中国民间文化研究所师生合影

Professor Wang Bangwei takes photo with teachers and students of Research Institute for Chinese Folk Culture of BNU.

图 13-22-7 王邦维教授在本次讲座的海报前
Professor Wang Bangwei in front of the poster of his lecture.

图 13-22-8 王邦维教授在跨文化方法论研究首期讲座大型会标前留影
Professor Wang Bangwei in front of the large-scale conference logo for the inaugural lecture on the methodology of Transcultural Studies.

## 23. 于鲁·瓦尔克（Ülo Valk）教授《第一讲 从互文角度研究欧洲魔法故事》（2015.9.28 上午）

Professor Ülo Valk Delivers the Lecture 1 "Study of European Magic Stories from an Intertextual Perspective" on the Morning of 28 Sept.2015

图13-23-1 于鲁·瓦尔克教授主讲
Professor Ülo Valk is lecturing.

图13-23-2　北师大文学院励耘学术报告厅现场
Scene of the classroom at Liyun academic lecture hall, School of Chinese Languages and Literature of BNU.

图 13-23-3 董晓萍教授主持讲座
Professor Dong Xiaoping hosts the lecture.

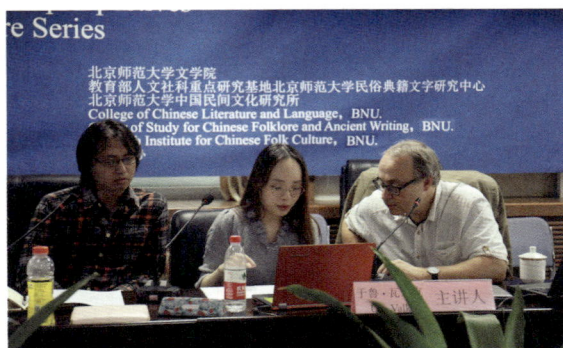

图 13-23-4 于鲁·瓦尔克教授与研究生讨论翻译难点
Professor Ülo Valk explains the translation difficulties with the graduate students.

图13-23-5 于鲁·瓦尔克教授回答研究生的提问
Professor Ülo Valk answers the questions from postgraduate students.

图13-23-6 于鲁·瓦尔克教授课间与董晓萍教授交谈
Professor Ülo Val talks with professor Dong Xiaoping during break time.

图 13-23-7 于鲁·瓦尔克教授与
董晓萍教授在讲座海报前合影
Professor Ülo Valk and professor Dong
Xiaoping take photo in front of the
lecture posters.

图 13-23-8 于鲁·瓦尔克教授与部分听讲师生合影
Professor Ülo Valk takes photo with teachers and students among the audiences.

图 13-23-9　于鲁·瓦尔克教授与北师大中国民间文化研究所师生在讲座海报前合影

Group photo of professor Ülo Valk and teachers and students of Research Institute for Chinese Folk Culture, BNU.

## 24. 汪德迈先生与王宁教授《中法汉学对话：礼治文化与礼仪文化》（2015.9.28 下午）

Professor Léon Vandermeersch and Professor Wang Ning Deliver the Lecture Series "Dialogue Between the French Sinology and Traditional Chinese Study: Ruling Etiquette and Cultural Etiquette" on the Afternoon of 28 Sept.2015

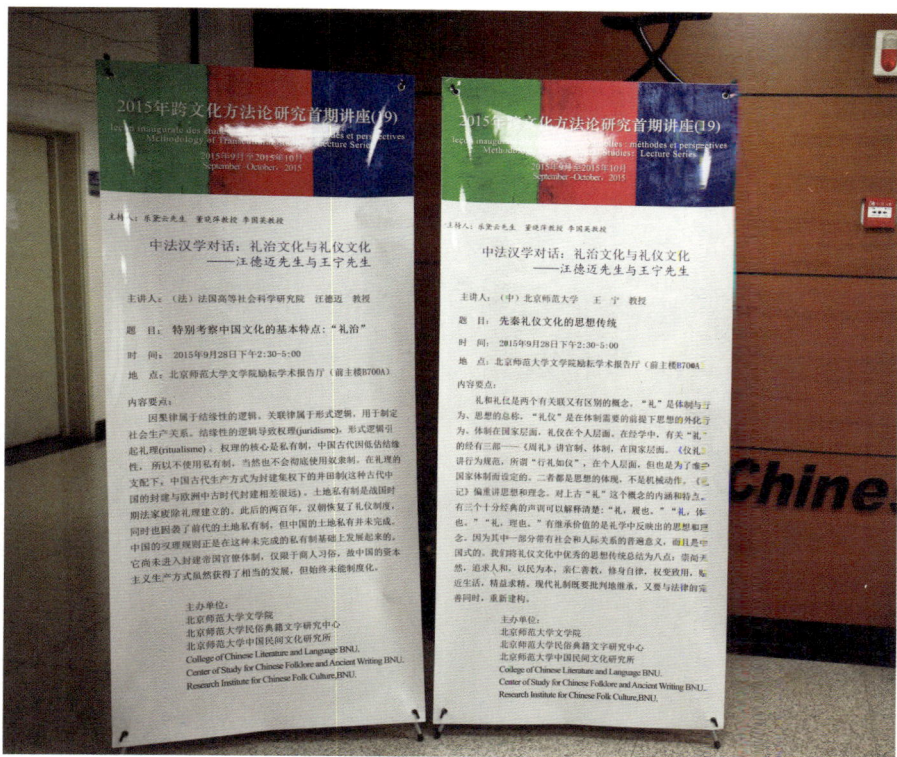

图 13-24-1　汪德迈先生主讲《特别考察中国文化的基本特点："礼治"》海报与王宁教授主讲《先秦礼仪文化的思想传统》海报

Poster of Professor Léon Vandermeersch's lecture on "A Special Examination of the Fundamental Characteristics of Chinese Culture: 'The Rule of Rites' " and poster of professor Wang Ning's lecture on "Thought Tradition of the Pre-Qin Ritual Culture".

图13-24-2 北师大文学院励耘学术报告厅现场
Scene of the classroom at Liyun academic lecture hall, School of Chinese Languages and Literature of BNU.

图 13-24-3　乐黛云教授主持，董晓萍教授与李国英教授合作主持

Professor Yue Daiyun hosts the lecture first and then professor Dong Xiaoping co-hosts with professor Li Guoying.

图 13-24-4　汪德迈先生主讲《特别考察中国文化的基本特点："礼治"》

Professor Léon Vandermeersch is lecturing "Special Exploring of the Basic Characteristics of Traditional Chinese Culture: 'Ruling Etiquette'".

图 13-24-5　王宁教授主讲《先秦礼仪文化的思想传统》

Professor Wang Ning is lecturing "The Thought Tradition of Pre-Qin Ceremonial Culture".

图 13-24-6　汪德迈先生与王宁教授对话：礼治文化与礼仪文化

The dialogue between professor Léon Vandermeersch and professor Wang Ning about Culture of Rituals and Ceremonies.

图 13-24-7　北京师范大学副校长陈光巨教授向乐黛云教授颁发北京师范大学"兼职教授"聘书

Vice president Chen Guangju issues the certificate of "Adjunct Professor" to professor Yue Daiyun on behalf of Beijing Normal University.

图 13-24-8　陈光巨副校长向乐黛云教授颁发教育部人文社科重点研究基地北师大民俗典籍文字研究中心"特邀研究员"与北师大中国民间文化研究所"特邀研究员"聘书

Vice president Chen Guangju issues the certificate of "Specially Invited Researcher" to professor Yue Daiyun on behalf of Center of Research for Chinese Folklore and Ancient Writing at BNU, the key research base of humanities and social sciences under the Education Minister, PRC, and Research Institute for Chinese Folk Culture, BNU.

图 13-24-9　陈光巨副校长向汪德迈先生和金丝燕教授颁发教育部人文社科重点研究基地北师大民俗典籍文字研究中心"特邀研究员"聘书
Vice president Chen Guangju issues the certificates of "Specially Invited Researcher" to professor Léon Vandermeersch and professor Jin Siyan on behalf of Center of Research for Chinese Folklore and Ancient Writing at BNU, the key research base of humanities and social sciences under the Education Minister, PRC.

图 13-24-10　陈光巨副校长讲话
Speech by vice president Chen Guangju.

图 13-24-11　陈光巨副校长与中外学者合影

Group photo of vice president Chen Guangju with Chinese and French scholars.

## 25. 于鲁·瓦尔克教授《第二讲 民俗中的人兽互变与人类学中的本体论转移问题》（2015.9.29 上午）

**Professor Ülo Valk Delivers the Lecture 2 "Human-Animal Interaction in Folklore and the Ontological Transference in Anthropology" on the Morning of 29 Sept.2015**

图 13-25-1 于鲁·瓦尔克教授主讲
Professor Ülo Valk is lecturing.

图 13-25-2　杨利慧教授主持
Professor Yang Lihui hosts the lecture.

图 13-25-3　于鲁·瓦尔克教授、董晓萍教授、杨利慧教授合影
Group photo of professor Ülo Valk, professor Dong Xiaoping and professor Yang Lihui.

图 13-25-4 于鲁·瓦尔克教授、董晓萍教授、杨利慧教授与研究生合影
Group photo of professor Ülo Valk, professor Dong Xiaoping, professor Yang Lihui with graduate students.

## 26. 王邦维教授《第二讲 "边地" 还是 "中国"：跨文化交流中的文化优越感问题》（2015.9.29 下午）

Professor Wang Bangwei Delivers the Lecture 2 "'Marginalization (边地)' or 'Centrality (中国)': the Problem of Cultural Superiority in Transcultural Exchanges" on the Afternoon of 29 Sept.2015

图 13-26-1　王邦维教授主讲
Professor Wang Bangwei is lecturing.

图 13-26-2　董晓萍教授主持
Professor Dong Xiaoping hosts the lecture.

图 13-26-3　王邦维教授与于鲁·瓦尔克教授谈起五四时期来到北京大学讲授梵文的德裔爱沙尼亚学者钢和泰
Professor Wang Bangwei and professor Ülo Valk talk about German-Estonian scholar Alexander Von Staël-Holstein who came to Peking University to teach Sanskrit during the May 4th Movement in the early 20th century.

图 13-26-4　中外学者合影（王邦维、于鲁·瓦尔克、董晓萍、赖彦斌）
Group photo of Chinese and foreign scholars (Wang Bangwei, Ülo Valk, Dong Xiaoping, Lai Yanbin).

图 13-26-5　王邦维教授与北师大中国民间文化研究所师生合影
Group photo of professor Wang Bangwei with teachers and students of Research Institute for Chinese Folk Culture, BNU.

## 27. 于鲁·瓦尔克教授《第三讲 爱沙尼亚传说中的社会现实建构》（2015.9.30 上午）

**Professor Ülo Valk Delivers the Lecture 3 "Construction of Social Realities in Estonian Legends" on the Morning of 30 Sept.2015**

图 13-27-1　于鲁·瓦尔克教授主讲
Professor Ülo Valk is lecturing.

图 13-27-2　岳永逸副教授主持
Associate professor Yue Yongyi hosts the lecture.

图 13-27-3　董晓萍翻译
The lecture interpreted by professor Dong Xiaoping from English to Chinese.

图 13-27-4 北师大博士研究生提问 Ph.D.students of BNU raised questions.

图 13-27-5 于鲁·瓦尔克教授、董晓萍教授、岳永逸副教授课后合影 Professor Ülo Valk takes photo with professor Dong Xiaoping and associate professor Yue Yongyi after class.

图 13-27-6 董晓萍和于鲁·瓦尔克教授在钟敬文先生像前合影留念 Professor Dong Xiaoping and professor Ülo Valk take photo in front of the portrait of professor Zhong Jingwen.

# 第14章

# 第二届 跨文化学研究生国际课程班（2016）

# （2016）

## Chapter Fourteen
### Second International Workshop of Transcultural Studies on 23 August-22 November, 2016

# 中外学者共同创建跨文化学国际课程平台

## Platform of International Transcultural Studies Co-Built by Scholars at Home and Abroad

董晓萍（Dong Xiaoping）

当今中国深度经济政治改革与世界文明高峰对话并行。人们发现，在经济与文化的影响力之间，文化的影响力并不低于经济的影响力。但这个规则是通过跨文化交流发现的，而不是封闭环境的产物。中国经济崛起却不搞大国霸权主义，履行时代责任，以中国优秀文化为主体，加强多元文化互补，促进世界跨文化对话、推动人类社会的和平发展，在这种背景下，中外学者在高校共建跨文化国际课程平台，鼓励年轻一代开展跨文化交流，具有重大社会现实意义。联合国和平大使法宝（Dhanrapala Tampalawela）博士，刚刚在人民大会堂获得中国政府颁发的中华优秀图书特殊贡献奖的法国汉学家汪德迈教授，法国阿尔多瓦大学金丝燕特级教授，法国国民教育部荣誉汉语总督学、欧洲汉语教学协会主席白乐桑（Joël Bellassen）教授，英国著名汉学家、国际科技史学会主席白馥兰（Francesca Bray）教授，英国剑桥大学高亦睿博士和日本东京大学尾崎文昭教授等，纷纷加盟这一平台建设。2016年8月24日，第二届跨文化学研究生国际课程班在京师学堂举行隆重开幕式，周作宇副校长出席开幕式并讲话。校国际交流处处长王秀梅教授、校研究生院副院长汪明教授等主管部门负责人到会。来自北京师范大学、北京大学、清华大学、中国社会科学院、南京大学、复旦大学、中山大学等21个院校的研究生导师和研究生代表50余人出席开幕式。北京师范大学民俗典籍文字研究中心主任李国英教授主持会议。

周作宇副校长在讲话中指出，跨文化研究是任何单独国家、单独领域、单独学科和单项分配研究都无法开展的大型系统研究，因此需要文化学者承担责任、共赴使命。本次国际课程班使跨文化研究在原来已经很有成绩的比较文学研究的基础上，向中国哲学、传统国学和民俗文化研究的方向拓展，吸收世界前沿成果，提倡平等学术对话，使之扎根中国本土，增加国际影响。本次还有海外汉学领军人物与中国一流学者面对面交流，以各自长期的学术积累为基础，选择适合跨文化研究的课题，采用对话的方法，开展整体研究，开辟前沿教学。参加跨文化教学的所有专家各有所长，拥有强大的中外学术资源网络和国际影响。这对在座的青年教师和研究生是难得的学习交流机会，相信这个学术共同体能够教学相长，如切如磋，如琢如磨，激发思考，产生洞见，拓展学术边疆。周作宇接见了首访北师大并前来授课的联合国和平大使法宝博士。课程班授课期间，周作宇副校长还代表学校向英国著名汉学家、爱丁堡大学白馥兰教授颁发名誉教授证书，向法国国民教育部荣誉汉学总督白乐桑教授颁发客座教授证书。

本届课程班的时间自 2016 年 8 月 23 日至 11 月

22 日，分两个阶段进行，汪德迈先生继续参加授课。首讲由联合国和平大使法宝博士担任主讲。他提出，作为新时期的研究生或年轻学者，能够与国际同僚进行无语言障碍地深入交流是必要的学术技能。他以自己熟悉的佛教哲学为例，指出，中国文化对佛教哲学存在着天然的亲近，佛教中的一些重要思想已经通过文化融合与本土化过程而深深进入中国人的文化思维当中。听讲师生认识到，当今世界比较看重物质，跨文化学则强调人类优秀精神文化共同体，这方面的成果需要推广和交流。

本届课程班重点讨论"跨文化学"的概念与性质。这是一个核心问题，不可能在一两年内得出结论，但它不是空的，没有来历的，没有立场的。自 20 世纪 60 年代巴赫金学说兴起后，西方同行就在转向整体性的文化研究，但西方研究总体上是以西方为中心的，中国的跨文化研究是非西方中心立场的。中国的跨文化学应该是一种中国学术文化传统深厚的、以占有充分实证资料为对象的、吸收世界其他优秀文化的、强调历史与现实继承性的整体研究，它应该有集"超越"与"互动"

的新视野。

本届课程班继续为学员免费提供由前来授课的中外专家撰写的"跨文化研究"配套教材，它们全部在中外学者讲稿的基础上补充修改而成，自 2016 年起，由中国大百科全书出版社、北京大学出版社、商务印书馆、中国人民大学出版社、中国社会科学出版社等陆续出版，法国巴黎友丰书店等联合出版，目前已出版 22 本，主要有：［法］汪德迈《中国思想文化研究》《中国思想的两种理性》，乐黛云《跨文化方法论初探》，乐黛云、陈越光主编《全球视野下的中国文化本位》等（全二册），陈越光《八十年代的中国文化书院》，王宁《汉字六论》，［法］金丝燕《文化转场：法国早期汉学视野》，［英］白馥兰《跨文化中国农学》，王邦维《跨文化的想象：文献、神话与历史》，王一川《跨文化艺术美学》，董晓萍《跨文化民间文艺学》《跨文化民俗学》《跨文化民俗志》《钟敬文与中国民俗学派》，［法］劳格文（John Lagerwey）《华南民俗志》。高质量的跨文化学教材是在中国开展跨文化学研究生教育的理论基础和学科建设保障。中华人民共和国国务院新闻办公室网站、《人民日报》《光明日报》《法制晚报》《中国教育报》《北京日报》《北京晚报》《科技日报》《现代教育报》和新华网等 40 余家主流新闻媒体予以报道，对跨文化学高端教育给予高度关注。

**1. 第二届跨文化学研究生国际课程班开幕式（2016.8.24）**

**Opening Ceremony of the Second International Workshop of Transcultural Studies on 24 August 2016**

图 14-1-1　北京师范大学第二届跨文化研究生国际课程班合影
Group photo of the Second International Workshop of Transcultural Studies.

图 14-1-2　北京师范大学副校长周作宇教授出席开幕式并在嘉宾签到簿签名
Vice president Zhou Zuoyu signs up in the guest attendance book.

图 14-1-3　汪德迈先生在嘉宾签到簿签名
Professor Léon Vandermeersch signs up in the guest attendance book.

图 14-1-4　周作宇副校长与联合国和平大使法宝博士握手
Vice president Zhou Zuoyu shakes hands with Dr. Dhannapala Tampalawela, UNESCO Ambassador of Peace.

图 14-1-5　周作宇副校长与金丝燕教授握手
Vice president Zhou Zuoyu shakes hands with professor Jin Siyan.

图 14-1-6　北京师范大学周作宇副校长、国际交流与合作处王秀梅处长、研究生院汪明副院长与中法授课专家会谈

Zhou Zuoyu, vice president of Beijing Normal University, Wang Xiumei, director of International Exchange and Cooperation Department, and Wang Ming, vice dean of Graduate School, have a meeting with Chinese and French lecturers.

图 14-1-7 周作宇副校长与联合国和平大使法宝博士出席开幕式

Vice president Zhou Zuoyu and Ambassador of Peace of UNESCO, Dhannapala Tampalawela attend the opening ceremony.

图 14-1-8 北京师范大学周作宇副校长致开幕辞

Opening speech of vice president Zhou Zuoyu.

图 14-1-9 北京师范大学民俗典籍文字研究中心主任李国英教授主持开幕式

Professor Li Guoying, director of Center of Research for Chinese Folklore and Ancient Writing at BNU, the key research base of humanities and social sciences under the Education Minister, PRC hosts the opening ceremony.

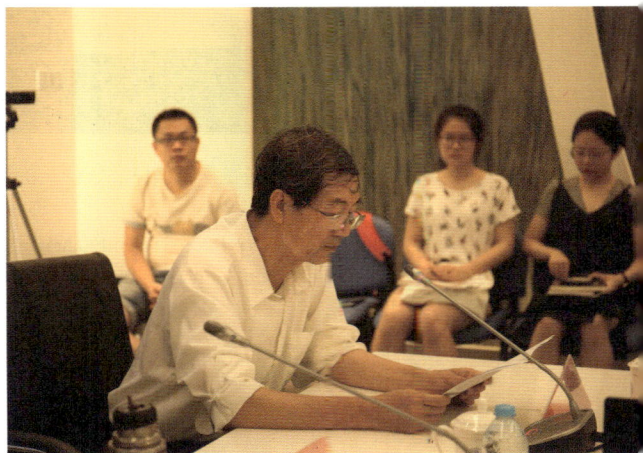

## 2. 北京师范大学向为中国跨文化学建设做出杰出贡献的欧洲汉学家颁发名誉职衔

### Beijing Normal University Presents Honorary Titles to European Sinologists Who Have Made Outstanding Contributions to the Construction of Transcultural Studies in China

❧❧❧

### 2.1 北京师范大学向法国汉学家白乐桑（Joël Bellassen）教授颁发 "客座教授"证书（2016.8.24）

Beijing Normal University Issues the Certificate of the "Guest Professor" to French Sinologist, professor Joël Bellassen on 24 Aug.2016.

图 14-2-1.1　北京师范大学国际交流与合作处王秀梅处长主持白乐桑教授授衔仪式

Wang Xiumei, director of International Exchange and Cooperation Department Office of Beijing Normal University, hosts the conferral ceremony of professor Joël Bellassen.

图 14-2-1.2　李国英教授在授衔仪式上发言
Speech of professor Li Guoying at the awarding ceremony.

图 14-2-1.3　周作宇副校长向白乐桑教授颁发北师大"客座教授"证书与北师大纪念品
Vice president Zhou Zuoyu issues the certificate of the "Guest Professor" and the University Souvenir to professor Joël Bellassen on behalf of Beijing Normal University.

## 2.2 北京师范大学向英国汉学家白馥兰（Francesca Bray）教授颁发"荣誉教授"证书（2016.11.11）

Beijing Normal University Issues the Certificate of the "Honorary Professor" to the British Sinologist, Professor Francesca Bray on 11 Nov.2016.

图 14-2-2.1 北京师范大学校长办公室授衔仪式现场

Scene of the awarding ceremony at the President's Office of Beijing Normal University.

图 14-2-2.2 周作宇副校长代表北京师范大学向白馥兰教授颁发"荣誉教授"证书
Vice president Zhou Zuoyu issues the certificate of the "Honorary Professor" on behalf of Beijing Normal University to professor Francesca Bray.

图 14-2-2.3 周作宇副校长与白馥兰教授和董晓萍教授交谈
Vice president Zhou Zuoyu is talking with professor Francesca Bray and professor Dong Xiaoping.

图 14-2-2.4 周作宇副校长与白馥兰教授合影
Vice president Zhou Zuoyu takes photo with professor Francesca Bray.

## 3. 法宝博士《关于佛教中克服我执的哲学思辨》
### （2016.8.24 上午）

Dr.Dhannapala Tampalawela Delivers the Lecture "Philosophical Reflections on Overcoming Self-concept in Buddhism" on the Morning of 24 Aug.2016

图 14-3-1　法宝博士授课
Dr.Dhannapala Tampalawela is lecturing.

图 14-3-2　李国英教授主持
Professor Li Guoying hosts the lecture.

图 14-3-3 金丝燕教授翻译
Professor Jin Siyan interprets the lecture from French to Chinese.

图 14-3-4 北京师范大学文学院副院长齐元涛教授、河南大学吴效群教授和新疆师范大学古丽巴哈尔副教授听讲
Qi Yuantao, professor and vice director of School of Chinese Languages and Literature, BNU. Professor Wu Xiaoqun of Henan University and assistant professor Gulibahar Hujixi of Xinjiang Normal University listen to the lecture.

图 14-3-5 法宝博士为学员签名赠书
Dr.Dhannapala Tampalawela signs the books for the students.

图 14-3-6　李国英教授、法宝博士、董晓萍教授和金丝燕教授合影
Group photo of professor Li Guoying, Dr.Dhannapala Tampalawela, professor Dong Xiaoping and professor Jin Siyan.

图 14-3-7　法宝博士与部分听讲师生合影
Dr.Dhannapala Tampalawela with some of the students and teachers listening to the lecture.

# 4. 汪德迈先生主讲《儒学与宗教》（2016.8.24 下午）

## Professor Léon Vandermeersch Delivers the Lecture "Confucianism and Religion" on the Afternoon of 24 Aug.2016

图 14-4-1　汪德迈先生主讲
Professor Léon Vandermeersch is lecturing.

图 14-4-2　金丝燕教授主持
Professor Jin Siyan hosts the lecture.

图 14-4-3　北京师范大学文学院励耘学术报告厅会场
Scene of the classroom at Liyun academic lecture hall, School of Chinese Languages and Literature of BNU.

图 14-4-4　法宝博士和董晓萍教授出席讲座
Attendance of Dr.Dhannapala Tampalawela and professor Dong Xiaoping at the lecture.

图 14-4-5　汪德迈先生与部分听讲师生合影

Professor Léon Vandermeersch takes photo with teachers and students among the audiences.

## 5. 金丝燕教授《艺术文化的转场：意大利文艺复兴绘画与中国星星画展的当代性观念》（2016.8.25 上午）

**Professor Jin Siyan Delivers the Lecture "Transcultural Arts: Contemporary Concepts of Italian Renaissance Painting and Chinese Star Painting Exhibition" on the Morning of 25 Aug.2016**

图 14-5-1　金丝燕教授主讲，汪德迈先生出席

Professor Jin Siyan is lecturing and professor Léon Vandermeersch attends the lecture.

图 14-5-2　董晓萍教授主持，法宝博士出席
Professor Dong Xiaoping hosts the lecture and Dr.Dhannapala Tampalawela attends the lecture.

图 14-5-3　汪德迈先生、法宝博士、金丝燕教授、董晓萍教授合影
Group photo of professor Léon Vandermeersch, Dr.Dhannapala Tampalawela, professor Jin Siyan and professor Dong Xiaoping.

## 6. 尾崎文昭（Ozaki Fumiaki）教授《中国现当代文学在日本》（2016.8.25 下午）

Professor Ozaki Fumiaki Delivers the Lecture "Modern and Contemporary Chinese Literature in Japan" on the Afternoon of 25 Aug.2016

图 14-6-1　尾崎文昭教授主讲

Professor Ozaki Fumiaki is lecturing.

图 14-6-2　北京师范大学文学院励耘学术报告厅现场
Scene of the classroom at Liyun academic lecture hall, School of Chinese Languages and Literature of BNU.

图 14-6-3　尾崎文昭教授与部分听讲师生合影
Group photo of professor Ozaki Fumiaki with Chinese teachers and students.

## 7. 白乐桑教授《对外汉语在法国与中国：换位思考重新审视一路交汇的历程》（2016.8.26 下午）

Professor Joël Bellassen Delivers the Lecture "Teaching Chinese as a Foreign Language in France and China: Transpositional Consideration of the Process of the Intersection" on the Afternoon of 26 Aug.2016

图 14-7-1　白乐桑教授主讲
Professor Joël Bellassen is lecturing.

图 14-7-2　汪德迈先生、白乐桑教授、董晓萍教授在"跨文化学研究生国际课程班"会标前合影

Professor Léon Vandermeersch takes photo with professor Joël Bellassen and professor Dong Xiaoping in front of the logo of "International Workshop of Transcultural Studies".

图 14-7-3　中外师生在"跨文化学研究生国际课程班"会标前合影

Chinese and foreign teachers and students take photo together in front of the logo of "International Workshop of Transcultural Studies".

## 8. 王宁教授《跨文化的汉语教学》与"中西汉字汉语教学的对话交流"座谈会（2016.8.26晚）

Professor Wang Ning's "Teaching Chinese as a Foreign Language Across Cultures" and Symposium on "Dialogue and Exchanges on Teaching Chinese as a Foreign Language" on the Evening of 26 Aug.2016

图 14-8-1　王宁教授主讲，齐元涛教授主持，李国英教授出席
Lectured by professor Wang Ning, moderated by professor Qi Yuantao, attended by professor Li Guoying.

图 14-8-2　王宁教授、白乐桑教授、金丝燕交流中西汉语教学
Talking by professor Wang Ning, professor Joël Bellassen and professor Jin Siyan about the differences of Chinese Teaching in China and the West.

# 9. 金丝燕教授《早期法国汉学期待视野研究》（2016.8.27 上午）

## Professor Jin Siyan Delivers the Lecture "On the Expectations of Early French Sinology" on the Morning of 27 Aug.2016

图 14-9-1　金丝燕教授主讲

Professor Jin Siyan is lecturing.

图 14-9-2　白乐桑教授主持

Professor Joël Bellassen hosts the lecture.

# 10. 董晓萍教授《跨文化的"天鹅"：敦煌学与中国故事学》（2016.8.27 下午）

**Professor Dong Xiaoping Delivers the Lecture "Transcultural 'Swans': On Ancient Writing of Dunhuang Caves and Chinese Storytelling Notes" on the Afternoon of 27 Aug.2016**

图 14-10-1　董晓萍教授主讲

Professor Dong Xiaoping is lecturing.

图 14-10-2　金丝燕教授主持
Professor Jin Siyan hosts the lecture.

图 14-10-3　汪德迈先生出席
Professor Léon Vandermeersch attends the lecture.

图 14-10-4　汪德迈先生、白乐桑教授与董晓萍教授讨论
Discussion between professor Léon Vandermeersch, professor Joël Bellassen and professor Dong Xiaoping.

图 14-10-5　董晓萍教授与部分听讲师生合影
Group photo of professor Dong Xiaoping with some teachers and students listening to the lecture.

# 11. 尾崎文昭教授《竹内好与他的鲁迅思想研究》
## （2016.8.28 上午）

Professor Ozaki Fumiaki Delivers the Lecture "Takeuchi Yoshimi and His Study of Lu Xun Thoughts" on the Morning of 28 Aug.2016

图 14-11-1 尾崎文昭教授主讲
Professor Ozaki Fumiaki is lecturing.

图 14-11-2 白乐桑教授与金丝燕教授共同主持 Professor Joël Bellassen and professor Jin Siyan co-hosts lecture of professor Ozaki Fumiaki.

图 14-11-3 白乐桑教授、金丝燕教授与尾崎文昭教授讨论 Discussion between professor Joël Bellassen, professor Jin Siyan and professor Ozaki Fumiaki.

图 14-11-4 尾崎文昭教授与董晓萍教授课后交流 Professor Ozaki Fumiaki talks with professor Dong Xiaoping after class.

## 12. 李国英教授《中国传统语言文字学的基本理论与方法》
### （2016.8.28 下午）

**Professor Li Guoying Delivers the Lecture "Basic Theories and Methods of Traditional Chinese Language and Characters" on Afternoon of 28 Aug.2016**

图 14–12–1　李国英教授主讲

Professor Li Guoying is lecturing.

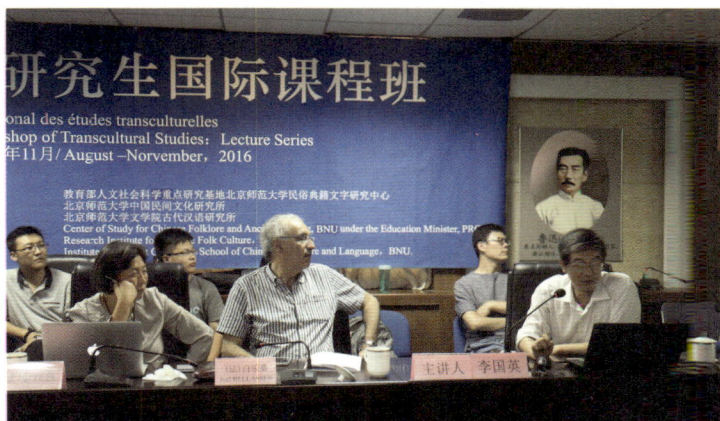

图 14–12–2　白乐桑教授与金丝燕教授出席

Professor Joël Bellassen and professor Jin Siyan attend the lecture.

## 13. 汪德迈先生《儒学与思辨的语言》（2016.8.29 上午）

### Professor Léon Vandermeersch Delivers the Lecture "Confucianism and the Language of Discernment" on the Morning of 29 Aug.2016

图 14-13-1　汪德迈先生主讲《儒学与思辨的语言》
Professor Léon Vandermeersch is lecturing.

图 14-13-2 金丝燕教授主持
Professor Jin Siyan hosts the lecture.

图 14-13-3 汪德迈先生与乐黛云教授交谈
Professor Léon Vandermeersch talks with professor Yue Daiyun.

## 14. 乐黛云教授《跨文化学原理——复杂性思维》与 "跨文化学与高校传统文科国际化" 中外师生对话与结业会 （2016.8.29 下午 -2016.8.30）

Professor Yue Daiyun Delivers the Lecture "The Principle of Transcultural Studies: Complexity Thinking" and Closing Ceremony with a Dialogue between Chinese and Foreign Professors and Students on the Topic "Transcultural Studies and Traditional Liberal Arts Study Opening to World in the Universities" on the Afternoon of 29-30 Aug.2016

图 14-14-1　乐黛云教授主讲
Professor Yue Daiyun is lecturing.

图 14-14-2 尾崎文昭教授主持
Professor Ozaki Fumiaki hosts the lecture.

图 14-14-3 中外教授合影（汪德迈、白乐桑、乐黛云、王宁、尾崎文昭夫妇，金丝燕、董晓萍）
Group photo of Chinese and foreign professors (Léon Vandermeersch, Joël Bellassen, Yue Daiyun, Wang Ning, Ozaki Fumiaki and his wife, Jin Siyan and Dong Xiaoping).

图 14-14-4　李国英教授主持结业典礼
Professor Li Guoying hosts the closing ceremony.

图 14-14-5　汪德迈先生为学员颁发结业证书
Professor Léon Vandermeersch issues the certificate of completion to students.

图 14-14-6　白乐桑教授为学员颁发证书
Professor Joël Bellassen issues the certificate of completion to students.

图 14-14-7 全
丝燕教授为学员
颁发结业证书
Professor Jin
Siyan issues the
certificate of
completion to
students.

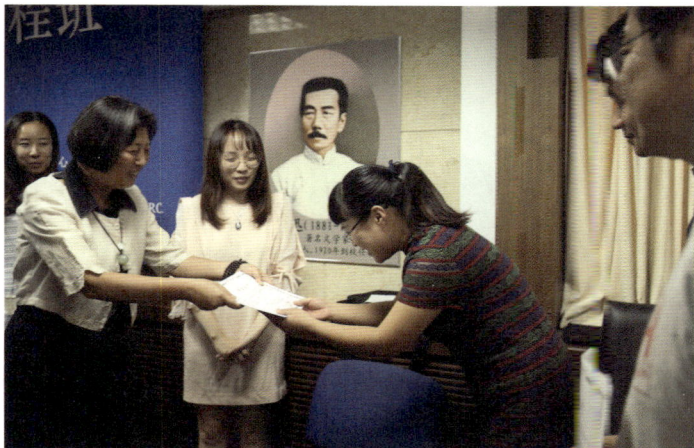

图 14-14-8 尾
崎文昭教授为优
秀学员颁奖
Professor Ozaki
Fumiaki issues
the certificate of
completion to
students.

图 14-14-9 白
乐桑教授与获
奖学员合影
Professor Joël
Bellassen takes a
group photo with
the award-winning
students.

图 14-14-10　浙江大学林玮副教授代表优秀学员发言

Associate professor Lin Wei of Zhejiang University delivers a speech on behalf of the outstanding students.

图 14-14-11　汪德迈先生向全体学员寄语

Professor Léon Vandermeersch expresses the good wishes to all the students.

图 14-14-12　王宁教授向全体学员寄语

Professor Wang Ning expresses the good wishes to all the students.

图 14 14 13 中外师资团队与学员合影留念

Chinese and foreign professors take photo with students.

图 14-14-14　中外师资团队与学员合影留念（全景镜头）
Group photo of Chinese and foreign professors and students.

………… 跨文化的一颗星：汪德迈

## 15. 白乐桑教授《文化场与语言政策——以法国汉语教育为例》（2016.9.5 下午）

### Professor Joël Bellassen Delivers the Lecture "Cultural Space and Language Policy: Take Example of Chinese Language Education in France" on the Afternoon of 5 Sept.2016

图 14-15-1　白乐桑教授主讲，汪德迈先生与金丝燕教授出席

Professor Joël Bellassen is lecturing, professor Léon Vandermeersch and professor Jin Siyan attend.

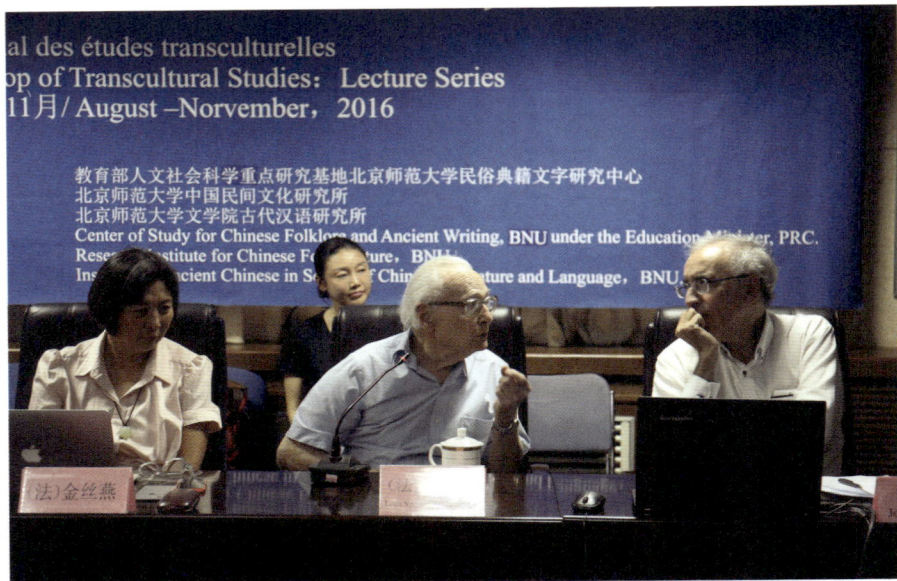

图 14-15-2 汪德迈先生与白乐桑教授、金丝燕教授讨论

Professor Léon Vandermeersch discusses with professor Joël Bellassen and professor Jin Siyan.

图 14-15-3 宋继华教授与白乐桑教授交流

Professor Song Jihua communicates with professor Joël Bellassen.

图 14-15-4 白乐桑教授与听讲师生合影之一
Professor Joël Bellassen takes photo with teachers and students(1).

图 14-15-5 白乐桑教授与听讲师生合影之二
Professor Joël Bellassen takes photo with teachers and students(2).

# 16. 乐黛云教授《跨文化学原理：差别与间距》
## （2016.9.6 上午）

Professor Yue Daiyun Delivers the Lecture "The Principle of
Transcultural Studies: Differences and Distances" on the Morning of

6 Sept.2016

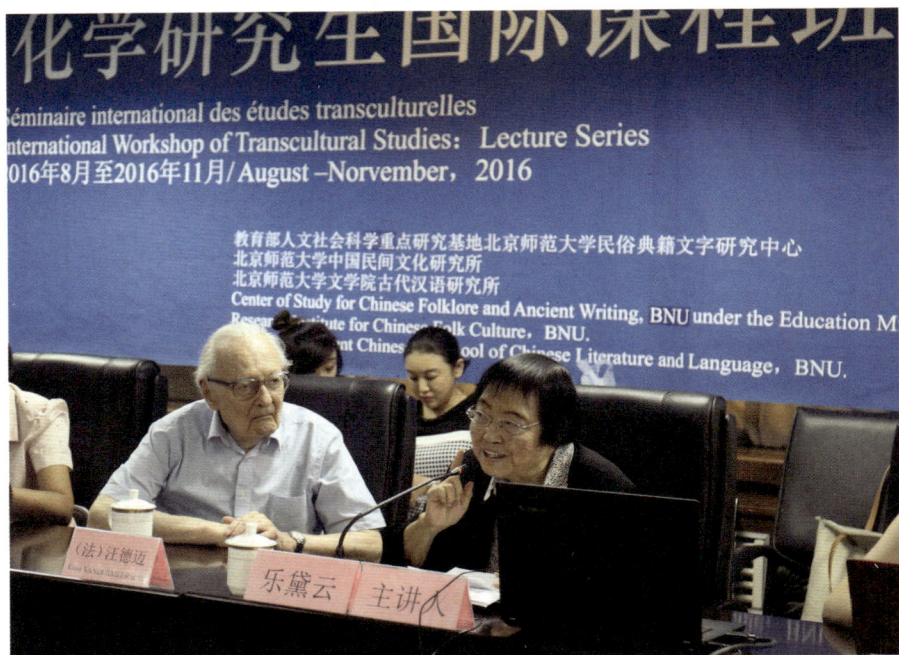

图 14-16-1　乐黛云教授主讲
Professor Yue Daiyun is lecturing.

图 14-16-2 金丝燕教授主持 Professor Jin Siyan hosts the lecture.

图 14-16-3 汪德迈先生、白乐桑教授出席讲座 Professor Léon Vandermeersch and professor Joël Bellassen attend the lecture.

图 14-16-4 乐黛云教授与汪德迈先生课间交流 Professor Yue Daiyun communicates with professor Léon Vandermeersch.

图 14-16-5　董晓萍教授讲评
Professor Dong Xiaoping comments.

图 14-16-6　乐黛云教授与部分师生合影
Professor Yue Daiyun takes photo with some teachers and students among the audiences.

# 17. 王一川教授《兴味蕴藉：中国艺术品的本土美质》
## （2016.9.6 下午）

**Professor Wang Yichuan Delivers the Lecture "the Native Aesthetic Nature of Chinese Works of Art" on the Afternoon of 6 Sept.2016**

图 14-17-1 王一川教授主讲
Professor Wang Yichuan is lecturing.

图 14-17-2　董晓萍教授主持
Professor Dong Xiaoping hosts the lecture.

图 14-17-3　汪德迈先生、金丝燕教授、白乐桑教授出席讲座
Professor Léon Vandermeersch, professor Jin Siyan and professor Joël Bellassen attend the lecture.

图 14-17-4 金
丝燕教授评议
Professor Jin
Siyan comments.

图 14-17-5 汪
德迈先生、金丝
燕教授、白乐桑
教授与王一川教
授课间交流
Professor Léon
Vandermeersch,
professor Jin Siyan
and professor
Joël Bellassen
communicate with
professor Wang
Yichuan during
the break time of
lecture.

图 14-17-6 王
一川教授与白
乐桑教授课后
讨论
Professor Wang
Yichuan discusses
with professor
Joël Bellassen
after class.

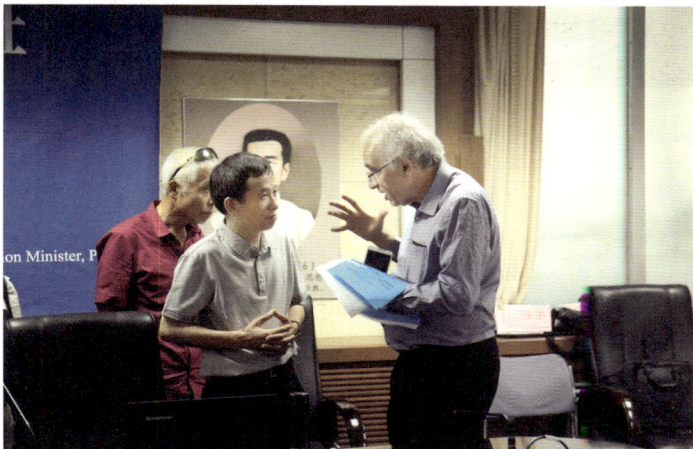

## 18. 金丝燕教授《文化转场：法国古汉语教本研究》
## （2016.9.7 上午）

**Professor Jin Siyan Delivers the Lecture "Cultural Transfers: a Study of Ancient Chinese Language Textbooks in France" on the Morning of 7 Sept.2016**

图 14-18-1　金丝燕教授主讲
Professor Jin Siyan is lecturing.

图 14-18-2　董晓萍教授主持，王宁教授出席

Professor Dong Xiaoping hosts the lecture and professor Wang Ning attends.

图 14-18-3　汪德迈先生评议

Professor Léon Vandermeersch comments.

图 14-18-4　白乐桑教授评议
Professor Joël Bellassen comments.

图 14-18-5　王宁教授评议
Professor Wang Ning comments.

# 19. 白乐桑教授《个案研究——以对外汉语教育为例》
## （2016.9.8 下午）

Professor Joël Bellassen Delivers the Lecture "A Case Study: Take an Example of the Education of Chinese Teaching as a Foreign Language" on the Afternoon of 8 Sept.2016

图 14-19-1　白乐桑教授主讲

Professor Joël Bellassen is lecturing.

图 14–19–2　王宁教授评议
Professor Wang Ning comments.

图 14–19–3　汪德迈先生评议
Professor Léon Vandermeersch comments.

图 14–19–4　李国英教授评议
Professor Li Guoying comments.

图 14-19-5　中外教授合影（前排左起：王宁、汪德迈、白乐桑，后排三起：金丝燕、董晓萍、李国英、王立军）

Group photo of Chinese and foreign professors (first from left in the front row: Wang Ning, Léon Vandermeersch, Joël Bellassen; first from left in the back row: Jin Siyan, Dong Xiaoping, Li Guoying and Wang Lijun).

图 14-19-6　白乐桑教授与听讲师生合影

Professor Joël Bellassen takes photo with teachers and students.

## 20. 汪德迈先生《儒学与社会：儒士主义》与王宁教授《"小学"与经史的传播》（2016.9.9 下午）

Professor Léon Vandermeersch Delivers the Lecture "Confucianism and Society: Confucianism" and Professor Wang Ning Delivers the Lecture "'Primary Schools' and the Dissemination of Confucianism and History" on the Afternoon of 9 Sept.2016

图 14-20-1　汪德迈先生主讲

Professor Léon Vandermeersch is lecturing.

图 14-20-2　董晓萍教授主持

Professor Dong Xiaoping hosts the lecture.

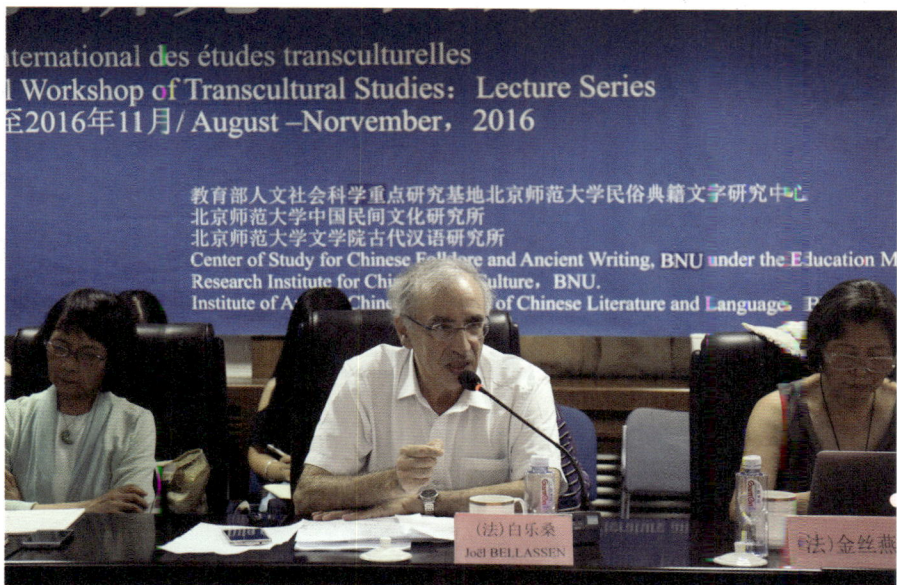

图 14-20-3　白乐桑教授评议

Professor Joël Bellassen comments.

图 14-20-4　北师大文学院励耘学术报告厅会场
Scene of the classroom at Liyun academic lecture hall,
School of Chinese Languages and Literature of BNU.

图 14-20-5　金丝燕教授评议
Professor Jin Siyan comments.

图 14-20-6　日本政法大学王敏教授评议
Professor Wang Min of University of Political
Science and Law in Japan comments.

图 14-20-7　李国英教授评议
Professor Li Guoying comments.

图 14-20-8　王立军教授评议
Professor Wang Lijun comments.

图 14-20-9　汪德迈先
生与王宁教授合影
Professor Léon
Vandermeersch takes photo
with professor Wang Ning.

图 14-20-10 中国学者在陆宗达先生像前合影（左起：白乐桑、李国英 汪德迈、王宁、王立军、齐元涛）

Group photo of Chinese and foreign professors before the portrait of Professor Lu Zongda (from left: Joël Bellassen, Li Guoying, Léon Vandermeersch, Wang Ning, Wang Lijun and Qi Yuantao).

图 14-20-11 汪德迈先生、王宁教授与部分听课师生合影

Professor Léon Vandermeersch and professor Wang Ning takes photo with teachers and students.

# 21. 尾崎文昭教授《日本的中国现当代文学研究与传统汉学》
## （2016.9.10 下午）

### Professor Ozaki Fumiaki Delivers the Lecture "Study of Modern and Contemporary Chinese Literature and Traditional Sinology in Japan" on the Afternoon of 10 Sept.2016

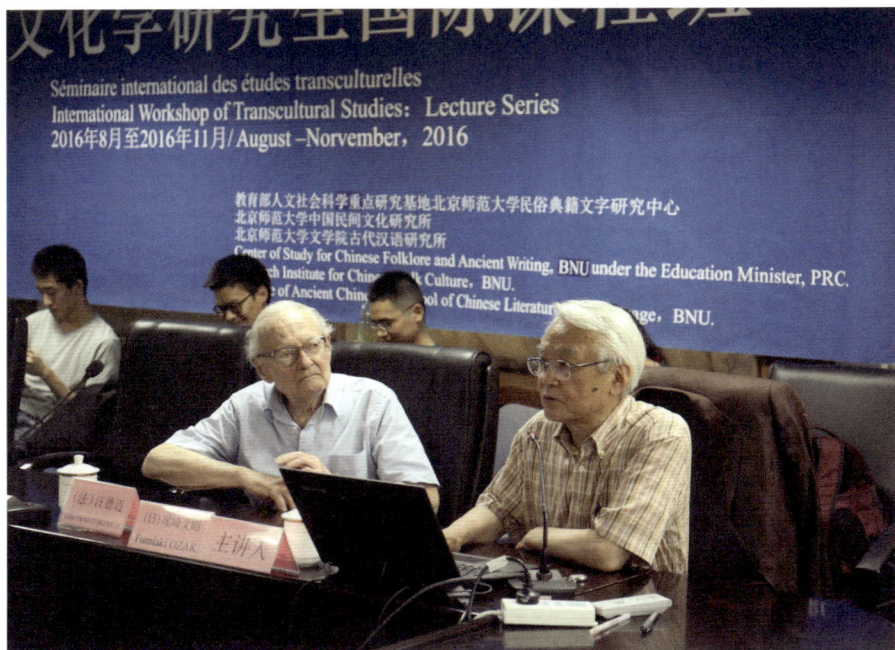

图 14-21-1　尾崎文昭教授主讲
Professor Ozaki Fumiaki is lecturing.

图 14-21-2 汪德迈先生、白乐桑教授出席讲座

Professor Léon Vandermeersch and professor Joël Bellassen come to the lecture.

图 14-21-3 汪德迈先生与白乐桑教授课后交流

Professor Léon Vandermeersch and professor Joël Bellassen communicate after class.

# 22. 王邦维教授中印佛教交流史研究系列

## Research Series on the History of Sino-Indian Buddhist Exchanges by Professor Wang Bangwei

## 22.1 王邦维教授《譬喻师与佛典中譬喻的运用》（2016.11.1 下午）

Professor Wang Bangwei Delivers the Lecture "The Dārṣṭāntikas and Story Telling in Buddhist Literature" on the Afternoon of 1 Nov.2016.

图 14-22-1.1　王邦维教授主讲

Professor Wang Bangwei is lecturing.

图 14-22-1.2　董晓萍教授主持
Professor Dong Xiaoping hosts the lecture.

图 14-22-1.3　北师大博士研究生何津提问
Ph.D.student He Jin asks questions.

## 22.2 王邦维教授《"西化"还是"中国化"——从佛教史看中外文化的交流与互动》（2016.11.3 下午）

Professor Wang Bangwei Delivers the Lecture "'Westernization' or 'Sinicization': the Exchange and Interaction between Chinese and Foreign Cultures from the History of Buddhism" on the Afternoon of 3 Nov.2016.

图 14-22-2.1  王邦维教授主讲
Professor Wang Bangwei is lecturing.

图 14-22-2.2　董晓萍教授主持
Professor Dong Xiaoping hosts the lecture.

图 14-22-2.3　王邦维教授与听课师生合影
Professor Wang Bangwei takes photo with teachers and students among the audiences.

## 23. 白馥兰（Francesca Bray）教授跨文化技术史研究系列

### Professor Francesca Bray Delivers the Lectures on Research Series of History of Transcultural Technology

23.1 白馥兰教授《导言：技术作为一种文化》（2016.10.28 晚）

Professor Francesca Bray Delivers the Lecture "Introduction: Technology as Culture" on the Evening of 28 Oct.2016.

图 14-23-1.1 拥挤的教室
Crowded classroom.

图 14-23-1.2 白馥兰教授主讲，董晓萍教授主持
Professor Francesca Bray is lecturing and professor Dong Xiaoping hosts the lecture.

图 14-23-1.3 白馥兰教授与来自北京师范大学、清华大学、北京大学、中国科学院大学等听课师生合影
Group photo of professor Francesca Bray with teachers and students from Beijing Normal University, Tsinghua University, Peking University, and the University of the Chinese Academy of Sciences, etc.

## 23.2 白馥兰教授《第一节 房屋作为一生活机器》（2016.10.31 下午）

Professor Francesca Bray Delivers the Lecture 1 "The House as a Living Machine" on the Afternoon of 31 Oct.2016.

图 14-23-2.1　白馥兰教授主讲，董晓萍教授翻译，研究生提问

Professor Francesca Bray is lecturing while professor Dong Xiaoping is interpreting from English to Chinese, a graduate student asks questions.

图 14-23-3.1 白馥兰教授主讲，董晓萍教授翻译
Professor Francesca Bray is lecturing while professor Dong Xiaoping is interpreting from English to Chinese.

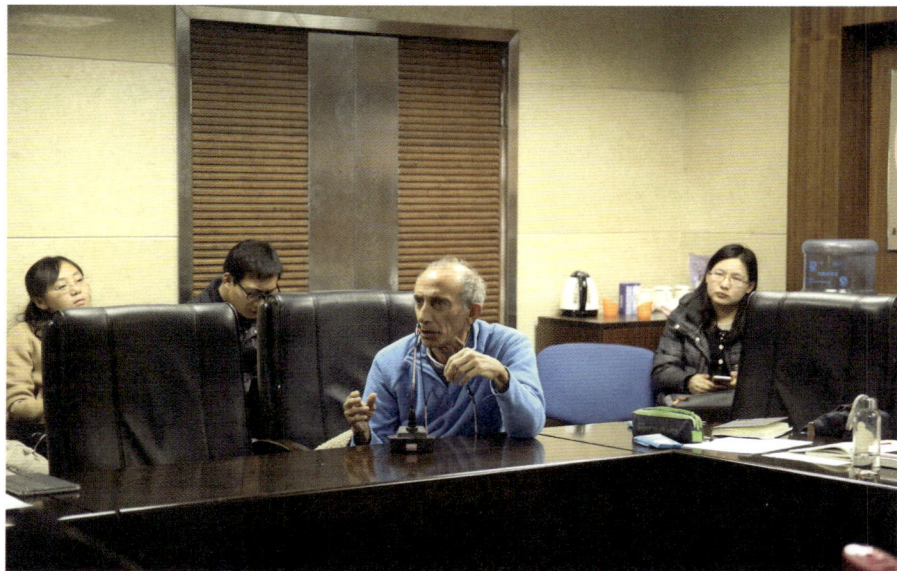

图 14-23-3.2  意大利学者提问
An Italian scholar raises questions.

图 14-23-3.3  回国留学生提问
Returning overseas students ask questions.

## 23.4 白馥兰教授《第三节 清洁与卫生》（2016.11.4 晚）

Professor Francesca Bray Delivers the Lecture 3 "Cleanliness and Hygiene" on the Evening of 4 Nov.2016.

图 14-23-4.1　白馥兰教授主讲

Professor Francesca Bray is lecturing.

图 14-23-4.2 科技史专业的博士研究生提问
Questions from Ph.D.students in the History of Science and Technology.

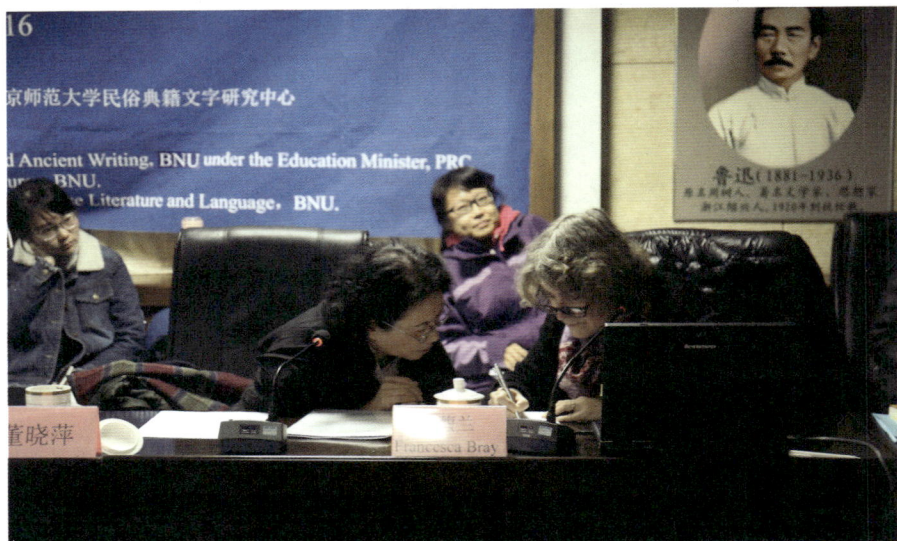

图 14-23-4.3 中国青年学者的反馈让白馥兰教授很感兴趣，与董晓萍教授讨论回答方式
Professor Francesca Bray is interested in the feedback of young Chinese scholars and discusses with professor Dong Xiaoping about the way of answering.

23.5 白馥兰教授《第四节 工艺与技术：中印比较》（2016.11.7 下午）

Professor Francesca Bray Delivers the Lecture 4 "Craft and Technology: a Comparison between China and India" on the Afternoon of 7 Nov.2016.

图 14-23-5.1　听课现场

Scene of the classroom at Liyun academic lecture hall, School of Chinese Languages and Literature of BNU.

图 14-23-5.2 北京理工大学博士研究生提问
Questions from Ph.D.students from Beijing Institute of Technology.

图 14-23-5.3 白馥兰教授与董晓萍教授交流
Professor Francesca Bray communicates with professor Dong Xiaoping.

第 15 章

# 第三届 跨文化学研究生国际课程班
# （2017）

Chapter Fifteen

Third International Workshop of Transcultural Studies
on 31 August-21 September 2017

# 跨文化能力是新的时代精英最重要的能力之一

## Transcultural Competence is one of the Critical Competences of Elites in the New Era

陈越光（Chen Yueguang）

刚才董晓萍院长介绍了敦和基金会资助了我们这个跨文化学研究生国际课程，我就先说一下敦和基金会。我们是一个资助型基金会，我们不向社会募集资金，我们一般也不直接发起和操作项目，我们用自己的资金来支持社会的文化、公益慈善项目。作为资助型基金会，在操守上我们对自己有一个定位，叫做"做求道者的同道，做步行者的陪伴，做探索者的后援"。你们是求道者，我们只是希望我们有资格在追求真理的道路上成为你们的同道者；你们是步行者，跨文化要走漫长的路，我们希望在其中至少有一段路，我们陪伴着你们，使一个步行者不显得那么孤独；你们是探索者，我们希望做一个探索者的后援，一个探险队员背后总要有些工作人员、支援人员来做后勤保障的事情，这是我想表达的第一个意思。

我再讲第二个意思，当今这个时代，或者说往后以百年跨度的时间来看，新的时代精英最重要的能力特征是什么？

从事跨文化研究，尤其金丝燕教授这样的学者，一定熟悉法兰西文学中的一部经典著作，对中国20世纪的年轻人影响也很大，就是司汤达的《红与黑》。红色与黑色，是拿破仑军装的颜色和教士道袍的颜色。作者用这个书名，就有一种寓意，也许是表达在那个时代——法兰西大革命和拿破仑后的时代，这个时代的精英，要么投身军队，要么献身教会，这是讲职业。如果我们把职业中间的要素抽出来，说当今时代的精英最重要的能力是什么？我们就要看这个时代最根本的特征是什么。在从现在往后一两百年的时间里，这个时代最大的特征，就是人类命运的共同体已经出现。这不是谁的美好愿望，这是现实。先不说经济全球化，你们看，核污染有国界吗？恐怖主义有国界吗？PM$_{2.5}$跑过来跑出去需要签证吗？都不需要。无论是灾害，还是应对灾害；无论是经济发展，还是财富掠夺；无论是科学探索，还是技术灾难：我们都面临一个全球化的时代。在这样的时代，全人类是命运共同体。但是人类自己对这个共同体的认识还没有出现，人类还没有"知天命"啊！怎么样"知天命"？需要站在自身文化的主体中，能够理解他者；需要在他者的目光中，能够认识自己的足迹。这就是一个跨文化的视野，跨文化的情怀，与跨文化的意志力。我想，你们在从事这些开创性的工作，你们是在人类走向成熟、走向"知天命"的这个时代中，走在最前面的一部分人。在这个意义上来说，我们这样一个小小的基金会，能够参与到对最前沿探索者的支持工作中，对我来说，倍感荣幸。

# 跨文化学研究的框架、问题与方法

## The Framework, Questions and Methodology of Transcultural Studies

董晓萍（Dong Xiaoping）

2017 年北京师范大学跨文化学研究生国际课程班，经北京师范大学研究生院批准，由北京师范大学跨文化研究院、教育部人文社会科学重点研究基地北京师范大学民俗典籍文字研究中心和中国科学院自然科学史研究所合作举办，于 2017 年 8 月 31 日至 9 月 21 日，历时 22 天，面向中国传统文化研究领域的特色学科民俗学、传统语言文字学，以及相关学科比较文学、文艺学、艺术学、社会学、哲学、历史学和中国科技史学等，建设跨文化学平台课程，培养具有中国文化深厚学养和较高国际对话能力的跨文化研究生人才。

本次国际课程班的主题是"文本、主体性与多元"，此题目得到广泛的响应。本年度学员报名数量和院校分布超过往年的 3 倍，共 49 个院校，29 个专业，分布 7 个国家，点击量逾 2200 人次。正式录取学员 125 人，包括教授和副教授 19 人，自愿旁听学员远高于这个数字，累计听课人数达 2303 人次，超过以往两届听课人数与旁听人数的总和。这表明跨文化学的被关注度和向心力迅速增长。

本届课程班由中外高校一流学者 17 人组成教学阵容，共 28 讲，84 学时。分"跨文化学原理""跨文化国学（含传统语言文字学）""跨文化民俗学"和"跨多语种文学"四部分，另外，比起以往两届课程，本届增加了"跨文化社会"和"跨文化俄罗斯与东欧国家文学"两个新分支。主要师资与课程名称有：法兰西学院院士冉刻（Michel Zink）《中世纪文学与艺术：一种新的自我意识》，法兰西公学教授孔博恩（Antoine Compagnon）《抵抗诠释》，联合国和平大使法宝博士（Dhannapala Tampalawela）《早期佛教中的我与非我》和《佛学在法国的接受（16世纪至 19 世纪）》，北京大学博雅教授王邦维《譬喻经、譬喻文学与譬喻师：文本怎么创造与传承？》，北京师范大学资深教授王宁《语言文字与文本释读》、法国高等社会科学研究院教授汪德迈（Léon Vandermeersch）《所谓亚细亚生产方式与古代中国社会生产方式的真正特殊性》和《欧洲历史上两次宗教性革命与中国历史上两次文化革命》，法国阿尔多瓦大学教授金丝燕《早期佛经汉译与中古汉语构成研究》《中国新诗学中的法国因素》和《文化转场个案研究：常玉、米肖、熊秉明的期待视野》，爱沙尼亚塔尔图大学教授于鲁·瓦尔克（Ülo Valk）《从爱沙尼亚民俗学的角度研究宗教：概念与流派》和《研究鬼故事的理论与方法》，清华大学教授李强《跨文化背景下的城市化与城市研究》、北京师范大学教授董晓萍《民俗叙事与史诗故事群》《民俗叙事与佛典文学》《民俗叙事与手工业知识》和《跨文化学与民俗学：框架、方法与特殊训练》，北京大学教授王一川《通句中国艺术心灵传统》，北京师范大学教授程正民《跨文化语境中的 20 世纪俄罗斯诗学》，北京师范大学教授李正荣《伟大的水道——古罗斯的文化选择》，俄罗斯国立人文大学教授易福成（Taras Victorovich Ivchenko）《跨文化〈孙子兵法〉研究》，法国高等实验学院教授劳格文（John Lagerwey）《中国传统社会的结构与动力》，中国科学院自然科学史研究员韩琦《从凡尔赛到紫禁城——康熙时代中国和法国的科学交流》，英国爱丁堡大学教授白馥兰（Francesca Bray）《导言：技术作为一种文化》《房屋作为一生活机器》《亲密性技术》《清洁与卫生》《工艺与技术：中印比较》。主要讨论的问题有：1）中国社会生产方式的特殊性；2）物质资本与非物质资本；3）文化转场；4）自我意识的意识；5）抵抗诠释；6）在物质与精神之间的研究空间；7）城市化进程的跨文化比较。

本届国际课程班强调全球化下的中国文化本位，要求学员具有一定的跨学科能力，掌握综合研究的方法。连日来的讲课内容涉及中国文学、外国文学、哲学、社会学、艺术学和中国科技史等六个一级学科，兼容中国现代文学、中国古代文学、法国中世纪文学、法国现代文学、东方文学、比较文学与世界文学、中国哲学、印度佛学、中印交流史、语言学、传统语言文字学、民俗学、欧洲民俗学、人类学、文艺学、艺术美学、历史学、自然科技史、对外汉语教学、国际汉语教育和图书情报学。以往的高等教育学科建设把学科分科过细，造成知识的断裂．跨文化学又将这种断裂衔接起来，大家通过学习看到，这种衔接不是人为的，而是各学科之间具有内在的跨越性．而这种跨越性需要心怀理想、放眼世界、扩大视野，并了解中国文化的博大精深，才能发现，并去追随。

跨文化学建设强调我国社会主义统一国家中的多民族跨文化和谐相处的历史经验，特邀西北地方院校代表参加教学，主要有：西北民族大学马忠才教授和热依汗古丽·依玛木副教授等，他们与全国各高校共同开展跨文化、跨民族"对话与交流"，收到很好的效果。

中外教授将个人几十年研究的集大成成果介绍给学员，在中西对话中，以讲义的形式，向中国研究生授课，将权威性的理论课程教学与中外一流学者"对话"风格的实际讲座相结合，培养已具备一定专业知识的研究生的国际对话能力，形成特殊的跨文化学精神财富。

经过 2015 年至 2017 年连续三年的建设．北京师范大学跨文化学国际课程班已形成以下特点：

1.跨文化学授课题目与"十三五"重大规划项目结合。国际课程班与科技部外国专家局海外学术大师引智项目结合，同时在合办单位之一——北京师范大学民俗典籍文字研究中心所承担的"十三五"重大规划项目"跨文化视野下的汉字、汉语与民俗文化研究"中同步实施。该重大项目包含五个课题，分布在跨文化学的五个构架主体部分：1）"跨文化学的理论和方法论"，此课题是该重大项目的总纲，由法国新一代汉学家金丝燕教授主持，北京大学乐黛云教授、文化哲学学者陈越光研究员、南京大学周宪教授、中山大学王宾教授等共同承担。2）"跨文化视野下的传统国学研究"，课题组由法国汉学家汪德迈教授、中国传统语言文字学家王宁教授、李国英教授等共同组成。3）"跨文化视野下的民俗文化研究"，董晓萍教授主持，课题组由北京大学王邦维教授、清华大学李强教授、英国爱丁堡大学白馥兰教授、法国巴黎高等实验学院劳格文教授等组成。另外两个子课题围绕跨文化视野下的文学研究进行攻关。

2.跨文化学理论建设与中华历史文明考察结合。

具体从三方面着手：1）组织中法学者联合考察中国历史文明遗址活动，敦和学术基金资助，中外学者将考察所获返回到北京师范大学的讲学中，传递跨文化治学和发展跨文化教育的认识。2）跨文化学建设强调我国社会主义统一国家中的多民族跨文化相处的历史经验，并在教学中总结多民族学者的研究方法。3）吸收外国来华留学生中的研究生进入课程班学习，本届外国研究生学员来自比利时、乌克兰、尼泊尔、韩国、越南和缅甸等欧亚国家，比起中国研究生，他们对跨语言交流更敏感，更加关注选择跨文化研究课题的必要性，更渴望在中外教授们的启发下找到个人研究的切入点。这些国际生源的加入，可以期待生成对外传播中国优秀传统文化的青年力量。

3. 吸收社会公益基金，探索新一代国际汉学家培养模式。高校创新学科建设和研究生国际化教育都需要较高水平的社会投入，跨文化学尤其如此。来此授课的中外一流专家的辉煌治学成就和使用多门语言工作的能力，非积数十年之力不可得，一般中青年学者是做不到的。他们的共性是德高望重，还有四位年逾八旬，在这种情况下，社会公益支持非常重要，是完成此役的必要条件，时任敦和基金会理事长的陈越光先生投入了相当一部分精力做现代公益学研究，敏锐而有魄力地支持新兴跨文化学的学科建设，创造了培养新型国际汉学家的高校与慈善机构混合构架模式。对跨文化学国际课程班来说，社会公益机构发挥的作用是不可替代的。

北京师范大学跨文化学研究生国际课程班与北京师范大学跨文化研究院几乎保持同步节奏，产生了积极的对外影响，一个直接体现是：在此期间，全球跨文化研究机构数据增加。仅从跨文化研究机构看，1995年至2015年共有30个，其中，国内22个，国外8个；但至2017年已有较大变化，新增跨文化研究机构24个，其中，国内新增20个，国外新增4个。

图 1　国内跨文化研究机构数量增长对比示意图
（2015—2017 年）

图 2　国外跨文化研究机构数量增长对比示意图
（2015—2017 年）

图 3　国内外跨文化研究机构增长综合对比示意图
（2015—2017 年）

　　将中外数据比较，国内跨文化研究机构的增加速度更快，而国外跨文化研究机构的涨幅更大。不好说这些变化都是北京师范大学跨文化学研究生国际课程班直接影响的结果，但至少有间接影响。

　　本届国际课程班继续强调全球化下的中国文化本位，要求学员具有一定的跨学科能力，掌握综合研究的方法。以往的高等教育学科建设把学科分科过细，造成知识的断裂，跨文化学又将这种断裂衔接起来，大家通过学习看到，这种衔接不是人为的，而是各学科之间具有内在的跨越性，而这种跨越性需要心怀理想、放眼世界、扩大视野，并了解中国文化的博大精深，才能发现，并去追随。

## 1. 跨文化学研究生国际课程班开幕式

### Opening Ceremony of the Third International Workshop of Transcultural Studies

1.1 跨文化学研究生国际课程班中外教授与研究生学员合影（2017.9.4）

Group photo of Chinese and foreign scholars and students home and abroad on 4 Sept. 2017.

## 1.2 中国文化书院副院长陈越光先生与中外教授和研究生交流（2017.9.11）

Vice president of Chen Yueguang communicates with the Chinese and foreign professors and students on 11 Sept.2017.

图 15-1-2.1　陈越光先生讲话

Speech of Mr.Chen Yueguang.

图 15-1-2.2　现场听讲的中外教授

The Chinese and foreign professors listen to the lectures in the classroom.

图 15-1-2.3　现场听讲的研究生同学
The graduate students listen to the lectures in the classroom.

图 15-1-2.4　陈越光先生与金丝燕教授和董晓萍教授合影
Mr.Chen Yueguang takes photo with professor Jin Siyan and professor Dong Xiaoping.

## 2. 汪德迈先生抵达北京师范大学（2017.8.30）

### Professor Léon Vandermeersch Arrived at Beijing Normal University on 30 Aug.2017

图 15-2-1　汪德迈先生下飞机后步入北京国际机场到达大厅（2017.8.30）
Professor Léon Vandermeersch stepped off the plane into the arrival hall of Beijing International Airport on 30 Aug.2017.

图 15-2-2　汪德迈先生第三次入住京师大厦
Professor Léon Vandermeersch stayed at Jingshi Hotel of BNU for the third time.

图 15-2-3　汪德迈先生与北京师范大学跨文化研究院教师在京师大厦大厅合影
Group photo of Professor Léon Vandermeersch with teachers of College of Transcultural Studies in the lobby of Jingshi Hotel, BNU.

## 3. 米歇尔·冉刻（Michel Zink）教授主讲
## 《中世纪文学与艺术：一种新的自我意识》
## （北师大新图书馆学术报告厅，2017.9.1上午）

### Professor Michel Zink Delivers the Lecture for 2017 International Workshop of Transcultural Studies at the Lecture Hall of Beijing Normal University Library on the Morning of 1 Sept.2017

图 15-3-1 米歇尔·冉刻教授、孔博恩教授、汪德迈先生、法宝博士课前在贵宾厅休息
Professor Michel Zink, professor Antoine Compagnon, professor Léon Vandermeersch and Dr.Dhannapala Tampalawela in the VIP room of the Lecture Hall of Library, BNU.

图 15-3-2 在主席台上（左起：米歇尔·冉刻、汪德迈、金丝燕、马磊、董晓萍、法宝）
Scholars sitting on the rostrum (from left: Michel Zink, Léon Vandermeersch, Jin Siyan, Ma Lei, Dong Xiaoping, and Dhannapala Tampalawela).

图 15-3-3　听课现场

Audiences in the Lecture Hall, Beijing Normal University Library.

图 15-3-4 董晓萍教授主持并介绍米歇尔·冉刻教授学术成就

Professor Dong Xiaoping introduces the academic achievements of professor Michel Zink to the audiences.

图 15-3-5　米歇尔·舟刻教授主讲《中世纪文学与艺术：一种新的自我意识》
Professor Michel Zink delivers the lecture of "Littérature et art au Moyen Âge: une nouvelle conscience de soi".

图 15-3-6  金丝燕教授翻译

Professor Jin Siyan interprets the lecture from French into Chinese.

图 15-3-7　米歇尔·冉刻教授演示演示文稿

Professor Michel Zink delivers the lecture with the powerpoint.

图 15-3-8　汪德迈先生为米歇尔·冉刻教授做评议

Professor Léon Vandermeersch comments on the lecture by professor Michel Zink.

图 15-3-9　中国科学院大学博士研究生提问

Ph.D.students of University of Chinese Academy of Sciences asks questions.

图 15-3-10　汪德迈先生与米歇尔·冉刻教授课间交流

Professor Léon Vandermeersch talks with professor Michel Zink during the break time of lecture.

## 4. 孔博恩（Antoine Compagnon）教授主讲《抵抗诠释》
### （北师大新图书馆学术报告厅，2017.9.1 下午）

**Professor Antoine Compagnon Delivers the Lecture "The Resistance to Interpretation" at the Lecture Hall, Beijing Normal University Library on the Afternoon of 1 Sept.2017**

图 15-4-1　听课现场

Audiences in the Lecture Hall, Beijing Normal University Library.

图 15-4-2　孔博恩教授《抵抗诠释》

Professor Antoine Compagnon delivers the lecture of "The Resistance to Interpretation".

上

图 15-4-3 孔博恩教授与马磊副教授讨论讲稿翻译问题
Professor Antoine Compagnon and associate professor Ma Lei discuss the key points of interpretation of the lecture.

中

图 15-4-4 孔博恩教授回答学员问题
Professor Antoine Compagnon answers questions from the Ph.D.students.

下

图 15-4-5 孔博恩教授与米歇尔·冉刻教授在课前交流
Conmmunications between two French scholars, professor Michel Zink and professor Antoine Compagnon.

图 15—4—6  中法教授与来自 40 个中外高校的研究生学员合影

Group photo of Chinese-French professors with the Ph.D. and MA students from Universities home and abroad.

## 5. 米歇尔·冉刻教授与孔博恩教授作为第一批前来讲学的法国教授告别北师大（2017.9.2晚）

French Professors Including Professor Michel Zink and Professor Antoine Compagnon are the First to Bid Farewell to Chinese Colleagues in Jingshi Hotel of BNU on the Evening of 2 Sep.2017

# 6. 法宝博士主讲《早期佛教中的我与非我》(2017.9.2 下午)

## Dr. Dhannapala Tampalawela Delivers the Lecture "Individuality and Non-Individuality in Early Buddhism" on the Afternoon of 2 Sept.2017

图 15-6-1  法宝博士主讲

Dr. Dhannapala Tampalawela is lecturing.

图 15-6-2　金丝燕教授主持，马磊副教授翻译

Professor Jin Siyan hosts the lecture and associate professor Ma Lei interprets the lecture from Englilsh to Chinese.

图 15-6-3　听课现场

Scene of the classroom at Liyun academic lecture hall, School of Chinese Languages and Literature of BNU.

# 7. 法宝博士主讲《佛学在法国的接受（16 世纪至 19 世纪）》
## （2017.9.3 上午）

Dr. Dhannapala Tampalawela Delivers the Lecture
"Acceptance of Buddhism in France (16th to 19th century)" on
the Morning of 3 Sept.2017

图 15-7-1　汪德迈先生与法宝博士交流
Professor Léon Vandermeersch talks with Dr. Dhannapala Tampalawe a.

图 15-7-2　金丝燕教授主持并翻译
Professor Jin Siyan hosts the lecture meanwhile interprets the lecture
from French to Chinese.

图 15-7-3 汪德迈先生与法宝博士课间交流
Professor Léon Vandermeersch talking with Dr. Dhannapala Tampalawela during the break time of lecture.

图 15-7-4 汪德迈先生听讲
Professor Léon Vandermeersch came to lecture.

图 15-7-5 跨文化研究院办公室吕红峰博士与博士研究生何津听讲
Dr.Lv Hongfeng of the Office of College of Transcultural Studies and Ph.D.student He Jin participate to the lecture.

## 8. 王邦维教授主讲《譬喻经、譬喻文学与譬喻师：文本怎么创造与传承？（之一）》（2017.9.3 下午）

Professor Wang Bangwei Delivers the Lecture "How were the Texts Produced and Transmitted: The Dārṣṭāntikas and So-called *piyu literature* (part 1)" on the Afternoon of 3 Sept.2017

图 15-8-1　王邦维教授主讲
Professor Wang Bangwei is lecturing.

图 15-8-2　听课现场
Scene of the classroom at Liyun academic lecture hall, School of Chinese Languages and Literature of BNU.

图 15-8-3　王邦维教授、金丝燕教授和董晓萍教授课间交流
Professor Wang Bangwei communicates with professor Jin Siyan and professor Dong Xiaoping during the break time of lecture.

## 9. 王宁教授主讲《语言文字与文本释读》（2017.9.4 上午）

**Professor Wang Ning Delivers the Lecture "Language, Character and Text Interpretation" on the Morning of 4 Sept.2017**

图 15-9-1　董晓萍教授主持，汪德迈先生、李国英教授、金丝燕教授、李正荣教授在主席台上就座

Professor Dong Xiaoping hosts the lecture, and professor Léon Vandermeersch  professor Li Guoying, professor Jin Siyan and professor Li Zhengrong sit on the rostrum.

图 15-9-2　王宁教授主讲
Professor Wang Ning is lecturing.

图 15-9-3　汪德迈先生课间休息时在教室外走廊散步
Professor Léon Vandermeersch walks in the hallway outside the classroom during the break time.

图 15-9-4 听课现场

Scene of the classroom at the lecture hall of library, BNU.

图 15-9-5 王宁教授回答北京语言大学舒燕副教授等听课师生的问题

Professor Wang Ning answers the questions asked by associate professor Shu Yan of Beijing Language University.

## 10. 汪德迈先生主讲《所谓亚细亚生产方式与古代中国社会生产方式的真正特殊性》（2017.9.4 下午）

Professor Léon Vandermeersch Delivers the Lecture "The Real Particularity of So-called Asian Mode of Production and the Mode of Production in Ancient Chinese Society" on the Afternoon of 4 Sept.2017

图 15–10–1　汪德迈先生主讲
Professor Léon Vandermeersch is lecturing.

图 15-10-2　王宁教授在主席台上听讲
Professor Wang Ning listens on the rostrum.

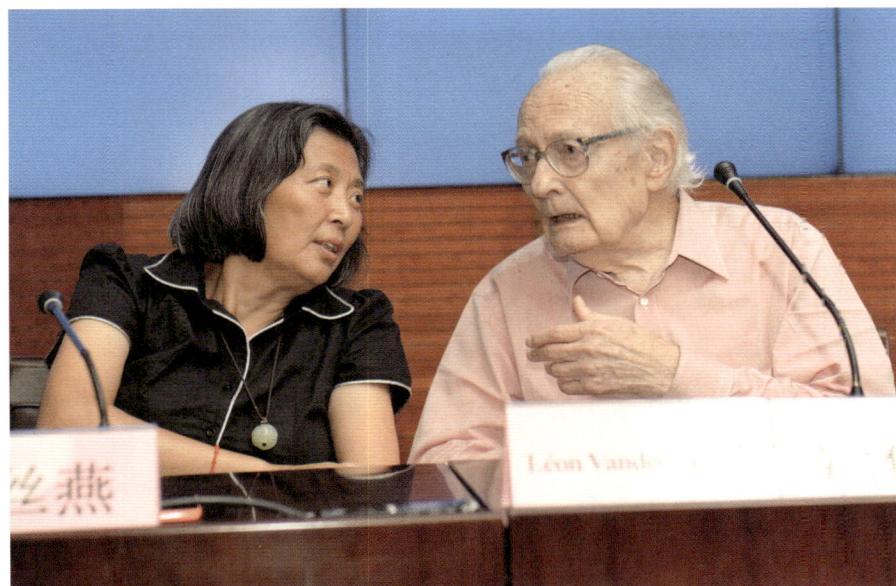

图 15-10-3　汪德迈先生与金丝燕教授交谈
Professor Léon Vandermeersch talks with professor Jin Siyan.

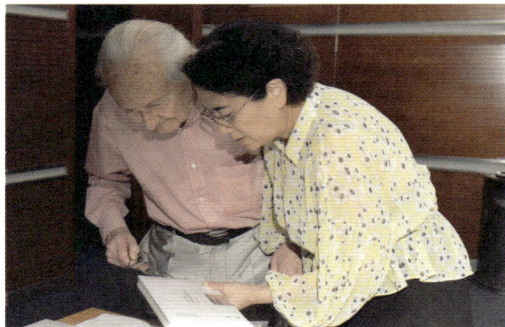

图 15-10-4　汪德迈先生课间参观"跨文化研究"丛书展区

Professor Léon Vandermeersch visits the new books of *Transcultural Studies Series* put on the exhibition booth.

图 15-10-5　汪德迈先生与前来听讲的敦煌研究院李国先生握手

Professor Léon Vandermeersch shakes hands with Mr.Li Guo of the Dunhuang Research Academy.

图 15-10-6　研究生提问

Graduate students ask questions.

图 15-10-7　汪德迈先生与王宁教授合影

Professor Léon Vandermeersch takes photo with professor Wang Ning.

## 11. 金丝燕教授主讲《早期佛教汉译与中古汉语构成研究》（2017.9.4晚）

**Professor Jin Siyan Delivers the Lecture "Early Chinese Translation of Buddhist and Construction of Chinese Language in the Middle Century" on the Evening of 4 Sept.2017**

图 15-11-1　金丝燕教授主讲
Professor Jin Siyan is lecturing.

图 15-11-2 听课现场的国内高校研究生与外国留学生
Graduate students and foreign students listen to lecture in the classroom.

图 15-11-3 福建龙岩师范学院邱立汉副教授提问
Associate professor Qiu Lihan of Fujian Longyan Normal University asks questions.

## 12. 王邦维教授主讲《譬喻经、譬喻文学与譬喻师：文本怎么创造与传承？（之二）》（2017.9.5 下午）

Professor Wang Bangwei Delivers the Lecture "How were the Texts Produced and Transmitted: The Dārṣṭāntikas and So-called *piyu literature* (part 2)" on the Afternoon of 5 Sept.2017

上
图 15-12-1　王邦维教授主讲
Professor Wang Bangwei is lecturing.

下
图 15-12-2　董晓萍教授主持
Professor Dong Xiaoping hosts the lecture.

文本、主体性与多元
Séminaire international des études transculturelles
International Workshop of Transcultural Studies: Lecture Series
Text, Subjectivity and Diversity
2017年8月31日至9月21日 / August 31-September 21, 2017
北京师范大学跨文化研究院 /College of Transcultural Studies,BNU.
北京师范大学中国民间文化研究所/ Research Institute for Chinese Folk Culture,
北京师范大学民俗典籍文字研究中心/Center of Study for Chinese Folklore and
北京师范大学文学院 / School of Chinese Literature and Language, BNU.
中国科学院自然科学史研究所/ The Institute for the History of Natural Sciences,

王邦维　　董晓萍

上
图 15-12-3　北京师范大学文学院教师提问
Questions asked by a teacher of School of Chinese Languages and Literature of BNU.

中
图 15-12-4　研究生有兴趣再问
Another questions raised by graduate students.

下
图 15-12-5　王邦维教授一一回答师生的问题
Professor Wang Bangwei answers the qustions one by one for teachers and students.

# 13. 于鲁·瓦尔克教授主讲《从爱沙尼亚民俗学的角度研究宗教：概念与流派》（2017.9.6 上午）

Professor Ülo Valk Delivers the Lecture "On Religion from the Perspective of Estonian Folkloristics: Concept and School" on the Morning of 6 Sept.2017

上
图 15-13-1　于鲁·瓦尔克教授主讲
Professor Ülo Valk is lecturing.

下
图 15-13-2　董晓萍教授翻译
Professor Dong Xiaoping interprets the lecture from English to Chinese.

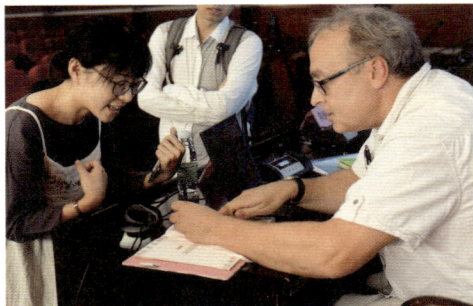

上
图 15-13-3　研究生提问
Graduate student asks questions.

中
图 15-13-4　于鲁·瓦尔克教授答疑
Professor Ülo Valk answers questions of students.

Ülo Valk

下
图 15-13-5　于鲁·瓦尔克教授、王邦维教授、董晓萍教授与谢开来博士课后交谈
Professor Ülo Valk communicates with professor Wang Bangwei, professor Dong Xiaoping And Dr.Xie Kailai after class.

图 15-13-6  于鲁·瓦尔克教授在本届跨文化学研究生国际课程班会标前留影
Professor Ülo Valk takes photo in front of the logo of the International Workshop of Transcultural Studies.

图 15-13-7  于鲁·瓦尔克教授、董晓萍教授、史玲玲讲师合影
Professor Ülo Valk takes photo with professor Dong Xiaoping and lecturer Shi Lingling.

# 14. 汪德迈先生主讲《欧洲历史上两次宗教性革命与中国历史上两次文化革命》（2017.9.6 下午）

Professor Léon Vandermeersch Delivers the Lecture "Two Religious Revolutions in European History and Two Cultural Revolutions in Chinese History" on the Afternoon of 6 Sept.2017

上
图 15-14-1　汪德迈先生主讲
Professor Léon Vandermeersch is lecturing.

中
图 15-14-2　研究生提问
Graduate students ask questions.

下
图 15-14-3　汪德迈先生满足研究生同学们的热情要求为其网购的个人著作签字
Professor Léon Vandermeersch fulfills the enthusiastic requests of the graduate students to sign his books they purchased online.

## 15. 李强教授主讲《跨文化的社会研究》（2017.9.7）

### Professor Li Qiang Delivers the Lecture "Transcultural Social Studies" on 7 Sept.2017

图 15-15-1　李强教授主讲，董晓萍教授主持，汪德迈先生出席

Professor Li Qiang is lecturing, professor Dong Xiaoping hosts for him and professor Léon Vandermeersch attends the lecture.

上
图 15-15-2 听课现场
Scene of the classroom at the lecture hall of Library, BNU.

中
图 15-15-3 汪德迈先生与李强教授等一起参观"跨文化研究"丛书展区
Professor Léon Vandermeersch and professor Li Qiang visit *Transcultural Studies Series* exhibition area in the lecture hall.

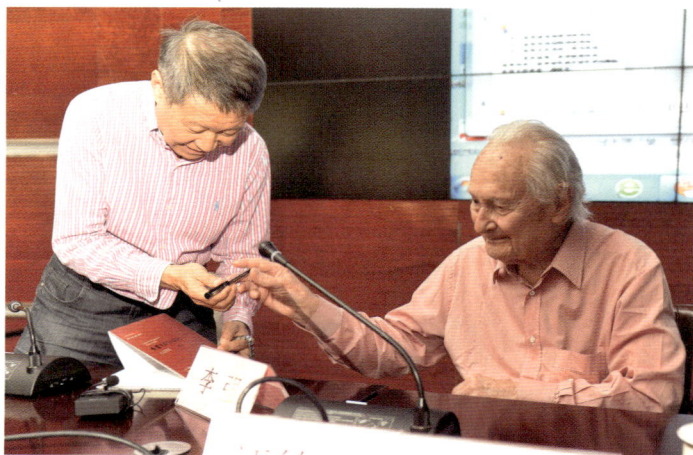

下
图 15-15-4 汪德迈先生向李强教授赠送《中国思想的两种理性》
Professor Léon Vandermeersch presents his book *Les deux raisons de la pensée chinoise Divinaiton et idéographie* to professor Li Qiang.

上
图 15-15-5 汪
德迈先生与李强
教授合影
Professor Léon
Vandermeersch
takes photo with
professor Li Qiang.

下
图 15-15-6 李
强教授与专程赶
来的两弟子合影
Professor Li Qiang
takes a group
photo with the two
disciples who came
the classroom
specially.

图 15-15-7　汪德迈先生、李强教授、金丝燕教授、董晓萍教授合影
Professor Léon Vandermeersch takes a group photo with professor Li Qiang, professor Jin Siyan and professor Dong Xiaoping.

# 16. 于鲁·瓦尔克教授主讲《研究鬼故事的理论与方法》
## （2017.9.8 上午）

Professor Ülo Valk Delivers the Lecture "Theory and Method of
Research for Demon Folktales" on the Morning of 8 Sept.2017

上
图 15-16-1　于鲁·瓦尔克教授
主讲
Professor Ülo Valk is lecturing.

下
图 15-16-2　董晓萍教授翻译
Professor Dong Xiaoping interprets
the lecture from English to Chinese.

图 15-16-3　汪德迈先生到场听讲
Professor Léon Vandermeersch presents to listen to the lecture.

上
图 15-16-4 金丝燕教授与于鲁·瓦尔克教授交谈
Professor Jin Siyan talks with professor Ülo Valk.

中
图 15-16-5 于鲁·瓦尔克教授与研究生交流
Professor Ülo Valk talks with graduate students.

下
图 15-16-6 董晓萍教授与研究生合影
Professor Dong Xiaoping takes photo with the graduate students.

# 17. 金丝燕教授《文化转场个案研究：常玉、米肖、熊秉明的期待视野》（2017.9.9上午）

## Professor Jin Siyan Delivers the Lecture "A Case Study of Cultural Transfer: the Expectations of Painter and Artist Such as Chang Yu, Mixiao and Xiong Bingming" on the Morning of 9 Sept.2017

上
图 15-17-1 金丝燕教授主讲
Professor Jin Siyan is lecturing.

下
图 15-17-2 汪德迈先生评议
Professor Léon Vandermeersch comments.

上
图 15-17-3　研究生提问
Graduate students ask
questions.

下
图 15-17-4　听课现场
Scene of the classroom at
Liyun academic lecture hall,
School of Chinese Languages
and Literature of BNU.

中
图 15-17-5　金丝燕教授
应研究生要求为个人著作
签字
Professor Jin Siyan fulfills the
enthusiastic requests of the
graduate students to sign her
books they purchased online.

# 18. 王一川教授主讲《通向中国艺术心灵传统》
## （2017.9.9 下午）

### Professor Wang Yichuan Delivers the Lecture "Lead to the Chinese Artistic Experience Tradition" on the Afternoon of 9 Sept.2017

上
图 15-18-1  王一川教授主讲
Professor Wang Yichuan is lecturing.

下
图 15-18-2  金丝燕教授和董晓萍教授主持
Professor Jin Siyan, Dong Xiaoping co-host the lecture.

上
图 15-18-3　听课现场
Scene of the classroom at conference hall of new Library of Beijing Normal University.

中
图 15-18-4　王一川教授在"跨文化研究"丛书展区与研究生交流
Professor Wang Yichuan communicates with graduate students at the *Transcultural Studies Series* exhibition area.

下
图 15-18-5　王一川教授与李正荣教授交谈
Professor Wang Yichuan talks with professor Li Zhengrong.

# 19. 程正民教授主讲《跨文化语境中的 20 世纪俄罗斯诗学》（2017.9.11 上午）

Professor Cheng Zhengmin Delivers the Lecture "Russian Poetics in a Transcultural Context in the 20<sup>th</sup> Century" on the Morning of 11 Sept.2017

图 15-19-1 程正民教授主讲
Professor Cheng Zhengmin is lecturing.

上
图 15-19-2　李正荣
教授主持
Professor Li Zhengrong
hosts the lecture.

下
图 15-19-3　听课现场
Scene of the classroom at
Liyun academic lecture
hall, School of Chinese
Languages and Literature
of BNU.

## 20. 易福成（Taras Victorovich Ivchenko）教授主讲《跨文化〈孙子兵法〉研究》（2017.9.12 上午 / 9.13 上午）

Professor Taras Victorovich Ivchenko Delivers the Lecture "On *Sun Tzu's Art of War* in Transcultural Perspective" on the Morning of 12-13 Sept.2017

上
图 15-20-1　易福成教授主讲
Professor Taras Victorovich Ivchenko is lecturing.

下
图 15-20-2　易福成教授的板书
Blackboard-writing of Professor Taras Victorovich Ivchenko.

上
图 15-20-3 李正荣教授主持
Professor Li Zhengrong hosts the lecture.

中
图 15-20-4 听课现场
Scene of the classroom No.5043, School of Chinese Languages and Literature of BNU.

下
图 15-20-5 易福成教授、李正荣教授与董晓萍教授合影
Professor Taras Victorovich Ivchenko takes photo with professor Li Zhengrong and professor Dong Xiaoping.

图 15-20-6　易福成教授与中国师生课后合影

Professor Taras Victorovich Ivchenko tskes group photo with Chinese teachers and students.

## 21. 李正荣教授主讲《"伟大的水道"：古罗斯的文化选择》
### （2017.9.12 下午 / 9.13 下午）

**Professor Li Zhengrong Delivers the Lecture "'the Great Waterway':
the Cultural Choice of the Ancient Russia" on the Afternoon of 12-13
Sept.2017**

图 15-21-1　李正荣教授主讲
Professor Li Zhengrong is lecturing.

上

图 15-21-2　听讲现场

Scene of the classroom at Liyun academic lecture hall, School of Chinese Languages and Literature of BNU.

中

图 15-21-3　乌克兰留学生维多利亚听讲

Ukrainian M.A.student Victoria is in the classroom.

下

图 15-21-4　一些20世纪50年代听过苏联专家讲课的老教师也来听讲

Some old teachers who had listened to Soviet experts in the 1950s also come to the lecture.

## 22. 劳格文（John Lagerwey）教授主讲《中国传统社会的结构与动力》（2017.9.14 下午）

**Professor John Lagerwey Delivers the Lecture "The Structure and Dynamics of the Chinese Traditional Society" on the Afternoon of 14 Sept.2017**

图 15-22-1　劳格文教授主讲

Professor John Lagerwey is lecturing.

上

图 15-22-2　董晓萍教授主持

Professor Dong Xiaoping hosts the lecture.

中

图 15-22-3　清华大学博士生提问

Questions asked by the Ph.D.student of Tsinghua University.

下

图 15-22-4　劳格文教授在"跨文化研究"丛书展区看自己主编的客家传统社会研究著作

Professor John Lagerwey came to *Transcultural Studies Series* exhibition to visit the books including a set of Hakka traditional society research works edited by him.

图 15-22-5　劳格文教授与北师大跨文化研究院教师合影（右起：史玲玲、赖彦斌、劳格文、董晓萍、吕红峰）

Group photo of professor John Lagerwey and teachers of College of Transcultural Studies(from right: Shi Lingling, Lai Yanbin, John Lagerwey, Dong Xiaoping, Lv Hongfeng).

## 23. 韩琦教授主讲《从凡尔赛到紫禁城：清康熙时代中国和法国的科学交流》（2017.9.18 下午）

**Professor Han Qi Delivers the Lecture "From Versailles to the Forbidden City: Scientific Exchanges Between China and France During the Emperor Kangxi's Period of the Qing Dynasty" on the Afternoon of 18 Sept.2017**

图 15-23-1　中国科学院自然科学史研究所所长助理关晓武研究员与董晓萍教授共同主持

Researcher Guan Xiaowu, assistant director of Institute of the History of Natural Science, Chinese Academy of Sciences and professor Dong Xiaoping co-host the lecture.

上
图 15-23-2 韩琦教
授主讲
Professor Han Qi is
lecturing.

中、下
图 15-23-3 研究生
提问
Questions asked by the
graduate student.

图 15-23-4　韩琦教授在讲座海报前合影

Professor Han Qi takes photo in front of the poster of lecture.

# 第四届 跨文化学研究生国际课程班
# （2018）

Chapter Sixteen
Fourth International Workshop of Transcultural
Studies on 20-28 August, 2018

# 跨文化视野下的中国传统文化研究与学科建设

Traditional Chinese Cultural Study and Its Discipline
Construction from the Perspective of Transcultural Studies

董晓萍（Dong Xiaoping）

北京师范大学跨文化国际课程班，每年一度，2018 年于 8 月 20 日至 8 月 28 日举办。到目前为止，参与授课的中外教授达 48 人次，授课 276 学时；毕业博硕研究生 312 人，其中研究生导师和青年教师 62 人，为西部民族院校培养 21 人，外国高校研究生 14 人，分布中外高校 84 所，专业分布 42 个。

本次的主题是"跨文化的阐释：社会、文化、语言、民俗"，主要围绕两个要点展开。

一是如何推进跨文化视野下的中国优秀传统文化研究？举办跨文化学研究生国际课程班，我们有一个明确的理念，就是要将中国特色的中华主体文化建设与参与人类命运共同体的建设两者并举。中国优秀传统文化研究不能做表面文章，而要在深厚的学术研究的历史基础和传统积累基础上进行，同时这项研究也不能闭门不见客，而是要加强对外交流，勉力创新。传统不是花钱买来的，创新也不是靠几个项目就能完成，这条路，要靠跨文化研究才能走得通。2016 年以来，在教育部层面上，我们实施"十三五"期间重大规划布局，承担"跨文化视野下的汉语、汉字与民俗文化研究"的重大项目，搭建起凝聚中外学者研究中国文化的专业平台。在这种明确理念的指导下开展研究，我们取得的实际成果是，出版了"跨文化研究"系列丛书暨研究生教材。参与这批著作撰写和教学的中外学者还获得了多种省部级以上奖励，其中包括法国汉学家汪德迈先生于 2016 年荣获中国政府颁发的中华优秀图书特殊贡献奖，2017 年金丝燕教授主持的教育部重大项目"跨文化学理论与方法"获评教育部优秀结项成果，2018年王宁先生的"跨文化研究"系列中的著作《汉字六论》荣登"中国好书榜"。在北京师范大学，这项工作推进的一个明显的成果是，提升了传统人文学科的建设水平。北师大民俗学和民间文学专业原来就是国际性学科，引入跨文化学后，促进该专业在研究领域和研究方法上提高水平，也要求该专业研究生掌握必备的外国文学和世界文化知识，扩大了对"传统语言文字学"等中国本位文化学科的了解。原比较文学专业的研究生对跨文化学认同度高，通过这个课程班，加强了对中国传统文化"外传"途径的思考。原古代语言文字学的研究生对古文献阅读训练要求很高，而对国际化并无硬性要求，现面对海外汉学家的精彩教学，激发了研究生们放眼世界的兴趣。

二是如何推进跨文化学的学科建设和人才培养工作？跨文化研究生国际课程班是北京师范大学研究生院连续四年批准的"研究生学术交流平台"的重点项目。在北师大百余年的发展历史上，曾经历清末民初西方传教士办大学的辅仁大学时期、中华人民共和国初期学苏联创建社会主义高校时期和改革开放推进的中外合作研究生教育时期，对于跨文化的研究生教育，我们经历了复杂的国内大学建设的历史过程，但从人类命运共同体建设的高度看，建设跨文化学的研究生教育事业是新事物，需要强烈的"创新"意识，也要勇敢地迎接挑战。从目前看，经过四年来的建设，这个课程班有以下几点做法值得总结：1）由乐黛云先生、汪德迈先生和王宁先生组成学术顾问团队，引领高端跨文化学研究生教育的建设方向；2）由国际一流学者任教，这其中，包括法兰西学院院士，英国皇家学院院士，法、比、意、俄、芬多位海外著名汉学家，联合国教科文组织和平大使等，他们愿意选择到北师大讲学，本身就是一种不胫而走的国际影响；3）由国内重点高校北京师范大学、北京大学、清华大学、南京大学、中山大学和中国科学院大学等学术带头人出战，开展跨学科交叉研究和综合研究，在中外专家中，院士和资深教授7人，国务院学位委员会学科评议组成员兼国家级重点学科带头人5人，倾力出动，形成跨文化学师资团队的优势条件；4）同步建设跨文化学研究生教材，免费向学员发放，促进课程建设；5）由多学科研究生导师参与构建"跨而高"的研究生人才培养模式，所录取的研究生学员有较好的专业训练、一定的中国传统学术教育基础和较好的外语水平，也吸收海外留学的研究生利用暑期回国的机会参加跨文化学课程培训。数据显示：跨文化学研究生教育正在逐步承担培养全球化下既能深层了解中国文化，又能放眼世界，在世界舞台上发挥平等对话作用的新型汉学家的重任。

北京师范大学研究生院扶持跨文化学研究生教育的另一方面是支持和批准"研究生课程在线数字化建设项目（慕课／MOOC）"。这项工作于 2017 年立项，2018 年已完成第一期工程，包括为跨文化学研究生国际课程班任教的汪德迈先生、乐黛云先生、王宁先生、程正民先生制作了慕课课件。四位学者分别是饱学大师，拥有很高的精神境界和强大的学术号召力，中外影响也大。他们也都已年逾八旬，这项工作已刻不容缓。

**1. 第四届跨文化学研究生国际课程班中外教授与研究生集体合影（2018.8.22）**

Group photo of the Fourth International Workshop of Transcultural Studies on 22 Aug.2018

## 2. 中外教授陆续到达北京国际机场，在北京师范大学校园聚会并合影 (2018.8.21-8.22)

### Chinese and Foreign Professors take a Group Photo after Arrived at the Beijing International Airport and Gathering at the Compus of Beijing Normal University on 21-22 Aug.2018

图16-2-1 汪德迈先生在女儿香塔尔·汪德迈·达尔玛的陪同下到达北京国际机场

Professor Léon Vandermeersch arrives at the Beijing International Airport accompanied by his daughter Chantal Vandermeersch Dalma.

图16-2-2 汪德迈先生步履轻松

Professor Léon Vandermeersch walks easily.

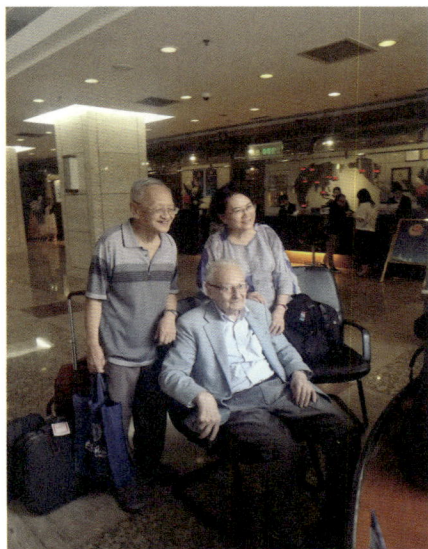

图 16-2-3 汪德迈先生在京师大厦接待
大厅与程正民教授和董晓萍教授合影
Professor Léon Vandermeersch takes photo
with professor Cheng Zhengmin and professor
Dong Xiaoping after registered in the lobby
of Jingshi Hotel.

图16-2-4 汪德迈先生与李正荣教授
合影
Professor Léon Vandermeersch takes photo
with professor Li Zhengrong.

图 16-2-5 法俄芬学者和国内学者陆续抵达北京师范大学（芬兰赫尔辛基大学傅罗格教授、俄罗斯圣彼得堡大学谢尔盖·基帕尔尼克教授、北师大李正荣教授、北师大程正民教授、北师大董晓萍教授、南大开学王丽达教授）

Scholars from France, Russia, Finland and China from different Universities have arrived in Beijing Normal University (Frog, professor of University of Helsinki, Finland; Serguei A.Kibalnik, professor of St.Petersburg State University; Li Zhengrong, professor of Beijing Normal University; Cheng Zhengmin, professor of Beijing Normal University; Dong Xiaoping, professor of Beijing Normal University; Wang Lida, professor of Nankai University).

图 16-2-6　中国文化书院副院长、北京师范大学跨文化研究院理事长陈越光先生与口外师资合影（右起：周宪、陈越光、尚德兰、汪德迈、谢尔盖、乐黛云、侾罗格、王宁、程正民、董晓萍、李国英、金丝燕）

Mr.Chen Yueguang, vice president of Academy of Chinese Culture, and board chairman of Transcultural Studies of Beijing Normal University with Chinese and foreign professors and take a group photo with them (from right: Zhou Xian, Chen Yueguang, Chantal Vandermeersch Dalmas, Léon Vandermeersch, Serguei A.Kibalnik, Yue Daiyun, Frog, Wang Ning, Cheng Zhengmin, Dong Xiaoping, Li Guoying, Jin Siyan).

图16-2-7 汪德迈先生与董晓萍教授
Professor Léon Vandermeersch and professor
Dong Xiaoping.

图16-2-8 汪德迈先生和乐黛云教授
手持陈越光著《八十年代的中国文化书
院》与王宁教授合影
Professor Léon Vandermeersch and professor
Yue Daiyun holding the book *Academy of
Chinese Culture in 1980s* by Mr.Chen
Yueguang take photo with professor Wang
Ning.

图16-2-9 王宁教授与金丝燕教授交谈
Professor Wang Ning talks with professor Jin
Siyan.

图 16-2-10　全国各地高校研究生学员欢迎汪德迈先生和乐黛云教授
Graduate students from Universities all over the country welcome professor Léon
Vandermeersch and professor Yue Daiyun.

图16-2-11　陈越光与乐黛云教授握手
Mr.Chen Yueguang shakes hands with professor Yue Daiyun.

图16-2-12 陈越光与金丝
燕教授交谈
Mr.Chen Yueguang talks with
professor Jin Siyan.

图16-2-13 部分中外教授合影（右起：董晓萍、周宪、汪德迈、谢尔盖、乐
黛云、傅罗格、王宁、程正民、李国英、金丝燕）
Group photo of some Chinese and foreign professors (from right: Dong Xiaoping, Zhou
Xian, Léon Vandermeersch, Serguei A.Kibalnik, Yue Daiyun, Frog, Wang Ning, Cheng
Zhengmin, Li Guoying, Jin Siyan).

图16-2-14 部分中外教授合影（右起：董晓萍、周宪、汪德迈、谢尔盖、乐黛云、傅罗格、程正民）

Group photo of some Chinese and foreign professors (from right: Dong Xiaoping, Zhou Xian, Léon Vandermeersch, Serguei A.Kibalnik, Yue Daiyun, Frog, Cheng Zhengmin).

图16-2-15 部分中外教授合影（右起：周宪、汪德迈、乐黛云、程正民、董晓萍）

Group photo of some Chinese and foreign professors (from right: Zhou Xian, Léon Vandermeersch, Yue Daiyun, Cheng Zhengmin, Dong Xiaoping).

图16-2-16　乐黛云教授到京师大厦看望汪德迈先生并签名赠送新作

Professor Yue Daiyun visits professor Léon Vandermeersch and presents her new book to him at the Jingshi Hotel of BNU.

# 3. 第四届跨文化学研究生国际课程班开幕式

## The Opening Ceremony of the Fourth International Workshop of Transcultural Studies

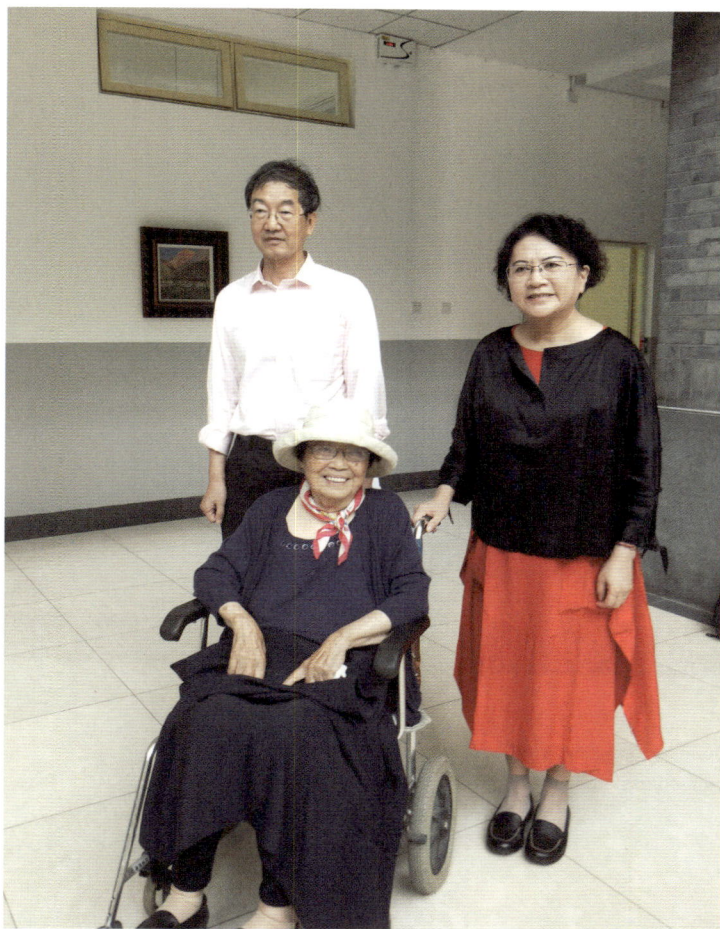

图16-3-1　北京大学乐黛云教授到达会场

Professor Yue Daiyun of Peking University arrives the coference hall.

图16-3-2 开幕式现场
Scene of the opening ceremony.

图16-3-3 董晓萍教授主持开幕式并介绍出席开幕式的学者嘉宾
Professor Dong Xiaoping hosts the ceremony and introduces scholars and guests attending the opening ceremony.

图 16-3-4　开幕式主席台
Rostrum of the opening ceremony.

图 16-3-5　北京师范大学教
务部副部长汪明教授致辞
Speech of professor Wang Ming,
vice provost of Beijing Normal
University.

图16-3-6　北京师范大学跨文化研究院名誉院长、北京大学乐黛云教授致辞
Speech of professor Yue Daiyun of Peking University, honorary director of College of Transcultural Studies, BNU.

图16-3-7　教育部人文社科重点研究基地北师大民俗典籍文字研究中心主任李国英教授致辞
Speech of professor Li Guoying, director of Center of Research for Chinese Folklore and Ancient Writing at BNU, the key research base of humanities and social sciences under the Education Minister, PRC.

图 16-3-8 金丝
燕教授翻看教学
手册
Professor Jin Siyan
looks through the
teaching manual
of the Fourth
International
Workshop of
Transcultural
Studies.

图 16-3-9 北师大副教务长汪明教授与中外教授和研究生学员一起观
看"跨文化研究方法论"慕课
Professor and vice provost of Beijing Normal University Wang Ming watches the
MOOC of "Methodology of Transcultural Studies" together with the Chinese and
foreign professors and graduate students.

## 4. 傅罗格（Frog）教授主讲《所谓"芬兰学派"》
## （2018.8.20 下午）

### Professor Frog Delivers the Lecture "So-called Finish School" on the Afternoon of 20 Aug.2018

图 16-4-1　芬兰赫尔辛基大学民俗学系傅罗格教授介绍芬兰学派历史地理学研究方法与变迁

Professor Frog, from the Department of Folklore, University of Helsinki, Finland, introduces the Finnish School of Historical Geography Research Methods and Transformations.

图 16-4-2　傅罗格教授讲解芬兰史诗《卡勒瓦拉》分布地图

Professor Frog explains the Finnish national epic *Karlvala* and its distribution maps.

图 16-4-3　马磊副教授翻译

Professor Frog's lecture is interpreted by associate professor Ma Lei from English to Chinese.

图 16-4-4　董晓萍教授主持并与傅罗格教授课间交谈
Professor Dong Xiaoping hosts the lecture and talks with Mr.Frog during the break time.

图 16-4-5　听课现场
Scene of the classroom at Rm 101 of Teaching Building No.9, BNU.

## 5. 金丝燕教授主讲《中法诗学研究之一：马拉美与中国现代诗学的起源》（2018.8.21 上午）

**Professor Jin Siyan Delivers the Lecture "Sino-French Poetics: Stephane Mallarmé and the Origin of the Modern Chinese Poetics (Part 1)" on the Morning of 21 Aug.2018**

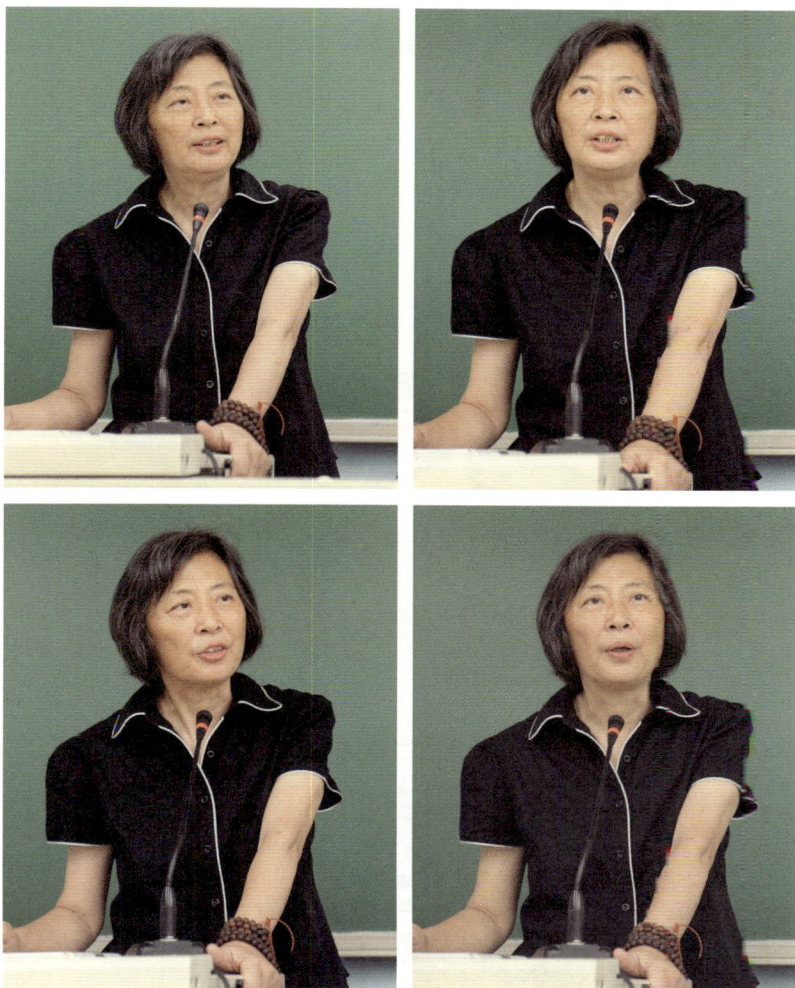

图16-5-1　金丝燕教授主讲
Professor Jin Siyan is lecturing.

图16-5-2　听课现场
Scene of the classroom at the lecture hall, School of Chinese
Languages and Literature of BNU.

图 16-5-3　积极提问
Graduate students ask
questions actively.

图16-5-4　集体鼓掌
Collective applause from
audiences.

## 6. 程正民教授主讲《跨文化语境下的俄罗斯形式主义》
### （2018.8.21 下午）

Professor Cheng Zhengmin Delivers the Lecture "On Russian Formalism
in the Transcultural Context" on the Afternoon of 21 Aug.2018

图16-6-1 程正民教授
主讲
Professor Cheng Zhengmin
is lecturing.

图 16-6-2 李正荣教授
主持
Professor Li Zhengrong
hosts the lecture.

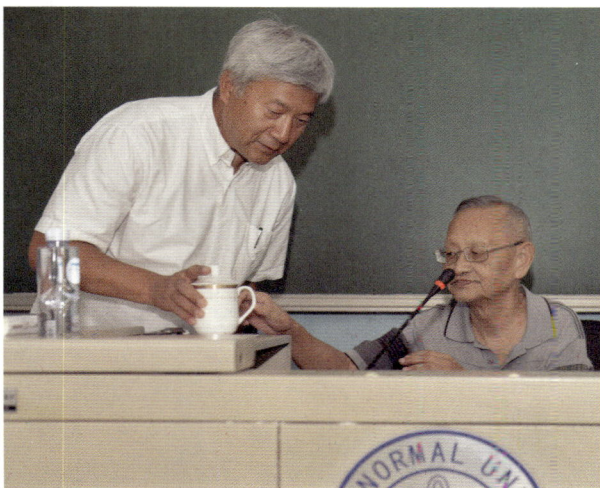

图16-6-3 积极思考
Positive Thought.

图 16-6-4 兴趣盎然
Full of interest.

图16-6-5 全神贯注
Pay whole attention to the lecture.

图16-6-6 做好笔记
Take notes.

图16-6-7 程正民教授课后与中外教授交流
Professor Cheng Zhengmin communicates with Chinese and foreign professors.

# 7. 金丝燕教授主讲《中法诗学研究之二：马拉美与中国现代诗学的起源》（2018.8.21 晚）

Professor Jin Siyan Delivers the Lecture "Sino-French Poetics: Stéphane Mallarmé and the Origin of the Modern Chinese Poetics(Part 2)" on the Evening of 21 Aug.2018

图16-7-1　金丝燕教授主讲
Professor Jin Siyan is lecturing.

图 16-7-2 华东师范大学
研究生做笔记
Graduate student of East China
Normal University takes notes.

图 16-7-3 武汉大学研究
生做笔记
Graduate student of Wuhan
University takes notes.

图 16-7-4 研究生在讲台
前排队请金丝燕教授签名
Graduate students line up in
front of the rostrum to ask
professor Jin Siyan to sign up
for them.

图 16-7-5　金丝燕教授课下回答问题

Professor Jin Siyan answers questions from teachers and graduate students.

图 16-7-6　北京出版社一编辑全家前来听金丝燕教授讲课

An editor of Beijing Publishing House and her families come to listen to professor Jin Siyan's lecture.

图16-7-7　金丝燕教授与史玲玲讲师合影

Professor Jin Siyan takes photo with lecturer Shi Lingling.

## 8. 谢尔盖·基帕尔尼克（Serguei A. Kibalnik）教授主讲《陀思妥耶夫斯基小说的情节学与形态学》（2018.8.22 上午）

**Professor Serguei A.Kibalnik Delivers the Lecture "The plotology of Dostoevsky's Novels and Morphology" on the Morning of 22 Aug.2018**

图 16-8-1 谢尔盖教授主讲
Professor Serguei A.Kibalnik is lecturing.

图 16-8-2 南开大学外语学院俄语系主任王丽达教授担任俄文翻译
Professor Wang Lida, director of the Department of Russian Language, School of Foreign Languages, Nankai University, interprets the lecture from Russian to Chinese.

图 16-8-3 李正荣教授主持
Professor Li Zhengrong hosts the lecture.

图 16-8-4 谢尔盖教授向李正荣教授赠书
Professor Serguei A.Kibalnik presents a book to professor Li Zhengrong.

图16-8-5　听课现场
Scene of the classroom at Teaching Building No.7 of BNU.

图16-8-6　求知者
Knowledge seekers.

图 16-8-7　谢尔盖教授与王丽达教授、李正荣教授、董晓萍教授合影
Group photo of professor Serguei A.Kibalnik, professor Wang Lida, professor Li Zhengrong and professor Dong Xiaoping.

## 9. 周宪教授主讲《跨文化研究：从文化差异到思维范式》
### （2018.8.22 下午）

Professor Zhou Xian Delivers the Lecture "Transcultural Studies: from Cultural Differences to the Thinking Way" on the Afternoon of 22 Aug.2018

图 16-9-1　周宪教授主讲
Professor Zhou Xian is lecturing.

图 16-9-2　金丝燕教授主持

Professor Jin Siyan hosts the lecture.

图 16-9-3　研究生们鼓掌

The graduate students applaude.

图16-9-4 北京第二外国语学院刘燕教授与周宪教授交流
Professor Liu Yan of Beijing International Studies University talks with professor Zhou Xian.

图16-9-5 周宪教授、董晓萍教授与金丝燕教授在校园里边走边谈
Professor Zhou Xian, professor Dong Xiaoping and professor Jin Siyan talk while walking on the campus.

图 16-9-6 在北师大标志性建筑木铎前拍照留念
Take photo in front of a wooden bell muduo, a historical landmark of Beijing Normal University.

# 10. 李正荣教授主讲《托尔斯泰的东方情结》
## （2018.8.22 晚）

### Professor Li Zhengrong Delivers the Lecture "Tolstoy's Oriental Complex" on the Evening of 22 Aug.2018

图16-10-1　李正荣教授主讲
Professor Li Zhengrong is lecturing.

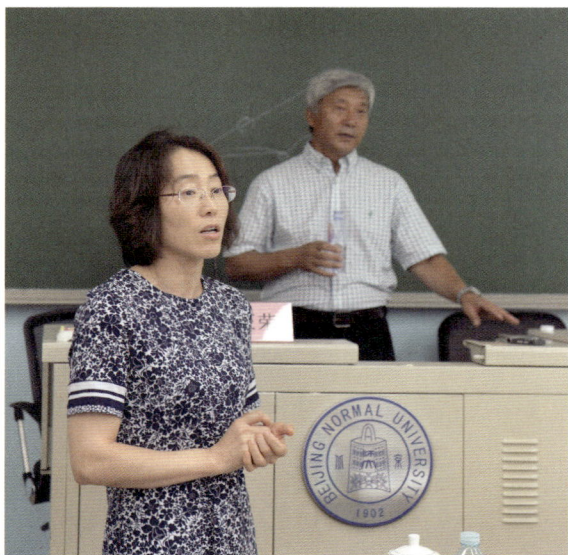

上

图 16–10–2 听讲现场
Scene of the classroom at
Teaching Building No.7 of
BNU.

中

图 16–10–3 踊跃提问
Graduate students ask
questions actively.

下

图 16–10–4 南开大学王丽
达教授与李正荣教授合作
回答研究生的问题
Professor Wang Lida of
Nankai University and
professor Li Zhengrong
answer the questions from
graduate students.

## 11. 王宁教授主讲《汉字与中华文化的关系》
### （2018.8.23 上午）

**Professor Wang Ning Delivers the Lecture "The Relationship Between Chinese Characters and Chinese Culture" on the Morning of 23 Aug.2018**

图 16-11-1　听课师生首先观摩北京师范大学跨文化研究院制作的"跨文化学方法论"慕课

The teachers and students are looking the MOOC "Methodology of Transcultural Studies" at first produced by College of Transcultural Studies of BNU.

[法]汪德迈
Léon Vandermeersch

图16-11-2　汪德迈先生与金丝燕教授看慕课

Professor Léon Vandermeersch and professor Jin Siyan are looking the MOOC.

图16-11-3 王宁教授主讲
Professor Wang Ning is lecturing.

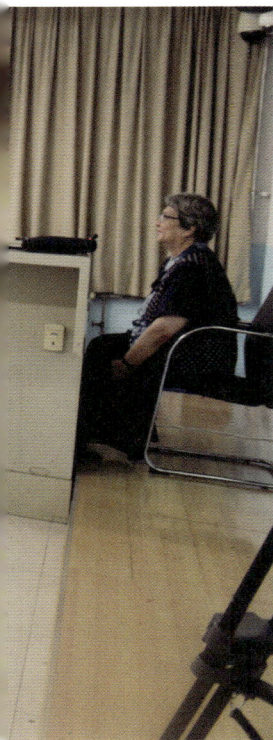

图 16-11-4 金丝燕教授主持
Professor Jin Siyan hosts the lecture.

图16-11-5　汪德迈先生与金丝燕教授讨论
Professor Léon Vandermeersch discusses with professor Jin Siyan.

图 16-11-6　汪德迈先生与王宁教授在讲台上合影
Professor Léon Vandermeersch takes photo with professor Wang Ning on the rostrum.

图 16-11-7　师生合照（汪德迈先生、金丝燕教授、董晓萍教授、华东师范大学研究生）
Group photo of professors and graduate students (professor Léon Vandermeersch, professor Jin Siyan, professor Dong Xiaoping and graduate students of East China Normal University).

图16-11-8　王宁教授与汪德迈先生讨论
Professor Wang Ning discusses with professor Léon Vandermeersch.

图 16-11-9　汪德迈先生评议
Professor Léon Vandermeersch comments.

图 16-11-10　汪德迈先生与王宁教授现场回答研究生的问题
Professor Léon Vandermeersch and professor Wang Ning answer the questions from
graduate students.

## 12. 谢内（François Chenet）教授主讲《西方文化中的"印度"的概念与中西印哲学比较》（2018.8.24 上午）

Professor François Chenet Delivers the Lecture "The Concept of 'India' in Western Culture and a Comparison of Chinese and Western Indian Philosophies" on the Morning of 24 Aug.2018

图 16-12-1　谢内教授课前准备，吕红峰博士帮助谢内教授安装麦克
Dr.Lv Hongfeng helps professor François Chenet to set up the microphone before the class.

图 16-12-2　谢内教授与金丝燕教授交谈
Professor François Chenet talks with professor Jin Siyan.

图 16-12-3　金丝燕教授翻译

Professor Jin Siyan interprets the lecture from French to Chinese.

图 16-12-4　谢内教授向汪德迈先生讲解印度哲学的特点

Professor François Chenet explains the characteristics of Indian philosophy to professor Léon Vandermeersch.

图16-12-5　谢内教授一向以漂亮的板书闻名

Professor François Chenet has been known for his beautiful blackboard-writing.

图 16-12-6　谢内教授答疑，金丝燕教授翻译，汪德迈先生出席

Professor François Chenet answers the questions from graduate students, professor Jin Siyan interprets for both professor François Chenet and students, professor Léon Vandermeersch attends.

图 16-12-7　中外教授回答研究生的问题（右起：金丝燕、汪德迈、谢内、董晓萍、李正荣）

Chinese and foreign professors answer questions from graduate students (from right: Jin Siyan, Léon Vandermeersch, François Chenet, Dong Xiaoping, Li Zhengrong).

图 16-12-8　听课师生合影

Group photo of professors and students participating the class.

## 13. 汪德迈先生主讲《文言在中国文化中的出现及其作用》
### （2018.8.23 下午）

Professor Léon Vandermeersch Delivers the Lecture "The Emergence
and Function of Classical Chinese in Chinese Culture" on the
Afternoon of 23 Aug.2018

图16–13–1　汪德迈先生主讲
Professor Léon Vandermeersch is lecturing.

图 16-13-2　金丝燕教授主持
Professor Jin Siyan hosts the lecture.

图16-13-3 经常有掌声
There are often applause in the classroom.

图 16-13-4 教室门外还站着听众
Outside the classroom also stand the audiences.

图16-13-5 汪德迈先生
与王宁教授交流
Professor Léon
Vandermeersch
communicates with
professor Wang Ning.

图16-13-6 汪德迈先
生、金丝燕教授与董晓
萍教授在教室外交谈
Professor Léon
Vandermeersch, professor
Jin Siyan and professor
Dong Xiaoping talk each
other outside the classroom.

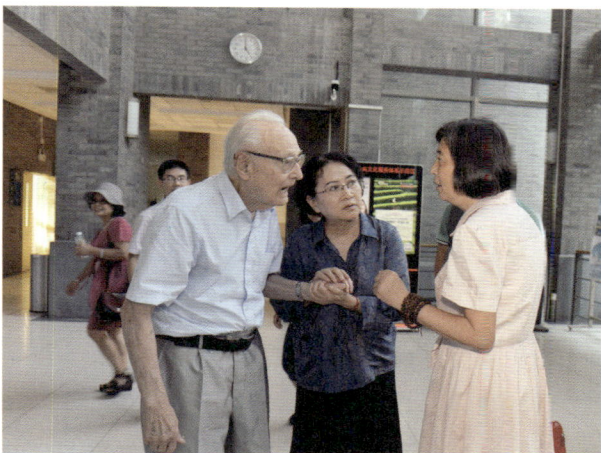

图 16-13-7 汪德迈先生
应邀为学生签名
Professor Léon
Vandermeersch fulfills the
requirements of the students
to sign his book for them.

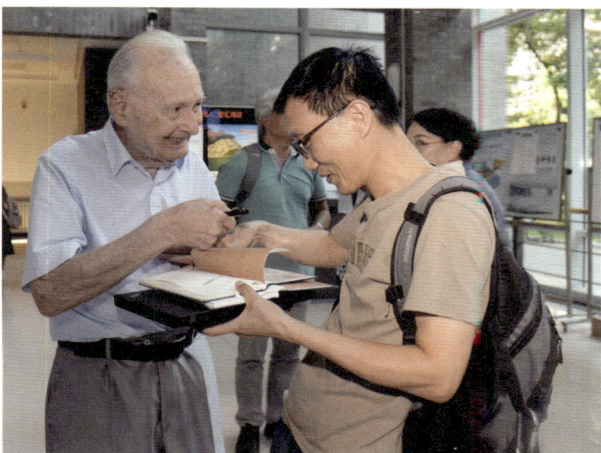

## 14. 王邦维教授主讲《圣山与大河：有关青藏高原的神话传说与历史故事（一）》（2018.8.24 下午）

**Professor Wang Bangwei Delivers the Lecture "Holy Mountain and the Great River: Qinghai-Tibet Plateau's Myths, Legends and Historical Stories (Part 1)" on the Afternoon of 24 Aug.2018**

图16-14-1　王邦维教授主讲
Professor Wang Bangwei is lecturing.

图 16–14–2 董晓萍教授主持
Professor Dong Xiaoping hosts the lecture.

图 16–14–3 认真听讲
Graduate students listen attentively.

## 15. 王邦维教授主讲《圣山与大河：有关青藏高原的神话传说与历史故事（二）》（2018.8.24 晚）

### Professor Wang Bangwei Delivers the Lecture "Holy Mountain and the Great River: Qinghai-Tibet Plateau's Myths, Legends and Historical Stories (Part 2)" on the Evening of 24 Aug.2018

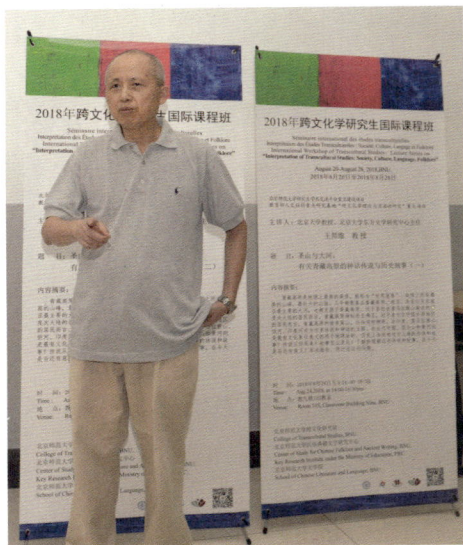

上

图 16–15–1　王邦维教授在海报前
Professor Wang Bangwei takes photo in front of the posters of the lectures.

下

图 16–15–2　听课现场
Scene of the classroom at academic lecture hall, School of Chinese Languages and Literature of BNU.

# 16. 李国英教授主讲《汉字个体字符的构形分析与义符系统的描写（一）》（2018.8.25 上午）

Professor Li Guoying Delivers the Lecture "The Conformation Analysis of Individual Characters and the Description of the Meaning System of Chinese Characters (Part 1)" on the Morning of 25 Aug.2018

图 16-16-1　李国英教授主讲

Professor Li Guoying is lecturing.

图 16-16-2　李国英教授、董晓萍教授、李正荣教授课间交流
Professor Li Guoying talks with professor Dong Xiaoping and professor Li Zhengrong
during the break time of the class.

图 16-16-3　现场十分活跃
The scene is very active.

## 17. 李国英教授主讲《汉字个体字符的构形分析与义符系统的描写（二）》（2018.8.25 下午）

**Professor Li Guoying Delivers the Lecture "The Conformation Analysis of Individual Characters and the Description of the Meaning System of Chinese Characters (Part 2)" on the Afternoon of 25 Aug.2018**

上
图 16-17-1 李国英
教授两讲的海报
Two posters of two
lectures by professor Li
Guoying.

下
图 16-17-2 李国英
教授主讲
Professor Li Guoying is
lecturing

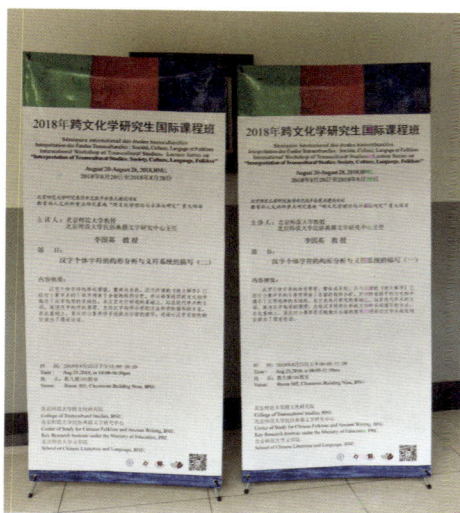

图 16-17-3 研究生赵明提问 Graduate student Zhao Ming asks questions.

图 16-17-4 还是不断有人提问 Still constant questions.

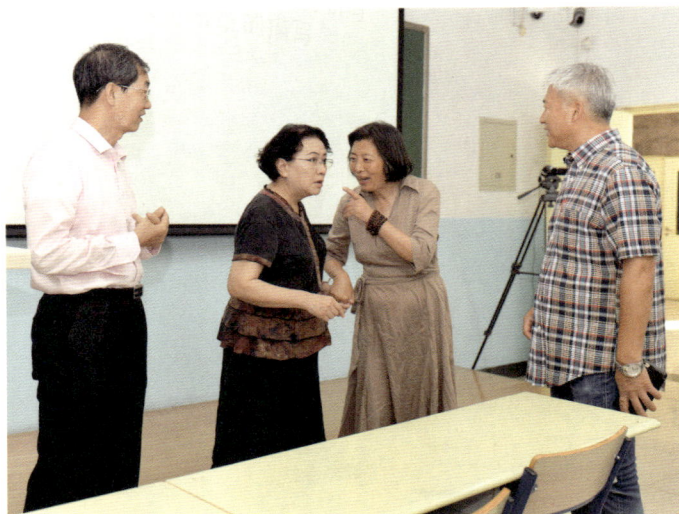

图 16-17-5 李国英教授、金丝燕教授、董晓萍教授、李正荣教授课后交谈 Professor Li Guoying talks with professor Jin Siyan, professor Dong Xiaoping and professor Li Zhengrong after class.

## 18. 王一川教授主讲《重返跨文化旅程的起点——朱光潜早期美学阅读札记》（2018.8.26 上午）

**Professor Wang Yichuan Delivers the Lecture "Return to the Starting Point of the Journey of Transcultural Studies: A Case Study of Professor Zhu Guangqian's Early Notes on the Aesthetic" on the Morning of 26 Aug.2018**

图 16-18-1　王一川教授主讲

Professor Wang Yichuan is lecturing.

图 16-18-2　董晓萍教授主持
Professor Dong Xiaoping hosts the lecture.

图 16-18-3　全场鼓掌
All the audiences applaud.

图 16-18-4 王一川教授与李正荣教授课间交流
Professor Wang Yichuan talks with professor Li Zhengrong during class break time.

图 16-18-5 王一川教授为研究生答疑
Professor Wang Yichuan answers the questions from graduate students.

# 19. 董晓萍教授主讲《国家·历史·民俗（一）》
## （2018.8.26 下午）

**Professor Dong Xiaoping Delivers the Lecture "Country, History and Folklore(part 1)" on the Afternoon of 26 Aug.2018**

图 16-19-1　董晓萍教授主讲
Professor Dong Xiaoping is lecturing.

图 16-19-2　金丝燕教授主持

Professor Jin Siyan hosts the lecture.

图 16-19-3　青年学者提问

Question from a youth scholar, Xie Kailai, assistant researcher of Guangdong Academy of Social Sciences.

图 16-19-4　全场鼓掌

All the audiences applaud.

## 20. 董晓萍教授主讲《国家·历史·民俗（二）》（2018.8.26晚）

### Professor Dong Xiaoping Delivers the Lecture "Country, History and Folklore (part 2)" on the Evening of 26 Aug.2018

图 16–20–1 董晓萍教授主讲 Professor Dong Xiaoping is lecturing.

图 16–20–2 李正荣教授主持 Professor Li Zhengrong hosts the lecture.

图16-20-3 金丝燕教授评议
Professor Jin Siyan comments.

图16-20-4 李正荣教授评议
Professor Li Zhengrong comments.

图16-20-5 女学者的学术遗产与女学生的微笑
The academic legacy of female scholars and the smile of the female students.

图 16–20–6　史玲玲提问
Lecturer Shi Lingling asks questions.

图 16–20–7　马磊副教授提问
Associate professor Ma Lei asks questions.

图 16–20–8　李正荣教授与董晓萍教授合作答疑
Professor Li Zhengrong and professor Dong Xiaoping answer the questions from graduate students.

# 21. 王宾教授主讲《跨文化诠释的必然性与不可能性之悖论——从"不可译性"切入》（2018.8.27 上午）

**Professor Wang Bin Delivers the Lecture "The Paradox of Inevitability and Impossibility in Intercultural Interpretation: From 'Untranslatable'" on the Morning of 27 Aug.2018**

图16-21-1　王宾教授主讲

Professor Wang Bin is lecturing.

图16-21-2　金丝燕教授讲评
Professor Jin Siyan comments.

图 16-21-3　董晓萍教授主持
Professor Dong Xiaoping hosts the lecture.

图16-21-4 金丝燕教授与董晓萍教授交流
Professor Jin Siyan talks with professor Dong Xiaoping.

图16-21-5 全场积极互动
Full active interaction.

图 16-21-6　王宾教授回答研究生问题

Professor Wang Bin answers the questions from graduate students.

图16-21-7　王宾教授课后与金丝燕教授和董晓萍教授合影

Professor Wang Bin takes photo with professor Jin Siyan and professor Dong Xiaoping.

## 22. 李强教授主讲《跨文化背景下的城市化与城市研究》
## （2018.8.27 下午）

Professor Li Qiang Delivers the Lecture "Urbanization and Urban
Studies in a Transcultural Context" on the Afternoon of 27 Aug.2018

图16-22-1 李强教授主讲
Professor Li Qiang is lecturing.

图 16-22-2　董晓萍教授主持
Professor Dong Xiaoping hosts the lecture.

图 16-22-3　李强教授与董晓萍教授交流
Professor Li Qiang talks with professor Dong Xiaoping.

图 16-22-4　程正民教授与李强教授交谈
Professor Cheng Zhengmin talks with professor Li Qiang.

656 ......... 跨文化的一颗星：汪德迈

图 16–22–5 李强教授与金丝燕教授、董晓萍教授、史玲玲讲师合影
Group photo of professor Li Qiang with professor Jin Siyan, professor Dong Xiaoping and lecturer Shi Lingling.

图 16–22–6 李强教授回答研究生的问题
Professor Li Qiang answers the questions from graduate students.

图 16–22–7 全场鼓掌
A round of applause.

## 23. 中国文化书院副院长陈越光与跨文化学国际课程班学者见面
### （2018.8.24）

Vice President of Academy of Chinese Culture Chen Yueguang meets
with Professors of International Workshop of Transcultural Studies
on 24 Aug.2018

图 16-23-1 陈越光先生与王邦维教授
交流
Mr.Chen Yueguang talks with professor Wang
Bangwei.

图 16-23-2 陈越光先生与金丝燕教授和
王邦维教授交谈后合影
Mr.Chen Yueguang takes a group photo after
talking with professor Jin Siyan and professor
Wang Bangwei.

图 16-23-3　陈越光先生与王宾教授、董晓萍教授、王邦维教授、王一川教授合影

Mr.Chen Yueguang takes photo with professor Wang Bin, professor Dong Xi_oping, professor Wang Bangwei, professor Wang Yichuan.

## 24. 敦煌研究院樊锦诗院长在北京师范大学与中外学者交谈
### （京师大厦，2018.8.27）

Fan Jinshi, Director of Dun Huang Research Academy Meets with
Chinese and Foreign Professors in Beijing Normal University( Jingshi
Hotel, on 27 Aug.2018)

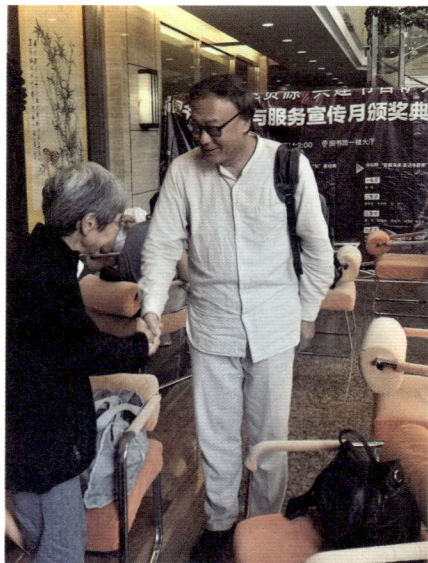

上左

图 16-24-1　樊锦诗院长与中山大学王宾教授和金丝燕教授交谈

Director Fan Jinshi talks with Professor Wang Bin of Sun Yat-sen University and Professor Jin Siyan.

上右

图 16-24-2　樊锦诗院长与金丝燕教授和董晓萍教授交谈

Director Fan Jinshi talks with professor Jin Siyan and professor Dong Xiaoping.

下

图 16-24-3　樊锦诗院长与陈力川先生交谈

Director Fan Jinshi talks with Mr.Chen Lichuan.

## 25. 中国文化书院副院长陈越光先生与跨文化学国际课程班学者一起到北京大学看望乐黛云先生（2018.8.28）

### Mr.Chen Yueguang, Vice President of Academy of Chinese Culture Visits Professor Yue Daiyun in Peking University Together with the Chinese Professors of International Workshop of Transcultural Studies on 28 Aug.2018

上
图 16-25-1　陈越光先生开场白
Opening remarks by Mr.Chen Yueguang.

下
图 16-25-2　乐黛云教授致谢并与大家交谈（陈越光、王宾、乐黛云、董晓萍、王一川）
Professor Yue Daiyun thanks all the visitors and talks with them(Chen Yueguang, Wang Bin, Yue Daiyun, Dong Xiaoping, Wang Yichuan).

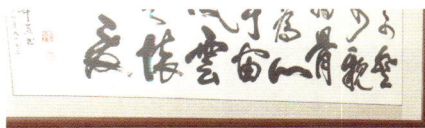

图 16–25–3 王邦维教授从办公室赶来加入谈话（右四）

Professor Wang Bangwei comes up from his office to visit professor Yue Daiyun and joined the conversation (fourth one from right).

图 16–25–4 乐黛云教授与王一川教授谈话

Professor Yue Daiyun talks with professor Wang Yichuan.

图 16–25–5 在朗润绿荫湖畔留影（王一川教授、董晓萍教授、王宾教授）

Taking a photo by the green Langrun Lake(professor Wang Yichuan, professor Dong Xiaoping and professor Wang Bin).

# 26. 第四届跨文化学研究生国际课程班结业典礼
## （2018.8.28）

## Closing Ceremony of Fourth International Workshop of Transcultural Studies on 28 Aug.2018

图 16-26-1　结业典礼主席台

The rostrum of the closing ceremony.

图 16-26-2　李正荣教授主持典礼

Professor Li Zhengrong hosts the ceremony.

图 16-26-3　中外师生共同在台下观摩新版"跨文化学方法论"慕课
Chinese and foreign professors and students observe the newly improved software of MOOC of "Methodology of Transcultural Studies".

图 16-26-4　获奖优秀学员与中外教授合影

Group photo of award-winning outstanding students and Chinese and foreign professors.

图 16-26-5　汪德迈先生向学员颁发结业证书

Professor Léon Vandermeersch issues the certificate of completion to the graduate students.

图 16-26-6　汪德迈先生、谢内教授、金丝燕教授、董晓萍教授在教九楼前合影
Professor Léon Vandermeersch, professor François Chenet, professor Jin Siyan and professor Dong Xiaoping take a group photo in the Teaching Building No.9.

图 16-26-7 汪德迈先生与谢内教授在教九楼前合影
Professor Léon Vandermeersch takes photo with professor François Chenet in the Teaching Building No.9.

图 16-26-8 汪德迈先生与谢内教授走出教九楼
Professor Léon Vandermeersch and professor François Chenet walk out the Teaching Building No.9.

# 27. 中央美术学院前院长潘公凯工作室的跨文化艺术史交流
## （2018.8.29）

Exchanging for Transcultural Painting and the Decorative Arts at the
Studio of Professor Pan Gongkai, the Former President of Central
Academy of Fine Arts on 29 Aug.2018

图 16-27-1　参观潘公凯教授画展（右起：王宾、谢内、金丝燕、董晓萍、潘公凯、汪德迈父女）
Visiting the painting exhibition by professor Pan Gongkai(from right: Wang Bin, François Chenet, Jin Siyan, Dong Xiaoping, Pan Gongkai, Léon Vandermeersch and his daughter Chantal Vandermeersch Dalma).

图 16-27-2　汪德迈先生欣赏潘公凯教授创作的《绿荷》系列作品
Professor Léon Vandermeersch appreciates the *Green lotus* series of ink paintings created by professor Pan Gongkai.

图 16-27-3　汪德迈先生仔细听潘公凯教授的创作理念与构图细节
Professor Léon Vandermeersch listens attentively to professor Pan Gongkai's creative concepts and compositional details.

图 16-27-4　汪德迈先生来到会客室翻看潘公凯教授出版的著作
Professor Léon Vandermeersch comes to the parlour to look through professor Pan Gongkai's publications.

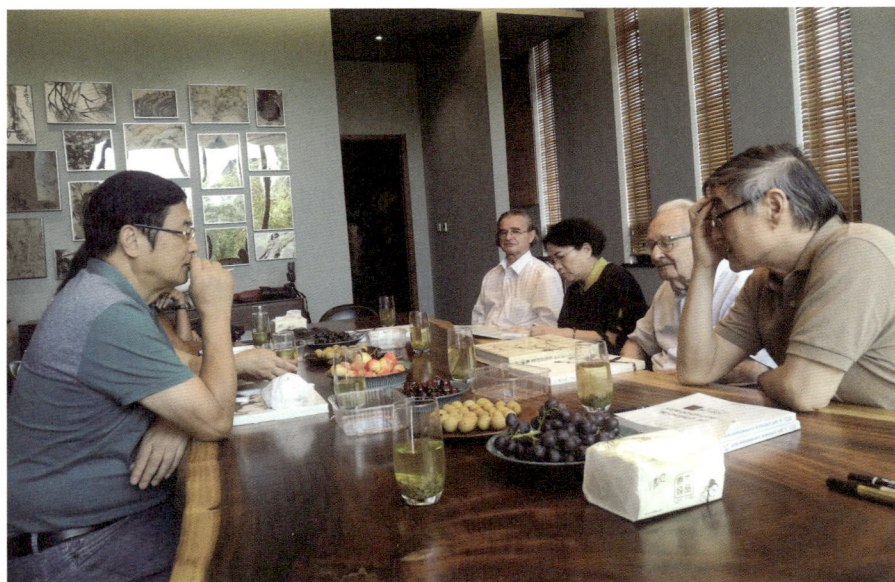

图 16-27-5　潘公凯教授与中法学者讨论中西绘画的差异
Professor Pan Gongkai discusses with Chinese and French scholars about the differences between Chinese and Western paintings.

［法］汪德迈（Léon Vandermeersch）

汪德迈（Léon Vandermeersch），1945 年就读于法国巴黎东方语言文化学院学汉语与越南语，同时在巴黎索邦大学学哲学与法律。1948 年获汉语本科文凭，1950 年获越南语本科文凭，1951 年获哲学硕士与法学博士学位。1962 年获法国高等社会研究院法学研究硕士学位，1975 年以中国古代体制研究的论文获法国国家博士学位。法兰西学院通讯院士，法国远东学院原院长，法国高等社会科学研究院教授，北京师范大学荣誉教授。主要研究甲骨文、儒法家思想、中国古代政治制度、中国思想史，以及受中国文化影响的国家（韩、日、越）的文化史。

主要出版专著七部，发表论文逾百篇。获法兰西学院儒莲奖（Prix de Stanislas Julien）、法兰西学院金石美文学院最重要的奥马乐奖（Prix du duc d'Aumale）、法国荣誉军团骑士勋章（Chevalier de l'ordre de la Légion d'Honneur）、法国教育荣誉勋位（Officier de l'Ordre des Palmes académiques）、日本神器金银星（Etoile d'or et d'argent de l'Ordre du Trésor sacrédu Japon）、中国政府中华图书特殊贡献奖。

汪德迈全集 9

# 跨文化的一颗星：汪德迈

## Léon Vandermeersch, A Star of Transculture

## 中法学术文化交流图文集

Collection of Photos and Essays on the Academic and Cultural
Exchanges between China and France

下集

陈越光　董晓萍　［法］金丝燕　　编著

中国大百科全书出版社

图字：01-2024-4688 号

**图书在版编目（CIP）数据**

跨文化的一颗星：汪德迈．下集 ／ 陈越光，董晓萍，
[法] 金丝燕编著 . —— 北京：中国大百科全书出版社，
2024.10．——ISBN 978-7-5202-1633-3

（汪德迈全集⑨）

董晓萍、[法]金丝燕主编"跨文化研究"丛书

I . K835.655.81

中国国家版本馆 CIP 数据核字第 2024ZJ6679 号

策 划 人　郭银星
责任编辑　常晓迪
责任校对　康丽利
封面设计　程　然
版式设计　博越创想
责任印制　李宝丰
出版发行　中国大百科全书出版社
地　　址　北京市阜成门北大街 17 号
邮政编码　100037
电　　话　010-88390790
网　　址　http://www.ecph.com.cn
印　　刷　北京汇瑞嘉合文化发展有限公司
开　　本　710 毫米 ×1000 毫米　1/16
印　　张　64（全三册）
字　　数　451 千字（全三册）
印　　次　2024 年 10 月第 1 版　2024 年 10 月第 1 次印刷
书　　号　ISBN 978-7-5202-1633-3
定　　价　398.00 元（全三册）

董晓萍　［法］金丝燕　主编

《汪德迈全集》（9）

北京师范大学中国民间文化研究所

香港明远中国文化教育基金会

合作项目

## "八十年代思想文化研究"

综合性成果

北京师范大学跨文化研究院敦和学术基金

香 港 明 远 中 国 文 化 教 育 基 金 会

资助出版

下集

跨文化中国学教育

Part Three

Higher

Education

of

Chinese

Studies

in

the

Transcultural

Perspective

# 第 17 章

# 第五届 跨文化学研究生国际课程班
# （2019／上）

# "概念史：走向跨文化"

## ——开辟全校本研一体通识课

## History of Concepts: Approaching to Transcultural Studies

董晓萍（Dong Xiaoping）

北京师范大学第五届跨文化学研究生国际课程班，自 2019 年春季学期起，开始"跨文化学"本研课程一体化建设。我们从几年来的实践中认识到，跨文化学教学中的多学科"万箭齐发"与外语能力"井喷"景象其实是在本科阶段发生的。本科生的不足，是浸泡于课海之中，却不是天生的善游者。他们会在课海中丢掉自我，失去星斗的照耀。研究生是专业教学，但研究生教学又暴露出前期知识结构的狭窄和外语能力的偏弱，让跨文化学的教学掣肘。将本科生作为跨文化学人才的第一储备，然后本、研衔接，过渡到研究生教育，这样有助于利用高校通识类课程的优势，拓展跨文化学的教学空间，帮助学生站到更大的平台上放眼望去，准备与世界对话。

2019 年第五届跨文化学课程班教学，延伸至全校本科公共选修课，16 学时，中国、法国、比利时教授 10 人次参与教学，他们是：北京师范大学的董晓萍教授和李正荣教授，来自法国的汪德迈先生、金丝燕教授、法兰西学院院士米歇尔·冉刻（Michel Zink）教授、法国高等社会科学研究院佛辽若（Pierre-Sylvain Filliozat）教授，比利时根特大学的巴得胜（Bart Dessein）教授。相关研究生课程由王宁先生、李国英教授、李正荣教授和董晓萍教授分别担任，共 1 学期，共 184 学时。

4 月 12 日，汪德迈先生首讲，题目是《论〈诗经〉的起源》。选修此课的全校文理科各院系本科生百余人听讲。北京师范大学文学院比较文学与世界文学方向的研究生、跨文化学方向的全本师生、北师大历史学院、外国语言文学学院、教育学部和新闻传播学院等多个院系的研究生、国内高级访问学者和进修教师，国家汉办科研人员代表，甘肃敦煌研究院、南京大学、山东大学等高校与科研院所的科研负责人和研究生等逾80人参加了听讲。汪德迈先生此前已连续4年来北师大讲座，以往给研究生讲授的主要研究领域是从中国古文字学到中国古代社会制度的研究，本次讲座的转变，是从文字学的研究进入中国文学的研究。《诗经》研究，正是汪德迈先生关于中国文学研究的开首。以"国风"为例，汪德迈先生的研究由一个问题开始：《诗经》，孔子编定。从原则上说，孔子的儒家政治学致力于中国上层礼治社会的建立，这种礼治社会是有明显的阶级和等级倾向的，正所谓"刑不上大夫、礼不下庶人"。既然如此，孔子为什么亲自编订《诗经》的"国风"呢？怎样解释这种矛盾的现象呢？在场师生花了一个小时的时间，听取了汪德迈先生的阐述，不知不觉中被汪德迈先生取精用宏的精彩讨论、思维缜密的逻辑论证和强大的思考力所折服。站在汪先生的角度看，在孔子编《诗经》之前，还应该有一个"原始"的"诗经"，其中的"风"是相当重要的一部分。起初"风"与气象有关，"风"是统领气候的自然现象。其他文化也有关于天气的歌谣与俗语，古希腊、古埃及都有。但古希腊的这种歌谣大都来自神谕，不是自然气候的启示。中国是古老的农业国家，谁最了解"风"的知识？是老百姓。早期风的知识由物候记载传达出来，中国古语已有风吹草动、草木知秋等大量说法。在《说文解字》中关于日月升沉与草木关系的象形字和会意字也不少。孔子编《诗经》时删去了很多诗歌，其中一定有"风"诗；但他也要保留一部分"风"诗，因为甲骨文和《易经》里都有。在后世的社会发展中，自然的"风"诗与萨满教的知识结合、与风谣结合、与讽喻结合等，丰富了内涵。总之，拿中国人的"国风"观与西方人的神学观相比，中国的宇宙观是突出的。

汪德迈先生的《诗经》研究展现了一个全新的视角。他还从多个方面深刻精辟地阐述《诗经》，沿着这条路走下去空间广阔。

汪德迈先生的中国文学观与他的中国古文字观是一脉相承的，但由于文学是另一种不同的研究对象，他还从中国古代哲学和历史学的角度加强了探讨。他的中国文学研究，涉及思想史、修辞学、诗学、艺术学、宗教学、民俗学和社会人类学等不同领域，并都有所跨越。从这个层面说，他的《诗经》研究对中国传统文化内涵的贴近程度，以及他所持有的有距离的创造性研究之厚重，远远超过葛兰言的《诗经》说。当然，这只是他的整体研究之一角。

汪德迈先生还谈到对中国文学的研究方法，指出，以《诗经》为例，现存《诗经》和原始《诗经》都是很古老的文学，对很古老文学的精神现象不可能用考古学的方法去研究，但可以考虑使用民俗学的方法。世界各地都有很多相似的民俗，用民俗学的研究方法有时能够弥补考古学的不足。人文科学研究还需要使用其他方法，包括跨文化学的方法，这要从资料实际出发。

为达到跨文化、跨语言的教学目标和直接有效的对话效果，汪德迈先生全程用中文讲座，为现场听众叹服，不时爆发出掌声和笑声。教二楼 114 教室座无虚席，过道、门口和门外都挤满了慕名而来的学者，展现出对跨文化视野下的西方学者对中国经典文献研究的极大关注。汪德迈先生早年曾在日本从事汉学研究多年，对日本社会文化也有很深的了解，在汪德迈先生结束讲座后，4 位北师大比较文学与世界文学的研究生走到台前，向汪老和在场师生展示了他们的课堂学习报告，一场代际思想交汇呈现出跨文化学研究向多维度延展的可能性。

4 月 19 日与 22 日，法国阿尔多瓦大学特级教授、东方学系主任金丝燕连续讲授《"汉字文化圈"的概念》，从汪德迈先生新著《中国教给我们什么》讲起，指出此著与汪德迈提出的"汉字文化圈"概念的联系，指出汪德迈的中国学思想体系具有语言、社会与存在三结构框架，揭示在世界文化体系中的中国特殊性：1）中国文化基因植根于世界独一无二的非自然语言，即不以日常交流而以产生思想为功能的"文"之言为基础发展，这代表另一种对世界的认知。2）在社会组织层面，中国一切制度的发生与变迁都建立在中国特有的生产关系观念之上，是先有思想观念后有社会组织。3）在存在层面，中国文化的生命力并非来自宗教崇拜，而是产生于天人合一思维模式下的内在超越性。汪德迈力图揭示世界文化体系中的中国文化特殊性，指出："不要以为其特殊性比起表面的普遍性并不那么重要，其实正是要探究中国文化特殊性中所蕴含的一种普遍真实。"金丝燕教授继续解读汪德迈从文字学研究中国古代社会制度的核心观点：1）中西思想文化受语言系统的影响，产生了不同的发展方向。在西方的表音文字体系中，吸收了从地中海发生和繁荣的巴比伦、腓尼基、犹太及古希腊传播的神话大叙述，从中产生了《圣经》的和希腊式的理性神学。中国则相反，神话不在占卜学所用的"文"之列，占卜学以阴阳五行的理性宇宙学取代了神话学的原生叙事。2）中国儒家礼制社会是用社会意识抹去宗教意识。公元6世纪印度佛教正式传入中国，使非礼制意义上的宗教意识开始活跃。3）中国人的社会价值导向为文人精英至上，士商联盟在中国成为资本经济的主流。西方的新资本主义不带有属于中国古代资本主义的自身免疫基因，因而不会通过文人士大夫阶层的优越性而自抑。4）今天中国将社会主义意识形态与市场经济相结合，有自己的社会历史基础，这是西方社会不可能学到的。中国的"天人合一"理念更是吸引西方的思想财富，不仅影响了认知世界所有领域里的思想，它本身也从一开始就成为特殊符号学的对象。金丝燕教授是汪德迈先生多部法文著作的中文译者，她行走于中法两种文化之间，穿越于译者与作者的对话之上，形成对汪德迈思想的核心概念和学说体系的跨越思考和整体概括。

王宁先生对以上授课做了讲评，主要阐释了"象与义""类与分""名与实""言与文"等概念组的内涵及其在漫长的中国社会文化史中传承与嬗变的规律。

4月24日，法国著名文学理论家米歇尔·冉刻教授与汪德迈先生联袂主讲人文科学方法论，共同解读人文科学在假设与真实之间发生的感动与困境，与中国师生分享跨文化治学经验，介绍他们研究法国、意大利、希腊、中国、日本和越南文学文化的治学之道，充分展现跨文化研究的无限魅力。米歇尔·冉刻教授说，跨文化研究如何体现思想中的特性？因为作者是死的。人们在思想里头有一个作者，这就是内在的我。这个内在的自我又受到外在的影响，并取决于外在的影响，这就是超越死亡。我用这样的方法研究中世纪文学。法国的中世纪研究涉及不同的语言和不同的文学，我的方法要从这些研究对象中来。我把文本作为一切的开头，作为所有文学理论分析思考的真正的场。我严肃地对待文本，对文本有极大的尊重，努力地想知道文本究竟想说什么。在1970年和20世纪80年代，我都是这样对待文本的。我们应该有意地变为无知，带着这种无知去工作，无知就是天真的，天真地去阅读，天真地去研究。汪德迈先生谈他的人文科学研究有三：一是中国古代法律研究，二是儒学研究，三是甲骨文研究。我的法国老师戴密微自己没有研究中国文字的起源，像甲骨文，但戴密微感觉到了研究这一块的重要性，就把我派到饶宗颐的身边学习古文字，就这样我从儒学进一步上升到它的源头，上升到甲骨文。我把极大的精力放到文字的起源、文字的本义上，探索它的第一义。两位欧洲人文科学学术大师合作授课，其人文科学理念、卓越治学经历和国际话语影响力相统一，本身就是诠释人文科学方法论及其功能和前景的极有说服力的样本。

4月24日与25日，法兰西学院院士、法国高等社会科学研究院佛辽若教授主讲《印度的梵文诗》和《18至19世纪法国对印度文学的接受》。中印一山之隔，法印相距万里，但法国的印度学却相当发达，佛辽若与其父亲两代院士是该领域的代表人物。佛辽若的授课有两个侧重：一是印度梵文诗的概念与诗学阐释，二是法国的印度学史，两者都是他沉潜印度学研究60余载的精华所在。他在课程结束时用法语朗诵了《沙恭达罗》片段："沙恭达罗尊贵的配偶啊！厌倦了胜利，欢欣鼓舞，当他把她救回来的时候，她更加苍白，她的眼睛很白，因为期待和爱，爱抚她的雄性羚羊。"他的浓郁的印度文学情调，字里行间流淌的音乐性，让美丽的法语增添了东方色调。

4月30日，比利时汉学家巴得胜教授主讲艺术史系列课程。他认为，跨文化学研究与教育离不开艺术学和艺术史。艺术学和艺术史的研究是面向非文字的另一种文本，从表层到深层，汇聚自然界、社会与人类的重大问题，进行艺术化的处理，在不同时期呈现。传统欧洲汉学与这类艺术活动怎样"相遇"？使用怎样的研究方法？如何使用概念进行创新？传统欧洲汉学在这方面的研究上到底能走多远？这是他抛出的问题。他的课成为师生反响强烈的一讲。

2019 年春季学期，在北京的法国驻华大使馆，同步举行法兰西学院金石美文学院"汪德迈中国学奖"首届颁奖仪式，汪德迈《中国教给我们什么》新著的法语专场讲座，中法合作"远近丛书"之陈越光、米歇尔·冉刻《谦卑》新书发布会，中法合作《跨文化对话》学术期刊和"跨文化研究"丛书2019 年出版新书发布会。报名听讲跨文化学课程的北京师范大学本科生和研究生，北京大学、清华大学、中国科学院、中国社会科学院、南京大学等校师生纷纷前往。听讲人数超过以往四届人数总数的1.6 倍。

总结跨文化学的学科建设，我们获得以下启示：1）跨文化学是新层面下的整合性学科，它全面总结20 世纪及以前的人类知识系统和研究模式，涉及人类社会史、家庭史、民俗史、语言史、宗教信仰史和交流史，并将其予以重新价值化。2）经典人文学科的目标是学科独立，跨文化学构建网络关系。

3）以往的学术研究与大众需求分开，当代的跨文化学研究与大众需求建立联系，并要求学者更多地承担人类优秀文明的建设责任。4）跨文化学的概念史携带多元文化背景，没有统一的答案，但却告诉我们，世界人文科学思潮无论高潮迭起还是跌宕起伏，都涉及人类社会发展的一个大问题，即必须加强人类的人文精神建设，因此人文科学研究的当代趋势与方法论都备受关注。从这个意义上说，跨文化学的概念史教学，既是核心问题，也是前沿问题，任何时候都不能忽略。

**1. 北京师范大学向法兰西学院院士米歇尔·冉刻 (Michel Zink) 教授颁发"荣誉教授"证书 (2019.4.24)**

Michel Zink, Professor and Academician of Collège de France receives the Highest Rank Title of Honorary Professor Issues by Beijing Normal University on 24 April 2019

图 17-1-1 北京师范大学副校长周作宇教授向米歇尔·冉刻教授颁发荣誉教授证书
Vice president Zhou Zuoyu issues the "Honorary Professor" Certificate to professor Michel Zink.

图 17-1-2 周作宇副校长与米歇尔·冉刻教授共同打开荣誉教授证书
Vice president Zhou Zuoyu and professor Michel Zink open the certificate together.

图 17-1-3 米歇尔·舟刻教授荣获北京师范大学"荣誉教授"职衔
Professor Michel Zink, winner of academic title of "Honorary Professor" of Beijing Normal University.

图 17-1-4 法兰西学院三院士隆重出席仪式（左起：佛辽若、汪德迈、米歇尔·舟刻）
Three academicians of the Collège de France attend the award ceremony(from left: Pierre-Sylvain Filliozat, Léon Vandermeersch, Michel Zink).

图 17-1-5 周作宇副校长讲话
Congratulating speech of Vice president Zhou Zuoyu.

图 17-1-6 北京师范大学国际合作处处长程红光教授主持仪式
Professor Cheng Hongguang, director of the International Cooperation Office of Beijing Normal University hosts the award ceremony.

图 17-1-7 米歇尔·冉刻教授致答谢词
Professor Michel Zink gives a speech of sincere thanks.

图 17-1-8　周作宇副校长与法兰西学院三院士合影
Vice president Zhou Zuoyu takes photo with three academicians of Collège de France.

图 17-1-9　汪德迈先生向周作宇副校长赠送新著《中国教给我们什么》
Professor Léon Vandermeersch presents his book *What Does China Teach Us* to vice president Zhou Zuoyu.

图 17-1-10　参加颁发仪式的中法学者合影
Group photo of the Chinese and French scholars attending the award ceremony.

## 2. 北京师范大学第五届跨文化学系列讲座《概念史：走进跨文化》（北师大教四楼，2019.4.11—4.30）

**Fifth International Workshop of Transcultural Studies "Concept History: Approaching to the Transculture" in Teaching Building No.4 of BNU on 11-30 April 2019**

图 17-2-1　第五届北京师范大学跨文化学研究生课程班开幕式
The opening ceremony of 5th Workshop of Transcultural Studies at BNU.

图 17-2-2　开幕式主席台
The rostrum of the opening ceremony.

图 17-2-3　汪德迈先生向北京师范大学本科同学问好
Professor Léon Vandermeersch expresses his cordial greetings to the undergraduate
students of Beijing Normal University.

图 17-2-4　北师大国际合作处副处长刘敏致辞
Speech of professor Liu Min, vice director of International Cooperation Office of BNU.

图 17-2-5　刘敏副处长与金丝燕教授交谈
Vice director Liu Min talks with professor Jin Siyan.

图 17-2-6　程正民教授与汪德迈先生和金丝燕教授互致问候
Professor Cheng Zhengmin, professor Léon Vandermeersch and professor Jin Siyan
greet each other.

### 3. 汪德迈先生讲跨文化中国学的要点

**Professor Léon Vandermeersch Delivers Lecture on**
*What Does China Teach Us*

3.1 汪德迈先生围绕其新著《中国教给我们什么》阐释跨文化中国学的研究要点首开第一讲（2019.4.12）

First Lecture Delivers by Professor Léon Vandermeersch about the Key Points of Transcultural Chinese Study Based on His New Book *What Does China Teach Us* on 12 April 2019.

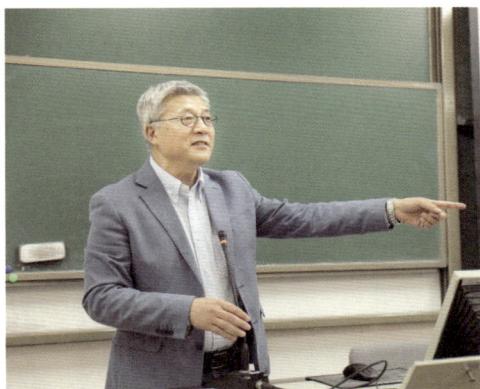

图 17-3-1.1 李正荣教授向全校本科平台课选课同学介绍"概念史：走向跨文化"课程计划与要求
Professor Li Zhengrong introduces the programme and requirements of "History of Concepts: Approaching to Transcultural Studies" to all the undergraduate students taking the undergraduate platform course.

图 17-3-1.2 汪德迈先生主讲《中国教给我们什么》
Professor Léon Vandermeersch delivers the lecture *What Does China Teach Us*.

图 17-3-1.3 本科同学听得惊奇又兴奋
Undergraduate students amaze to hear.

图 17-3-1.4 金丝燕教授主持并协助汪德迈先生授课
Professor Jin Siyan assists professor Léon Vandermeersch in class.

图 17-3-1.5　金丝燕教授讲评
Comments by professor Jin Siyan.

图 17-3-1.6　齐元涛教授提问
Professor Qi Yuantao asks questions.

图 17-3-1.7　程正民教授听课
Professor Cheng Zhengmin listens to the lecture.

图 17-3-1.8　董晓萍教授和李正荣教授听课
Professor Dong Xiaoping and professor Li Zhengrong listen to the lecture.

图 17-3-1.9 索马里留学生与汪德迈先生合影

A Somali student asks to takes photo with respectable professor Léon Vandᴇrmeersch.

图 17-3-1.10 几内亚留学生与汪德迈先生合影

A Guinea student asks to takes photo with professor Léon Vandermeersch.

## 3.2 汪德迈先生主讲《论〈诗经〉的起源》

Professor Léon Vandermeersch Delivers the Lecture "The Origins of Book of *Songs*" at Teaching Building No.4 on 18 April 2019.

图 17-3-2.1　李正荣教授主持

Professor Li Zhengrong hosts the lecture.

图 17-3-2.2　汪德迈先生主讲

Professor Léon Vandermeersch is lecturing.

图 17-3-2.3 金丝燕教授与国家汉办青年学者崔欢交谈
Professor Jin Siyan talks with Cui Huan, a young scholar from Office of Chinese Language Council International.

图 17-3-2.4 满满的课堂、满满的收获
Crowded class, full of harvest.

图 17-3-2.5 本科生汇报课堂作业
Undergraduate students report on class assignments.

图 17-3-2.6 董晓萍教授做总结
Professor Dong Xiaoping makes a summary.

图 17-3-2.7 听讲师生合影
Group photo of teaches and students coming to the lecture.

图 17-3-2.8 汪德迈先生向李正荣教授致谢
Professor Léon Vandermeersch expresses his thanks to professor Li Zhengrong.

# 4. 金丝燕教授讲 "汉字文化圈"

## Professor Jin Siyan's lecture on "Chinese Character Cultural Circle" (Sinosphere)

❧◦◦◦◦◦◦◦◦◦◦◦◦◦◦◦◦◦❧

### 4.1 金丝燕教授主讲《"汉字文化圈" 概念研究之一》
Professor Jin Siyan Delivers the Lecture "The Concept of Sinosphere" (part 1) on 19 April 2019.

图 17-4-1.1　董晓萍教授主持
Professor Dong Xiaoping hosts the lecture.

图 17-4-1.2　金丝燕教授主讲
Professor Jin Siyan is lecturing.

图 17-4-1.3　汪德迈先生评议

Comments by professor Léon Vandermeersch.

图 17-4-1.4 金丝燕教授与汪德迈先生交流
Professor Jin Siyan talks with professor Léon Vandermeersch.

图 17-4-1.5 李正荣教授听讲
Professor Li Zhengrong is listening to the lecture.

图 17-4-1.6 董晓萍教授听讲
Professor Dong Xiaoping is listening to the lecture.

图 17-4-1.7 汪德迈先生与金丝燕教授回答同学们的提问
Professor Léon Vandermeersch and professor Jin Siyan answer the questions from graduate students.

图 17-4-1.8　听课现场

Scene of the classroom in teaching Building No.4 of BNU.

### 4.2 金丝燕教授主讲《第二讲 "汉字文化圈" 概念研究之二》

Professor Jin Siyan Delivers the Lecture "The Concept of Sinosphere" (part 2) on 22 April 2019.

图 17-4-2.1　金丝燕教授主讲

Professor Jin Siyan is lecturing.

图 17-4-2.2　王宁教授听课

Professor Wang Ning is listening to the lecture.

图 17-4-2.3 汪德迈先生评议
Professor Léon Vandermeersch comments.

图 17-4-2.4 汪德迈先生向王宁教授赠送新著《中国教给我们什么》
Professor Léon Vandermeersch presents his new book *What Does China Teach Us* to professor Wang Ning.

图 17-4-2.5 课堂现场
Scene of the classroom in teaching Building No.4 of BNU.

图 17-4-2.6　中法学者在第五届跨文化研究生国际课程班会标前合影（金丝燕教授、王宁教授、汪德迈先生、董晓萍教授）
Group photo of the Fifth International Workshop of Transcultural Studies take in front of the logo of the workshop.

图 17-4-2.7　中法教授与听课师生合影
Group photo of Chinese and foreign professors with teachers and students

# 5. 法国的印度学家讲法国的印度学

## French Indologists Talks about French Indology

5.1 婆苏阔拉·卡瓦利－佛辽若（Vasundhara Kavali-Filliozat）博士主讲《印度寺庙艺术的概念：公元 5 世纪至 16 世纪南部印度寺庙建筑艺术》

Dr.Vasundhara Kavali-Filliozat Delivers the Lecture "The Concept of Indian Temple: Art and Architecture in Southern India from 5th to 16th Century" on 22 April 2019.

图 17-5-1.1　婆苏阔拉·卡瓦利－佛辽若博士主讲

Dr.Vasundhara Kavali-Filliozat is lecturing.

图 17-5-1.2　金丝燕教授翻译

Professor Jin Siyan interpretes the lecture from French to Chinese.

图 17-5-1.3 金丝燕教授把听众的问题翻译成法语反馈给婆苏闼拉·卡瓦利-佛辽若博士
Professor Jin Siyan interprets the audience's feedback from Chinese to French for Dr. Vasundhara Kavali-Filliozat.

图 17-5-1.4 汪德迈先生讲评
Professor Léon Vandermeersch comments.

图 17-5-1.5 中法印文明互鉴
Mutual learning among Chinese, French and Indian civilizations.

图 17–5–1.6　听课现场
Scene of the classroom C5043 of main building, School of Chinese Languages and Literature of BNU.

图 17–5–1.7　中法学者与部分听课师生合影
Group photo of Chinese and foreign professors with teachers and students.

## 5.2 佛辽若（Pierre-Sylvain Filliozat）主讲《印度古代诗学的概念：梵文诗》

Professor Pierre-Sylvain Filliozat Delivers the Lecture "Concerts of Ancient Indian Poetics: Sanskrit Poetry" on 25 April 2019.

图 17-5-2.1　佛辽若教授讲授印度的梵文诗
Professor Pierre-Sylvain Filliozat is lecturing about Sanskrit Poetry of India.

图 17–5–2.2 李正荣教授与董晓萍教授合作主持
Professor Li Zhengrong and professor Dong Xiaoping co-host the lecture.

图 17–5–2.3 北京大学哲学系助理教授赵悠担任英文翻译
Zhao You, assistant professor of the Department of Philosophy of Peking University interprets the lecture from English to Chinese.

图 17–5–2.4 佛辽若教授与赵悠助理教授谈话
Professor Pierre-Sylvain Filliozat is talking with assistant professor Zhao You.

图 17–5–2.5　听课现场

Scene of the classroom in Teaching Building No.4 of BNU.

图 17–5–2.6　中法学者与部分听课师生合影

Group photo of Chinese and foreign professors with teachers and students who came to listen.

## 5.3 佛辽若（Pierre-Sylvain Filliozat）主讲《18 至 19 世纪法国对印度文学的接受》（北师大英东楼学术会堂，2019.4.24）

Professor Pierre-Sylvain Filliozat Delivers the Lecture "18th-19th Century Reception of Sanskrit Literature in France" at the Academic Hall in Yingdong Building of Beijing Normal University on 24 April 2019.

图 17-5-3.1　佛辽若教授主讲

Professor Pierre-Sylvain Filliozat is lecturing.

图 17-5-3.2　主席台上中法学者交流
Chinese and French Professors communicate on the rostrum.

图 17-5-3.3　听课现场
Scene of the classroom at the Academic Hall in Yingdong Building of BNU.

## 6. 米歇尔·冉刻教授与汪德迈教授讲回归文本的研究方法

**Professor Michel Zink & Professor Léon Vandermeersch Deliver the Lecture Joinly Together of the Research Method of Going Back to the Text and Textuality**

～◦◦◦～

### 6.1 米歇尔·冉刻与汪德迈在英东学术会堂联讲《人文科学方法论》（北师大英东楼学术会堂，2019.4.24）

Professor Michel Zink & Professor Léon Vandermeersch Deliver the Lecture "Methodology of Human Sciences" at the Academic Hall in Yingdong Building of Beijing Normal University on 24 April 2019.

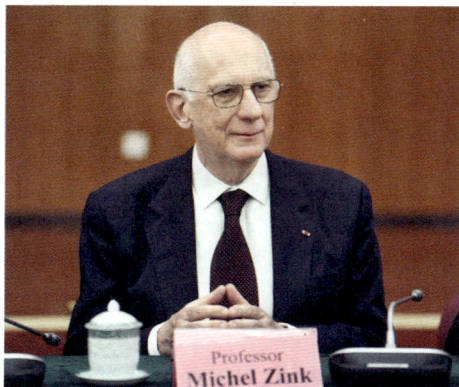

图 17-6-1.1 米歇尔·冉刻教授演讲
Professor Michel Zink is lecturing.

图 17-6-1.2 汪德迈先生与米歇尔·冉刻教授的讲演互补
Complementary Lectures by professor Léon Vandermeersch and professor Michel Zink.

图 17-6-1.3 法兰西学院三院士谈人文科学研究方法
Three academicians of Collège de France talk about the methology of humanities research.

图 17-6-1.4 金丝燕教授同声翻译法国院士讲座
Professor Jin Siyan does simultaneous translation of the French academicians' lecture.

图 17-6-1.5 米歇尔·冉刻教授与金丝燕教授交谈
Professor Michel Zink talks with professor Jin Siyan.

# 7. 比利时汉学家讲跨文化方法论模式与个案：印度佛学、莫言小说与中西雕塑艺术比较

Belgian Sinologist Delivers Lecture about Methodology of Transcultural Studies and Studying Cases: Indian Buddhism, Mo Yan's Fiction, Comparison of Chinese and Western Sculpture and Art

## 7.1 巴得胜教授主讲《印度佛教及其中西转型》

Professor Bart Dessein Delivers the Lecture "Indian Buddhism and its Chinese and Western Transitions" at Rm B106 in Main Building of Beijing Normal University on 29 April 2019.

图 17-7-1.1 讲课现场
Scene of Rm B106 in Main Building of Beijing Normal University.

图 17-7-1.2　巴得胜教授主讲
Professor Bart Dessein is lecturing.

图 17-7-1.3　董晓萍教授主持
Professor Dong Xiaoping hosts the lecture.

图 17-7-1.4　王宁教授听讲并与巴得胜教授对话
Professor Wang Ning comes to listen and talks with professor Bart Dessein.

图 17-7-1.5　李国英教授听讲并与巴得胜教授对话
Professor Li Guoying comes to listen and talks with professor Bart Dessein.

图 17-7-1.6 齐元涛教授听讲并与巴得胜教授对话
Professor Qi Yuantao comes to listen and talks with professor Bart Dessein.

图 17-7-1.7 课后合影留念（右起：王宁教授、巴得胜教授、齐元涛教授）
Group photo of Professors after class(from right: professor Wang Ning, professor Bart Dessein and professor Qi Yuantao).

## 7.2 巴得胜教授主讲《时间的与永恒的：莫言与查尔斯·雷的〈蛙〉》

Professor Bart Dessein Delivers the Lecture "The Temporal and the Timeless: Mo Yan and Charles Ray's Frogs", Rm C5049 in Main Building of Beijing Normal University on 27 April 2019.

图 17-7-2.1　讲课现场

Scene of Rm C5049 of Beijing Normal University.

图 17-7-2.2　巴得胜教授主讲 Professor Bart Dessein is lecturing.

图 17-7-2.3　美国得克萨斯大学博士研究生提问 Ph.D.student from the University of Texas, USA asks a question.

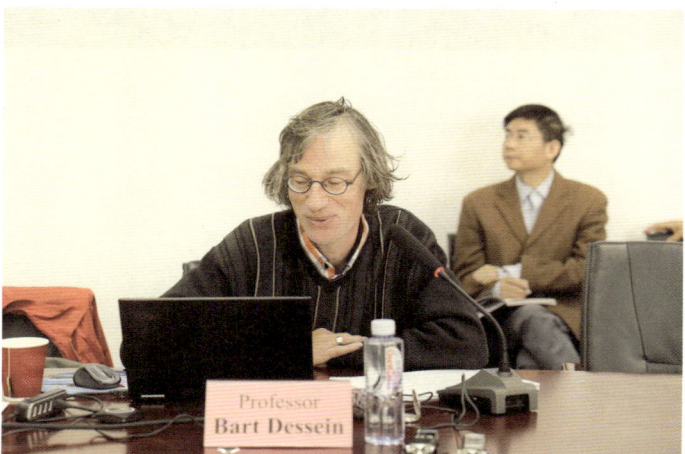

图 17-7-2.4　巴得胜教授与中外研究生讨论研究方法 Professor Bart Dessein discusses the methods of transcultural studies.

## 7.3 巴得胜教授主讲《"博福特"：致敬大海》( 北师大教八楼 209 教室，2019.4.30 )

Professor Bart Dessein Delivers the Lecture "Beaufort: Tribute to the Sea" at Rm 209 in Teaching Building No.8 of Beijing Normal University on 30 April 2019.

图 17-7-3.1　巴得胜教授主讲

Professor Bart Dessein is lecturing.

图 17-7-3.2 北京师范大学博士研究生卫冕提问
Ph.D.student Wei Mian asks a question.

图 17-7-3.3 史玲玲讲师与巴得胜教授交流
Lecturer Shi Lingling communicates with professor Bart Dessein.

图 17-7-3.4 董晓萍教授主持与总结
Professor Dong Xiaoping hosts the lecture and makes a summary.

## 8. 第五届北京师范大学跨文化学研究生课程班闭幕式
### （2019.4.30）

## The Closing Ceremony of Fifth Workshop of Transcultural Studies
## on 30 April 2019

图 17-8-1　闭幕式主席台
Rostrum of closing ceremony held at Rm 209 of Teaching Building No.8
of Beijing Normal University.

图 17-8-2　北师大民俗典籍文字研究中心主任李国英教授致闭幕词
Closing ceremony speech of professor Li Guoying, director of Center of
Research for Chinese Folklore and Ancient Writing at BNU, the key research
base of humanities and social sciences under the Education Minister, PRC.

图 17-8-3 北师大文学院副院长杨利慧教授（右一）出席

Professor Yang Lihui, vice director of School of Chinese Languages and Literature of BNU (first one from the right side) attends the closing ceremony.

图 17-8-4 李国英教授代表北师大主办单位向巴得胜教授赠书

Professor Li Guoying presents the books on behalf of the host unit of 5th Workshop to professor Bart Dessein.

# 第 18 章

# 第六届 跨文化学研究生国际课程班
# （2019／下）

Chapter Eighteen
Sixth International Workshop of Transcultural Studies
(Teaching in Autumn Semester on 20-30 August 2019)

# 推进跨文化学教材建设

Promotion of Writing of Transcultural Studies Textbooks

董晓萍（Dong Xiaoping）

　　北京师范大学 2019 年秋季学期第六届跨文化学研究生国际课程班，以"跨文化研究与人文科学方法论范式"为议题，获科技部国家级高端外专项目"跨文化中国学研究与教育"、教育部人文社科重点研究基地重大项目"跨文化视野下的汉语、汉字与民俗文化研究"，与北京师范大学教务部（研究生院）研究生学术交流平台重点建设项目的支持，于 2019 年 8 月 20 日至 8 月 30 日成功举办。在中外教授阵容中，来自法国巴黎高师、俄罗斯圣彼得堡大学的著名教授，加入国际平台团队。他们汇集多元学术，加强文明互鉴，以截至 2019 年 8 月出版的"跨文化研究"新书兼教材 18 种 20 册为对象，合力推进跨文化中国学教育。

本次发布的 2019 年新书有：［法］汪德迈《中国教给我们什么》（金丝燕译）、程正民主编《20 世纪俄罗斯诗学流派研究》（全六卷），金丝燕教授与董晓萍教授主编的"跨文化研究"系列丛书 2019 年度新书 10 册，以及中法合作"远近丛书" 2 种 4 册。

"跨文化研究"新书是中外一流高校著名人文科学学者通力合作的成果，是跨文化中国学教育的理论基础。部分中外作者暨第六届跨文化学研究生国际课程班的教授，在授课期间，参加了新书发布活动，他们是：北京师范大学资深教授、传统语言文字学家王宁先生，俄苏文学研究专家程正民教授，民俗学家董晓萍教授，俄罗斯文学专家李正荣教授，法国汉学家汪德迈教授和金丝燕教授，比利时根特大学巴得胜教授，俄罗斯国家科学院院士、圣彼得堡大学尤里·别林斯基教授和法国巴黎高师米歇尔·西班牙教授。

北京师范大学教务部副教务长汪明教授在致辞

中说，"跨文化研究"丛书全部是北京师范大学跨文化学研究生国际课程班的配套研究生教材，其明显特征是中外一流专家学者在跨文化视野下通力合作，在文明互鉴的大框架下共建中国话语，其中中国传统人文学科发挥了特殊优势，为中国高校人文学科的创新建设积累了学术财富，同时也为跨文化学研究生教育提供了重要样本。这批新书还有一个特点，就是认真总结中外人文学科建设的历史遗产。在这套新书中，近期出版的"中国民俗学之父"钟敬文先生的著作《钟敬文全集》和中国俄罗斯文艺理论批评家刘宁先生的遗作《跨文化俄苏文学访谈录》都是重要著作。有这些著作在，就有人文科学前辈大师的精神在，就有建设跨文化中国学的初心在，就有继往开来、文明互鉴的使命在。北京师范大学文学院副院长齐元涛教授在致辞中指出，"跨文化研究"丛书由法国学者27人次和中国学者63人次参加撰写，汇聚了中外高端人文学术对话与研究的丰富内容，目前已出版80种，"远近丛书"出版18种，《跨文化对话》学术杂志出版40辑，合计146种。这些著作在共时性的框架中，针对当代跨文化交流的差异与超越等普遍问题，讨论人类优秀人文思想的共享性与现代性。

列入本次发布"跨文化研究"丛书第 33 至 38 册的《20 世纪俄罗斯诗学流派研究》（全六卷），是教育部人文社会科学重点研究基地重大项目结项成果，程正民主编，书首有程正民先生所撰总序《从一元到多元，从对立到对话——20 世纪俄罗斯诗学发展趋势》，是对俄罗斯诗学流派问题的研究大纲。建立跨文化中国学，不能忽略"俄罗斯学派"的影响，这套著作全面地展示俄罗斯诗学建构的基本成就，在俄罗斯诗学发展史的宏观背景上，密切联系俄罗斯文学，特别是 20 世纪俄罗斯文学的丰饶实绩与多元格局，对百年来俄罗斯诗学的主要流派及其代表性人物的著述做了系统深入的研究，梳理了这些诗学流派的发展脉络，概括出各派诗学的理论要点，呈现出 20 世纪俄罗斯诗学的基本成就，从诗学流派的角度比较全面地展示 20 世纪俄罗斯诗学的全貌。作者以科学的眼光，考察和评价社会诗学、叙事诗学、结构诗学、形式主义诗学、（巴赫金）文化诗学和历史诗学等各诗学流派，展现出 20 世纪俄罗斯诗学领域中多元共存、在对话中发展的局面。这套书对于全面认识和借鉴 20 世纪俄罗斯文艺文化理论成就，促进跨文化中国学教育，具有重大理论意义和社会现实意义。

### 1. 第六届跨文化学研究生国际课程班中外师资与研究生学员 合影（2019.8.20）

**Group Photo of Chinese and Foreign Professors and Graduate Students of the Sixth International Workshop of Transcultural Studies on 20 Aug.2019**

## 2. 第六届跨文化学研究生国际课程班开幕式（2019.8.20）

## Group Photo of the Sixth International Workshop of Transcultural Studies on 20 Aug.2019

～～～～

科技部国家级外专高端项目"跨文化中国学研究与教育"
教育部人文社科重点研究基地重大项目"跨文化视野下的汉字、汉语与民俗文化研究"
北京师范大学教务部（研究生院）研究生学术交流平台重点建设项目

北京师范大学第六届跨文化学研究生国际课程班

# 跨文化研究与人文科学方法论范式

（2019年8月20日至8月30日）

6th International Workshop of Transcultural Studies
Études chinoises transculturelles et modèles de recherche en sciences humaines
Transcultural Studies and Research Paradigm of Humanities
August 20,2019- August 30,2019

◆ 主讲人

法兰西学院通讯院士、法国高等社会科学研究院汪德迈(Léon Vandermeersch)教授

法国阿尔多瓦大学东方学系主任金丝燕特级教授

法兰西学院院士、法国巴黎高师米歇尔·西班牙(Michel Espagne)教授

比利时皇家科学院院士、比利时根特大学巴得胜(Bart Dessein)教授

俄罗斯科学院院士、圣彼得堡大学Yury Berezkin教授

芬兰科学院院士、爱沙尼亚塔尔图大学Ülo Valk教授

日本关西大学教授、日本中西交涉学会会长、世界汉语教育史研究会会长、中国近世语学会会长内田庆市博士

法国国家图书馆东方部汉文典藏部罗栖霞馆员

王宁，北京师范大学资深教授、北京师范大学章黄学术研究中心主任

程正民，北京师范大学教授、北京师范大学跨文化研究院学术委员会副主任、北师大文艺学中心研究员

樊锦诗，敦煌研究院院长、考古学家、敦煌研究院原院长

潘公凯，中央美术学院教授、中国美术学院原院长、美术学科特聘教授

王一川，北京大学教授、北京大学艺术学院院长

董晓萍，北京师范大学教授、中国民间文化研究所所长、北师大民俗典籍文字研究中心副主任

李正荣，北京师范大学教授、北京师范大学跨文化研究院副院长

◆ 讲座题目

1.官方文学La littérature administrative(汪德迈)
2.孔子的开启与介入L'intervention de Confucius(汪德迈)
3.文心雕龙或中国文学的特征Wenxin diaolong ou les caractères propres de cette littérature(汪德迈)
4.跨文化转论Etudes transculturelles : introduction(金丝燕)
5.文化转场:文本与艺术—长时间与多维度Transferts culturels:texte et art-Temps long et multiplicité de dimension(金丝燕)
6.文化转场的概念The notion of cultural transfer(米歇尔·西班牙)
7.文化转场与人文科学Cultural transfer and Human science(米歇尔·西班牙)
8.跨文化研究范式的变迁Changing Paradigms in Transcultural Studies（巴得胜）
9.处理民俗和神话大数据的基本方法: 数据库、研究方法、工具与结果Corporate Approach to Processing of the Bid Data on Folklore and Mythology: Database, Research Methods, Tools and Results(Yury Berezkin)
10.作为信息服务器的民俗母题的分布:跨欧亚文化的接触点与边界Spread of Folklore Motifs as a Proxy for Information Exchange: Contact Zones and Borderlines in Eurasia(Yury Berezkin)
11.信仰研究的话语理论与方法Theory and Method of Discourse in Folk Belief Study(Ülo Valk)
12.文化交涉学与语言接触研究On Cultural Communication and language contact(内田庆市)
13.文化传播的个案研究—语体论、冠华研究、杂语、语法研究(内田庆市)
14.法国国家图书馆敦煌文献典藏与利用Collection and Utilization of Documents of Dunhuang Grottoes in French National Library (罗栖霞)
15.跨文化汉字学On Chinese Characters in Transcultural Studies(王宁)
16.《文心雕龙》与中国正统文学Wenxin diaolong and Chinese Orthodox Literature （王宁）
17.俄罗斯宗教文化诗学Russian Religious and Cultural Poetics程正民)
18.玄奘译经和教煌壁画Xuanzang's Translation of Sutra and Dunhuang Mural (樊锦诗)
19.青藏高原的神话传说与历史故事Myths,Legends and Historical Stories from Qinghai-Tibet Plateau (王邦维)
20.西方艺术的现代边界The Modern Boundary of Western Art(潘公凯)
21.跨文化艺术学研究Transcultural Studies and Artistic Research (王一川)
22.历史经典与民俗母题Historical Classics of China and Folklore Motifs (董晓萍)
23.跨文化俄苏文学访谈文献研究On Russian (Soviet)Literature in Transcultural Studies(李正荣)

主办单位:
北京师范大学跨文化研究院 / 教育部人文社科重点研究基地北京师范大学民俗典籍文字研究中心 / 北京师范大学文学院 / 敦和基金会
College of Transcultural Studies,BNU. / Center of Study for Chinese Folklore and Ancient Writing, BNU.
Key Research Institute under the Ministry of Education,PRC. / School of Chinese Language and Literature, BNU. / Dunhe Foundation

图 18-2-1 第六届跨文化学研究生国际课程班会标
Conference logo of 6th International Workshop of Transcultural Studies.

图 18-2-2　开幕式现场
Scene of the opening ceremony.

图 18-2-3　董晓萍教授主持开幕式
Professor Dong Xiaoping hosts the opening ceremony.

## 3. 王一川教授主讲《跨文化艺术研究》（2019.8.20 上午）

**Professor Wang Yichuan Delivers the Lecture "Transcultural Art Research" on Morning of 20 Aug.2019**

图 18-3-1　王一川教授主讲
Professor Wang Yichuan is lecturing.

图 18-3-2　董晓萍教授与李正荣教授共同主持

Professor Dong Xiaoping and professor Li Zhengrong co-host the lecture.

图 18-3-3　听课现场

Scene of the classroom of Rm 205 in Teaching Building No.8 of Beijing Normal University.

## 4. 汪德迈先生主讲《中国文学起源研究之一：官方文学》（2019.8.20 下午）

Professor Léon Vandermeersch Delivers the Lecture "The Origin of Chinese Literature(Part 1): Official Literature" on the Afternoon of 20 Aug.2019

图 18-4-1　汪德迈先生主讲
Professor Léon Vandermeersch is lecturing.

图 18-4-2　董晓萍教授主持
Professor Dong Xiaoping hosts the lecture.

图 18-4-3　王宁教授点评
Comments by professor
Wang Ning.

图 18-4-4　听课现场
Scene of the classroom of Rm 205 in Teaching Building No.8 of Beijing Normal University

## 5. 王宁教授与汪德迈先生对谈《文心雕龙》（2019.8.20 下午）

**Professor Wang Ning Talking with Professor Léon Vandermeersch about the *Wen Xin Diao Long* on the Afternoon of 20 Aug.2019**

图 18-5-1　王宁教授谈《文心雕龙》与汪德迈先生交流并为研究生答疑
Professor Wang Ning talks with professor Léon Vandermeersch about the *Wen Xin Diao Long* and answers the questions of graduate students around this classical work.

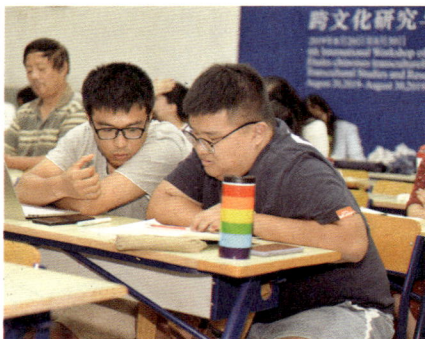

图 18-5-2　两个研究生核对笔记再讨论
Two graduate students check notes before discussion.

图 18-5-3　重读经典
Go back to the classic.

图 18-5-4　汪德迈先生、王宁教授、董晓萍教授在讲台上合影
Group photo of professor Léon Vandermeersch, professor Wang Ning and professor Dong Xiaoping on the rostrum.

## 6. 内田庆市（Uchida Keiichi）教授主讲《文化交涉学与语言接触研究》（2019.8.21 上午）

### Professor Uchida Keiichi Delivers the Lecture "Cultural Interaction Studies and Language Studies" on the Morning of 21 Aug.2019

图 18-6-1　内田庆市教授主讲
Professor Uchida Keiichi is lecturing.

图 18-6-2 董晓萍教授主持
Professor Dong Xiaoping hosts the lecture.

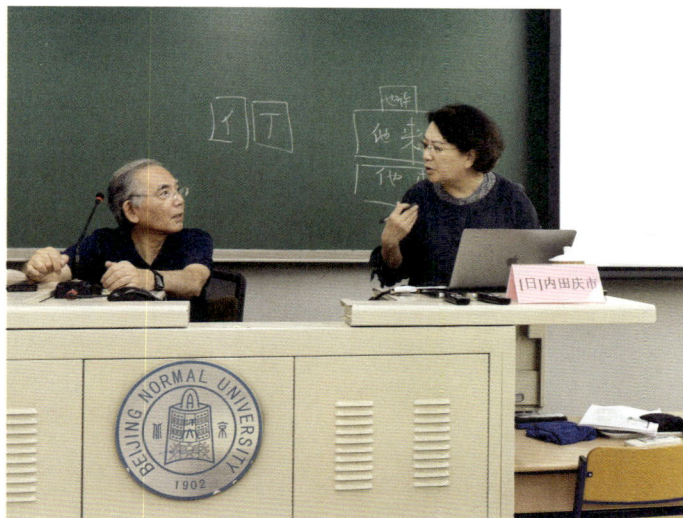

图 18-6-3 北京师范大学教育学部刘洋助教提问
Liu Yang, assistant professor of Department of Education of Beijing Normal University asks questions.

图 18-6-4 听课现场
Scene of the classroom of Rm 205 in Teaching Building No.8 of Beijing Normal University.

## 7. 内田庆市教授主讲《文化交涉学方法论的个案研究》
### （2019.8.21 下午）

**Professor Uchida Keiichi Delivers the Lecture "Methodology of Cultural Intersection Study and Some Example of the Case Study" on the Afternoon of 21 Aug.2019**

图 18-7-1　内田庆市教授书写多语种板书
Professor Uchida Keiichi writes blackboard-writing in multilingual.

图 18-7-2　内田庆市教授研究资料丰富
Professor Uchida Keiichi's research riches in academic materials.

图 18-7-3　听课现场
Scene of the classroom of Rm 205 in Teaching Building No.8 of Beijing Normal University.

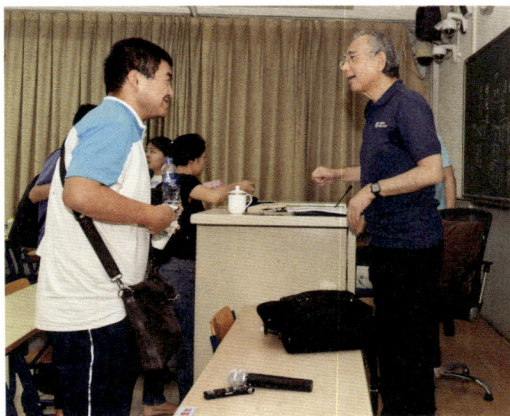

图 18-7-4　踊跃提问
Lively questioning.

图 18-7-5　史玲玲讲师主持
Lecturer Shi Lingling hosts the lecture.

# 8. 董晓萍教授主讲《历史经典与民俗母题》（2019.8.22 下午）

## Professor Dong Xiaoping Delivers the Lecture "Historical Classics and Folklore Motifs" on the Afternoon of 22 Aug.2019

图 18-8-1　董晓萍教授主讲
Professor Dong Xiaoping is lecturing.

图 18-8-2　赖彦斌博士主持
Dr. Lai Yanbin hosts the lecture.

图 18-8-3　听课现场
Scene of the classroom of Rm 205 in Teaching Building No.8 of Beijing Normal University.

## 9. 王邦维教授主讲《圣山与大河：有关青藏高原的神话与传说》（2019.8.23 下午）

**Professor Wang Bangwei Delivers the Lecture "Holy Mountain and the Great River: Qinghai-Tibet Plateau's Myths, Legends and Historical Stories" on the Afternoon of 23 Aug.2019**

图 18-9-1　王邦维教授主讲
Professor Wang Bangwei is lecturing.

图 18-9-2 董晓萍教授主持
Professor Dong Xiaoping hosts the lecture.

图 18-9-3 提问与签名
Questions and signatures.

图 18-9-4 王邦维教授与北京大学、北京师范大学、青海师范大学听课师生合影
Group photo of professor Wang Bangwei with the teachers and students of Peking University, Beijing Normal University and Qinghai Normal University.

# 10. 金丝燕教授主讲《跨文化研究导论》（2019.8.24 上午）

## Professor Jin Siyan Delivers the Lecture "Etudes transculturelles : introduction" on the Morning of 24 Aug.2019

图 18-10-1　金丝燕教授主讲
Professor Jin Siyan is lecturing.

图 18-10-2　董晓萍教授主持
Professor Dong Xiaoping hosts the lecture.

图 18-10-3　听课现场
Scene of the classroom of Rm 205 in Teaching Building No.8 of Beijing Normal University

## 11. 汪德迈先生主讲《中国文学起源研究之二：孔子的开启与介入》（2019.8.24 下午）

Professor Léon Vandermeersch Delivers the Lecture "The Origins of Chinese Literature(part 2): Confucius' Initiation and Intervention" on the Afternoon of 24 Aug.2019

图 18-11-1　汪德迈先生主讲
Professor Léon Vandermeersch is lecturing.

图 18-11-2　金丝燕教授主持
Professor Jin Siyan hosts the lecture.

图 18-11-3　王宁教授讲评
Comments by professor Wang Ning.

图 18-11-4  听课现场

Scene of the classroom of Rm 205 in Teaching Building No.8 of Beijing Normal University.

图 18-11-5　汪德迈先生
与易福成教授和李正荣教
授合影
Professor Léon
Vandermeersch takes
photo with professor Taras
Victorovich Ivchenko and
professor Li Zhengrong.

图 18-11-6　汪德迈先生与中、法、俄学者合影
Professor Léon Vandermeersch takes photo with Chinese, French and Russian
scholars.

## 12. 金丝燕教授主讲《文化转场之一：文本与艺术——长时段与多维度》（2019.8.25 上午）

**Professor Jin Siyan Delivers the Lecture "Transferts culturels (part 1): Texte et art-Temps long et multiplicité de dimension" on the Morning of 25 Aug.2019**

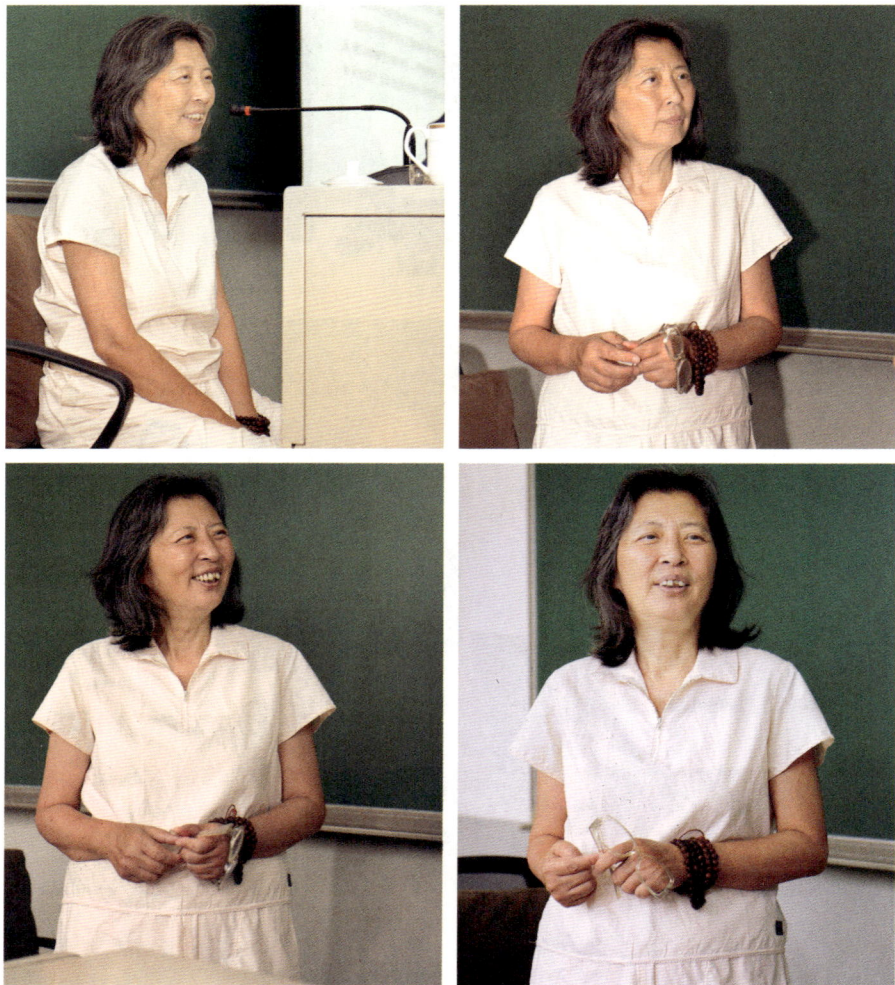

图 18-12-1　金丝燕教授主讲
Professor Jin Siyan is lecturing.

图 18-12-2　董晓萍教授主持
Professor Dong Xiaoping hosts the lecture.

图 18–12–3 认真
听讲
Listen attentively.

图 18–12–4 听课现场
Scene of the classroom of Rm 205 in Teaching Building No.8 of Beijing Normal University.

## 13. 汪德迈先生主讲《中国文学起源研究之三：〈文心雕龙〉或中国文学的特征》（2019.8.25 下午）

Professor Léon Vandermeersch Delivers the Lecture "The Origin of Chinese Literature(Part 3): *Wen Xin Diao Long* or Uniques of Chinese Literature" on the Afternoon of 25 Aug.2019

图 18-13-1　汪德迈先生主讲
Professor Léon Vandermeersch is lecturing.

图 18-13-2　法国巴黎高师米歇尔·西班牙教授听讲
Professor Michel Espagne of École Normale Supérieure de Paris, France, listens to the lecture.

上
图 18-13-3 听课现场
Scene of the classroom of Rm 205 in
Teaching Building No.8 of Beijing
Normal University.

中
图 18-13-4 米歇尔·西班牙
教授提问
Professor Michel Espagne asks
questions.

图 18-13-5 下课后法国三教授在校园中散步
Three French professors walk around the campus of BNU after class.

## 14. 王宁教授主讲《〈文心雕龙〉与中国正统文学》
（2019.8.25 晚）

**Professor Wang Ning Delivers the Lecture "*Wen Xin Diao Long* and Orthodox Chinese Literature" on the Evening of 25 Aug.2019**

图 18-14-1　王宁教授主讲
Professor Wang Ning is lecturing.

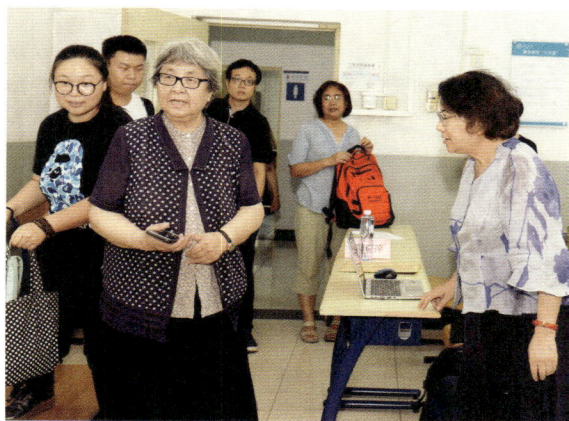

图 18-14-2　董晓萍教授主持
Professor Dong Xiaoping hosts the lecture.

图 18-14-3　汪德迈先生听讲

Professor Léon Vandermeersch is listening to the lecture.

图 18-14-4　听课现场

Scene of the classroom of Rm 205 in Teaching Building No.8 of Beijing Normal University.

图 18-14-5　座无虚席

No empty seats.

图 18-14-6　中法学者课后合影

Group photo of Chinese and French teachers and students.

# 15. 潘公凯教授主讲《西方现当代艺术的边界》
## （2019.8.26 上午）

**Professor Pan Gongkai Delivers the Lecture "The Boundaries of Western Modern and Contemporary Art" on the Morning of 26 Aug.2019**

图 18-15-1　潘公凯教授主讲
Professor Pan Gongkai is lecturing.

上

图 18-15-2 金丝燕教授主持

Professor Jin Siyan hosts the lecture.

中

图 18-15-3 抓紧提问

Ask questions actively.

下

图 18-15-4 听课现场

Scene of the classroom of Rm 205 in Teaching Building No.8 of Beijing Normal University.

## 16. 米歇尔·西班牙（Michel Espagne）教授主讲《文化转场理论之一：文化转场的概念》（2019.8.26 下午）

**Professor Michel Espagne Delivers the Lecture "Theory of Cultural Transfer(part 1): the Concept of Cultural Transfer" on the Afternoon of 26 Aug.2019**

图 18-16-1 米歇尔·西班牙教授主讲
Professor Michel Espagne is lecturing.

图 18-16-2　金丝燕教授
主持

Professor Jin Siyan hosts the
lecture.

中

图 18-16-3　汪德迈先生
与米歇尔·西班牙教授课
间交谈

Professor Léon
Vandermeersch talks with
professor Michel Espagne
during the break time of
class.

下

图 18-16-4　听课现场

Scene of the classroom of
Rm 205 in Teaching Building
No.8 of Beijing Normal
University.

## 17. 金丝燕教授主讲《文化转场之二：文本与艺术——长时段与多维度》（2019.8.26 晚）

**Professor Jin Siyan Delivers the Lecture "Transferts culturels (part 2): Texte et art-Temps long et multiplicité de dimension" on the Evening of 26 Aug.2019**

图 18-17-1　金丝燕教授主讲
Professor Jin Siyan is lecturing.

图 18-17-2 董晓萍教授主持，王宁教授到会听讲
Professor Dong Xiaoping hosts the lecture and professor Wang Ning is listening.

图 18-17-3 王宁教授讲评
Comments by Professor Wang Ning.

图 18-17-4 积极思考
Positive thinking.

## 18. 尤里·别林斯基教授（Yury Berezkin）主讲《处理民俗和神话大数据的基本方法：数据库、研究方法、工具与结果》（2019.8.27 上午）

**Professor Yury Berezkin Delivers the Lecture "Basic Methods for Handling Folklore and Mythology Big Data: Databases, Research Methods, Tools and Results" on the Morning of 27 Aug.2019**

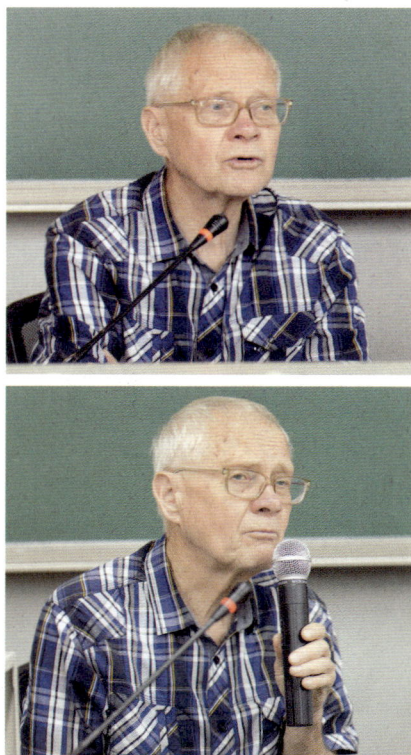

图 18-18-1　尤里·别林斯基教授主讲
Professor Yury Berezkin is lecturing.

图 18-18-2　董晓萍教授主持
Professor Dong Xiaoping hosts the
lecture.

图 18-18-3　听讲现场
Scene of the classroom of Rm 205 in Teaching Building No.8 of Beijing Normal University.

图 18-18-4　李正荣教授到会听讲与提问
Professor Li Zhengrong listens to the lecture then asks questions.

图 18-18-5　北京师范大学博士生黄桂林提问
Ph.D.student Huang Guilin asks questions.

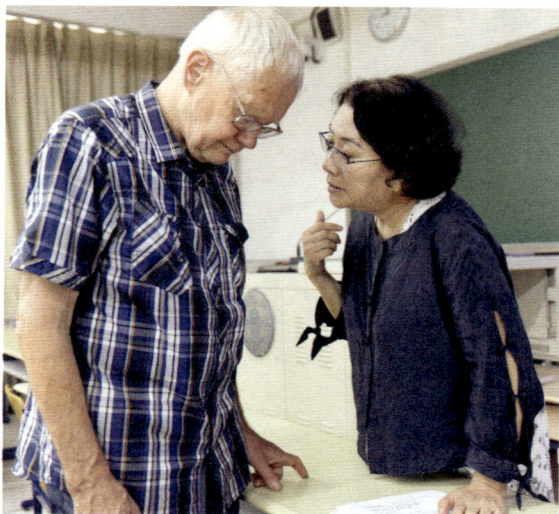

图 18-18-6　尤里·别林斯基教授与董晓萍教授交谈
Professor Yury Berezkin is talking with professor Dong Xiaoping.

# 19. 米歇尔·西班牙教授主讲《文化转场理论之二：文化转场与人文科学》（2019.8.27 下午）

**Professor Michel Espagne Delivers the Lecture "Theory of Cultural Transfer(part 2): Cultural Transfer and Human Science" on the Afternoon of 27 Aug.2019**

图 18-19-1　米歇尔·西班牙教授主讲
Professor Michel Espagne is lecturing.

图 18-19-2　金丝燕教授主持，董晓萍教授翻译

Professor Jin Siyan hosts the lecture and professor Dong Xiaoping interprets for professor Michel Espagne from English to Chinese.

图 18-19-3　踊跃提问、现场答疑

Graduate students ask questions enthusiastically and professor Michel Espagne answers the questions one by one.

图 18-19-4 再问一个问题
Other question.

图 18-19-5 汪德迈先生认真听讲
Professor Léon Vandermeersch listens attentively.

图 18-19-6 米歇尔·西班牙教授向汪德迈先生请教
Professor Michel Espagne asks professor Léon Vandermeersch for advice.

## 20. 李正荣教授主讲《〈跨文化俄苏文学访谈录〉研究》（2019.8.28 上午）

Professor Li Zhengrong Delivers the Lecture "Study of *Notes of Interview with Soviet and Russian Writers and Literary Critic Before 1990s by Liu Ning in the Transcultural Perspective*" on the Morning of 28 Aug.2019

图 18-20-1 李正荣教授主讲
Professor Li Zhengrong is lecturing.

图 18-20-2　董晓萍教授主持
Professor Dong Xiaoping hosts the lecture.

图 18-20-3　听课现场
Scene of the classroom of Rm 205 in Teaching Building No.8 of Beijing Normal University.

# 21. 程正民教授主讲《俄罗斯宗教文化诗学》
## （2019.8.28 下午）

**Professor Cheng Zhengmin Delivers the Lecture "Russian Religious Culture and Poetics" on the Afternoon of 28 Aug.2019**

图 18-21-1　程正民教授主讲
Professor Cheng Zhengmin is lecturing.

图 18-21-2 李正荣教授主持
Professor Li Zhengrong hosts the lecture.

图 18-21-3 听课现场
Scene of the classroom of Rm 205 in Teaching Building No.8 of Beijing Normal University.

图 18-21-4 程正民教授课后与研究生交谈
Professor Cheng Zhengmin talks with graduate students after class.

## 22. 巴得胜（Bart Dessein）教授主讲《跨文化研究范式的变迁》（2019.8.29上午）

Professor Bart Dessein Delivers the Lecture "Changing Paradigms in Transcultural Studies" on the Morning of 29 Aug.2019

图 18-22-1　巴得胜教授主讲
Professor Bart Dessein is lecturing.

图 18-22-2　董晓萍教授主持
Professor Dong Xiaoping hosts the lecture.

图 18-22-3 研
究生上台提问
Graduate students
ask questions on
the rostrum.

图 18-22-4 台
下聚精会神
Teachers
and students
concentrate their
attention on the
lecture.

图 18-22-5 现
场鼓掌
Applause from the
floor.

## 23. 尤里·别林斯基教授主讲《作为信息服务器的民俗母题的分布：欧亚文化的接触点与边界》（2019.8.29 下午）

Professor Yury Berezkin Delivers the Lecture "The Distribution of Folklore Matrixes as Information Servers: Contact Points of Eurasian Cultures and Borders" on the Afternoon of 29 Aug.2019

图 18-23-1  尤里·别林斯基教授主讲
Professor Yury Berezkin is lecturing.

图 18-23-2  董晓萍教授主持
Professor Dong Xiaoping hosts the lecture.

图 18-23-3　北京师范大学跨文化研究院教师到场听讲（李正荣、赖彦斌、史玲玲）
Teachers of College of Transcultural Studies, BNU come to listen(Li Zhengrong, Lai Yanbin, Shi Lingling).

图 18-23-4　现场鼓掌回应
Applauding response from the floor.

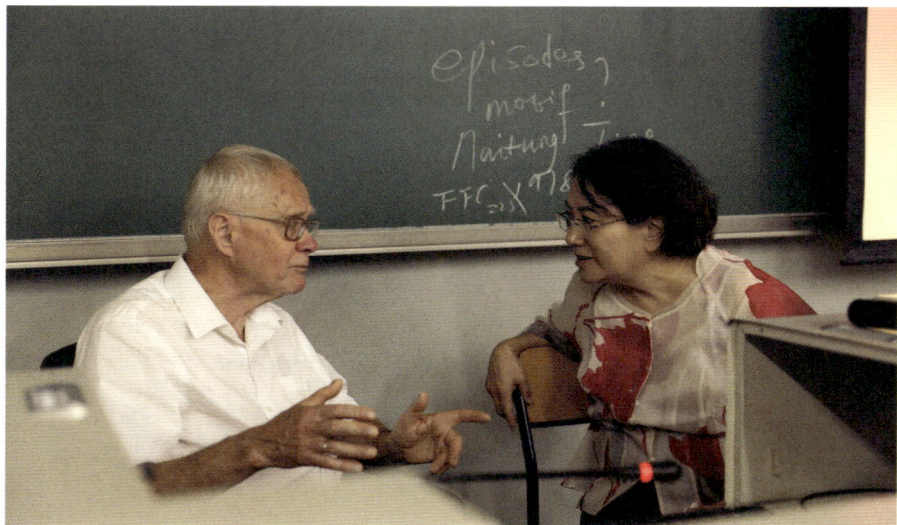

图 18-23-5　董晓萍教授与尤里·别林斯基教授交流俄罗斯圣·彼得堡大学民俗学教学现状

Professor Dong Xiaoping talks with professor Yury Berezkin about the current status of the Folkloristics teaching at St. Petersburg University.

图 18-23-6　尤里·别林斯基教授与中国同行合影留念

Professor Yury Berezkin takes photo with Chinese colleagues.

# 24. 第六届跨文化学研究生国际课程班闭幕式（2019.8.30）

## Close Ceremony of 6th International Workshop of Transcultural Studies on 30 Aug.2019

图 18-24-1　在京中外师资与研究生合影

Group photo of Chinese and foreign professors and graduate students of the 6th International Workshop of Transcultural Studies.

图 18-24-2　中外讲学教授合影

Group photo of Chinese and foreign professors who taught the 6th International Workshop of Transcultural Studies.

图 18-24-3　程正民教授向汪德迈先生和金丝燕教授致谢并道别

Professor Cheng Zhengmin expresses sincere thanks and makes the farewell to professor Léon Vandermeersch and professor Jin Siyan on behalf of all the Chinese colleagues.

# 第 19 章

## 第七届 跨文化学研究生国际课程班
## （2021 / 上）

Chapter Nineteen

Seventh International Workshop of Transcultural
Studies (Part I), Advanced Professional Seminar for
Ph.D. Students' Training on Chinese Culture Studies
in Transcultural Perspective Transculturality,
Discourse, Language, Character and Culture. Co-held
by Axe des études transculturelles, Centre de recherche
Textes et Cultures, Équipe d'accueil, Université d'Artois
of France, College of Transcultural Studies at Beijing
Normal University, China, Academy of Plateau Science
and Sustainability at Qinghai Normal University,
China(Teaching on 9-30 January 2021)

# 我的中国文字学研究方法 [①]

## My Research Method of Traditional Chinese Character

［法］汪德迈（Léon Vandermeersch）

　　我开始研究汉语的时间是 1945 年，当时我在法国巴黎东方语言文化学校学习。我在这所大学一边学习语法，一边学习哲学。我的研究对象不是文学，我受影响最大的是哲学，此外还有法学。所以，研究中国的学问，我最关注的是中国文化精神，而不

---

　　① 编者注：此文为汪德迈先生 2021 年 1 月 9 日为中法博士研究生高级研修课以远程视频方式讲授"中国学研究与跨文化研究方法论"的第一讲。主持人：法国阿尔多瓦大学金丝燕教授与北京师范大学李国英教授。数字录音转录：北京师范大学跨文化研究院吕红峰博士。文字整理：董晓萍。

是文学，也不是文献学。

我对中国文学也不是没有任何研究，但我的研究兴趣是中国文化精神。我的方法是通过中国文字开展研究。为什么？因为中国文字是表意文字，有意义就可以做哲学研究。不过我的研究方法又与我老师们的方法不同。我有两位老师：一位是法国老师戴密微先生（Paul Demiéville），他的学问和人品都非常好；一位是中国老师饶宗颐先生，他是文字学家，他从文字学的角度研究中国的甲骨文。我是做哲学研究的，我对甲骨文感兴趣，是想通过甲骨文看中国的史前文化。我想知道，中国文化怎样从甲骨文开始，走上一条与西方完全不同的特殊道路。我还曾受到我在法国索尔邦大学的老同学福柯（Michel Foucault）的"异托邦"思想的影响，他后来成为法国很有名的哲学家。

下面我使用"卦"和"王"两个汉字来说明我的研究方法。

怎样研究汉字的本意？用我的方法得出来的结论与《说文解字》有所不同。比方说，汉字中的"卦"字，它的意思是怎样被创造出来的呢？在许慎生活的时代，统治者不喜欢殷朝制度，不想承认殷朝，取消了殷周以前的历史。当时怎样解释中国文字来源呢？就用神话传说，如用伏羲神话。在神话传说中，伏羲造八卦，八卦演变为中国文字。但这是神话传说，不是真实的历史。许慎受了神话传说的影响，在《说文解字》中用神话传说解释文字的来源，其实这是有问题的。

按《说文解字》的解释，这个字的笔画中有个"卜"字，是占卜的"卜"，在这里是部首。这个字的左半部分是声符，圭（龟）的声音，所以按许慎的说法，"卦"是个形声字。但我不赞成这种讲法。我认为，"卦"字代表了一个非常重要的概念。在中国，尤其是在中国古代文化的系统中，《易经》十分重要，"卦"字是《易经》中的重要文字，它应该有特别的讲法，不可能只是比较简单的形声字。我认为，它应该是个会意字。会意字是最有力量的表意文字。我的看法是，"卦"本来不是形声字，应该是会意字。你们看，"卦"如果是形声字，就会很奇怪。为什么？因为它的部首"卜"在这个字的结构的右边。按中国古代造字六书的说法，形声字的形部，一般都在字的左边或上边，那里是汉字起笔的地方。字的右边是汉字运笔的最后一部分，人们不会从最后的部分去倒写一个字。这么看，《说文解字》对"卦"的解释就显得不合常理了。但说"卦"是会意字就容易理解了。再看这个字的结构，一方面有占卜的"卜"，另一方面有声符的"圭"。按《说文解字》的逻辑，声符也是表意的一部分。但"三"在这里怎么表意呢？我看这个声符的意义是从数学来。你们用古代的写法就可以明白，"卦"的声符，是由"七一七一"的数字构成的。那么为什么中国古代占卜专家用这样的数字？"七一七一"怎么可以代表数字卦？因为我们知道，在《易经》的"卦"之前，中国已有数字卦，这是张政烺先生最早解释的。在殷朝末年，在龟甲上，已经开始有数字，当时用数字表示龟甲灼烧的裂纹。为什么可以用数字代表？因为在中国占卜学已有很长时间的历史。我研究这段历史，大概在殷朝武丁时期就产生了数字卦。在这里，一个非常有意思的过程是，要把龟甲放到火上烧，把烧出来的形状规则化，有五六个形状就可以有数字符号。以后又产生了另外的程序，很复杂。

张政烺教授告诉我们，数字卦是《易经》里原有的卦。我个人认为，对"卦"字的解释，可以用张政烺的讲法。

为什么选择"七一七一"的数字？我们知道，"七一七一"并不能代表所有卦的数字。在我看来，很可能是古时创造"卦"字的人，他们选择这组数字的意义，并不是从数学角度选择的，而是从书写的角度选择的。你看它只有两种笔画：一种笔画是水平的，另一种笔画是垂直的，这就构成了一种很好的平衡。这个平衡也可以代表阴阳的平衡。

数字"卦"怎样成为《易经》的卦？这是因为古代占卜学专家很在意阴阳的数学思想，当然这不是现代科学，而是古代科学，但古代科学也会孕育现代科学的东西。中国古人关心世界万物的阴阳五行，在数字卦上就会去关注奇数和偶数，于是这就与阴和阳的概念产生了联系。

再比方说，国王的"王"字，《说文解字》的解释是，国王的"王"字是三个水平的笔画，再用一个垂直的笔画，就创造了三个水平笔画的关系。三个水平的笔画，一个代表天，一个代表地，一个代表人；垂直的笔画就代表王。王可以创造天、地和人的关系。董仲舒也有这种讲法。我的看法是，"王"字的来源不是这样的，看甲骨文就明白了。

以上用"卦"和"王"两个汉字，解释我怎样从哲学的角度分析中国古代文化的重要概念。

# 汪德迈研究中国文化的要点 ①

Key Points of Léon Vandermeersch's Research for Chinese Culture

［法］金丝燕（Jin Siyan）

1. 中国文化将给人类带来新贡献。人类的问题，不在科学，在政治。理念先行，需要劳心者，而非劳力者。如何找到调和安定人类的政治系统？

2. 汉字文化圈的汉字文化与西方的权理是两大特点。

3. 超越的内涵根本不同。西方是形而上与形而下的绝对断裂，两个世界超越人的世界而接近上帝。在中国文化里，超越是形而上和形而下同为一个世界的超越，故称为：超越感知，超越现象。

---

① ［法］金丝燕初总结《2021年1月30日星期六汪德迈先生授课内容》，当晚通过微信发给董晓萍，董晓萍再次整理要点后发表。

# 中国学研究与跨文化方法论

## Chinese Studies and Methodology of Transcultural Studies

董晓萍（Dong Xiaoping）

2020 年疫情的爆发让全世界都措手不及，但很快远程网络教学就起到特殊作用，中外高校将课程教学与网络视频教育结合，找到了暂时摆脱疫情困境的办法。经过 2020 年的筹备，自 2021 年 1 月 9 日至 1 月 30 日，第七届跨文化学研究生国际课程班由北京师范大学、法国阿尔多瓦大学、青海师范大学三校合作，以远程线上方式进行。课程名称为"中国学研究与跨文化学方法论博士研究生高级研修课"。汪德迈先生、金丝燕教授、董晓萍教授、王邦维教授、王一川教授、李国英教授、李正荣教授、刘晓林教授、丁柏峰教授、李健胜教授和曹昱源博士等参与教学，博士生随导师听课。汪德迈先生担任线上主讲，其他博士生导师配合教学，每周一次，连续四周，线上线下互动，中法对话，探索在多元文化交流语境下和国际化线上教育平台上提升博士生培养质量的新路径，历时一月，圆满结课。

重视博士生教育，让博士生唱主角，是本次高修课的重点。本次博士研究生高级研修课从跨文化学的角度阐释方法论，重点围绕文字学和新汉字文化圈、中西哲学、艺术学、中国社会史与文化史等专题进行。参加听讲的博士生是最大的受益者。北京大学艺术理论专业博士研究生赵斌说："汪德迈先生四次精彩的讲座和答疑，各位老师贡献的学术观点和思维方法，让我们受益良多，我们看到具有创新精神和独立开辟意义的人文科学方法论的重要价值。"法国阿尔多瓦大学博士研究生刘曼说："汪德迈教授与日本学者和中国甲骨文专家不一样，后者更专注于细节和具体案例的研究，汪德迈教授是跳出专业的局限，在多国汉学和多学科之间架设桥梁。"北京师范大学跨文化学方向博士研究生团队一致感受到："跨文化学的理论并非只是书本上的口号，而是在'文明冲突'这一社会文化背景下，为解决我们当今所面临的问题而提出的具有时代意义的方法论。它要求每一位跨文化学建设的参与者具有世界文化的眼光，文化之间需要了解彼此、走进彼此。"中外师生希望高修课播下的思想种子终有一天开花结果，跨文化学教育事业常青常在。

第七届跨文化学课程的考核方式是，根据中法高校双方博士生培养制度，以各方博士生导师为主，指导博士研究生撰写学位论文进展报告。

表 1　汪德迈先生《中国学研究与跨文化方法论》
四讲与主管博士生导师信息一览表

（2021 年 1 月 9 日至 2021 年 1 月 30 日）

| 序号 | 时间 | 题目 | 博士生导师主持 | 腾讯会议ID |
|---|---|---|---|---|
| 1 | 2021 年 1 月 9 日（周六） | 第一讲 我的中国文字学研究方法 | ［法］金丝燕教授 ［中］李国英教授 | ID：237 788 765 密码：100875 |
| 2 | 2021 年 1 月 16 日（周六） | 第二讲 我的希腊罗马哲学与中国文化史比较研究方法 | ［法］金丝燕教授 ［中］王邦维教授 李正荣教授 | ID：437 701 511 密码：7998 |
| 3 | 2021 年 1 月 23 日（周六） | 第三讲 我的中国艺术观与研究方法 | ［法］金丝燕教授 ［中］王一川教授 | ID：798 738 851 密码：7785 |
| 4 | 2021 年 1 月 30 日（周六） | 第四讲 我的中国学与新汉文化圈研究方法 | ［法］金丝燕教授 ［中］董晓萍教授 | ID：382 925 551 密码：5005 |

截至第七届跨文化学研究生国际课程班，已有中外教授 90 余人次参与教学，授课 465 学时，结业研究生 602 人，生源来自中外 99 所高校，分布于 51 个专业。

第七届跨文化学研究生国际课程班的授课，纳入北京师范大学跨文化研究院与青海省人民政府——青海师范大学高原科学与可持续发展研究院"丝路跨文化研究系列"重大项目，重点在对口支援青海师范大学文学院和青海师范大学民族师范学院中实施。

图 19-1-1　中法博士研究生高级研修班"中国学研究与跨文化学方法论：汪德迈四讲"（法国阿尔多瓦大学、北京师范大学跨文化研究院、青海师范大学三校师生远程视频合影，2021.1.9–30）

Sino-French Advanced Training Programme for Ph.D.Students "Chinese Studies and Intercultural Methodology: Four Lectures by Léon Vandermeersch" (Group photo of teachers and students from University of Artois, the Institute of Intercultural Studies of Beijing Normal University and Qinghai Normal University on 9-30 January 2021).

# 第 20 章

# 第八届 跨文化学研究生国际课程班
# （2021／下）

Chapter Twenty

Eighth International Workshop of Transcultural
Studies(Part II), (Teaching in Autumn Semester
on 8-20 July 2021)

# 汪德迈中国学研究的角度与概念

Léon Vandermeersch's Research for Chinese Studies:
Perspective and Concept

［法］金丝燕（Jin Siyan）

巴黎时间 2021 年 7 月 8 日上午，汪老远程参加第八届跨文化学研究生国际课程班"跨文化性：话语、语言、文学与文化"。汪先生在家中客厅的圆桌上用中文发言：

中国文言直接表意不表音。中国文字的这个特点，使我能对语言史的研究有特殊的角度。文言不仅是书面字，也是语言，另外一种语言，影响思辨，深深地。没有文字的文化不能进步。依靠思想的文字可以进步。占卜师研究文字与其他的不同，书面文字不仅仅是符号，也是概念性的字。创造汉字者，研究如何表示概念，方法是六书。创造代表概念的字。表意文字影响思想。

西方的文字，不过是讲究的口语。书面语也发展思想。只是不同的影响。也表示概念。依靠口语。西方的科学家用另一种六书，一种特别的办法，是用古代的口语，古希腊口语用在了科学学上，创造新字。表音文字影响思想。如果用文言，其字的创造是特别的。写法和笔画有关系。汉文规律化，用毛笔写，秦汉开始的。美笔，之后用来画画。美术性来自书法，与文学关系密切。中国文学里有画，诗文是画。

西方，画家与文学家分开，没有中国这样的关系。西方重模仿自然来写文学。亚里士多德提出模仿。中国呢，是与自然融合。在古代中国文学史里,《诗经》中国风的"风",是引起人感觉的自然的真实的风,而这引起诗情。中国的西方文学重视戏曲和小说。人物很重要。逐渐成为小说的人物。模仿自然而模仿人物。十九世纪末,中国受影响。

汉文是中国的特点。中国文学比其他文学有更丰富的材料。中国文学最重要的特点是对句。西方的对句是非语意的而是文法的。

语言的功能有两种:交流和思辨,两者不能混淆。而语言学家们不注意这一点。我研究中国文化,注意到这一点,两者是分开的。中国语言是思辨的,白话还是保留着本来的功能。我主张称汉文,不主张叫汉语,因为今天,文言仍然保留思辨的功能。文言不是交流的语言,是思辨的语言,当然也用于口语表述。应该保护文言的文化,依靠汉文,20世纪取消中国文字,好在这个运动没有成功。我从外国来看,特别影响我的研究是汉文而不是汉语。

在这里，汪老再次提出，中国文字是举世无双的非自然语言，语音与语意分开，自然语言所特有的语音和语意双重组合在汉字不存在了。中国文字是科学的创造，重视如何将概念体现在字上，不是口语交流的笔录。自然语言是讲究的口语符号化的记录。中国语言是思辨的，白话还是保留着本来的功能。西方亚里士多德模仿说走向戏曲和小说。中国是与自然融合走向诗。日本小说纯粹欧化而得到欧洲承认。在中国 19 世纪有过这样的努力，但不及日本，中国也不需要纯粹西化，也不可能西化，有着那么悠久丰富独特的历史，今天的中国人可以建桥，在中国和他者之间。汪德迈明确他的观点，认为应该称"汉文"，不主张称"汉语"①。

_____

① 以上内容转摘引自［法］金丝燕《文化转场：长时段、多空间——〈文心雕龙〉法译本序》，原载于《跨文化对话》2022 年第 46 辑。

# 跨文化性：话语、语言、文字与文化

The Nature of Transculture: Discourse, Language, Character and Culture

董晓萍（Dong Xiaoping）

北京师范大学第八届跨文化学研究生国际课程班，与青海师范大学和法国阿尔多瓦大学合作，于 2021 年 7 月 8 日至 7 月 20 日如期举办。本届课程班以"跨文化性：话语、语言、文字与文化"为主题，促进双方知识系统互识和研究成果的沟通，提升高校人文科学建设的能力与水平，适应世界环境变迁、现代社会可持续发展和国际化人才培养的需求。

第八届跨文化学研究生国际课程班贯彻"教育援青"的国家战略，在北京师范大学跨文化研究院与青海省人民政府－北京师范大学高原科学与可持续发展研究院合作从事"丝路跨文化研究"重大项目的框架内进行，在北京、西宁和巴黎设立了分会场。本次参加论坛与授课的中欧高校教授和他们的讲课题目分别是：［法］汪德迈《言语、语言和文字》、王宁《汉语与汉字的研究特色》、李国英《传统汉语言文字学的理论与方法》、［法］金丝燕《文化转场：中古汉语训诂》、王邦维《高山与大河：一个与青藏高原有关的神话传说》、董晓萍《青藏高原工匠故事的跨文化研究》、［法］白乐桑《一元论抑或二元论：中文教育的本体问题》、黎敏《初创时期的新中国对外汉语教学与美国汉语教学的关系》、［比利时］巴得胜《欧洲汉学：一种语言和文化交流的历史》、［日］内田庆市《十六世纪末到十九世纪末传教士的汉语教研》、王一川《汪德迈中国"文"论与中国艺术之"文心"传统》、［意大利］路易萨（Luisa Prudentino)《马国贤和科学汉学的诞生》、程正民《从文学形象序列的新视角探寻俄罗斯文学的魅力——以小人物形象序列为例》、李正荣《托尔斯泰的东方情结》、李松《以乐为媒——跨文化交流中的民族音乐》、吉太加《藏族文献中的结绳文字与历史文化》、刘晓林《现代文学研究中的文本与文化》。

　　本届课程班以高校导师推荐的博士研究生和硕

士研究生为主，部分研究生导师参加听讲。专业范围包括跨文化学、汉语言文字学、民俗学、民间文学、民族学、文艺学、艺术学、现代文学、古代文学、比较文学与世界文学、汉学、人类学、社会学和新闻学，历时近半个月，共有来自中欧 31 所高校的 1435 位研究生参加了听讲。课程班体现多元化视野，深入理解多边主义世界格局建设与人类命运共同体建设的重大社会现实意义，有助于研究生成长为在中外跨文化交流中发挥实际作用的新型国际化人才。

图 20-1-1　中欧跨文化论坛暨第八届跨文化学研究生国际课程班
"跨文化性：话语、语言、文字与文化"远程视频授课汪德迈先生与
中外师生线上合影（2021.7.9）
Online Photo of "Transculturality: Discourse, Language, Character and
Culture", Advanced Professional Seminar for Ph.D. Students' Training on
Chinese Culture Studies Delivered by professor Léon Vandermeersch with
Chinese professors of Beijing Normal University, Qinghai Normal University
on 9 July 2021.

# 附录一
# 中外人名索引
## （英文字母音序排列）

## Appendix I
### Index of Chinese and Foreign Scholar's Names
### (in the phonetic order of the English )

## A

安黛宁，法国驻华大使馆文化教育合作处图书文化专员。
Delphine Halgand, Library and Culture Commissioner, Culture and Education Cooperation Department, France Embassy in China.

## B

白馥兰，英国爱丁堡大学教授。
Francesca Bray, Professor of Edinburgh University, UK.

巴得胜，比利时根特大学教授。
Bart Dessein, Professor of Ghent University, Belgium.

白乐桑，法国东方语言大学教授。
Joël Bellassen, Professor of Institut National des Langues et

Civilisations Orientales(INALCO), France.

# C

陈越光，中国文化书院院长，北京师范大学民俗典籍文字研究中心研究员。

Cheng Yueguang, President of Academy of Chinese Culture, Researcher of Research Center for Folklore, Ancient Writing and Chinese Characters, BNU, P.R. China.

陈方正，香港中文大学荣誉院士，香港中文大学教授，香港中文大学中国文化研究所前所长。

Fong Ching Chen, Honor Academician and Senior Chair Professor of the Chinese University of Hong Kong, Former Director of Research Institute for Chinese Culture, CUHK, P.R.China.

陈力川，《今天》文学杂志通讯编辑。

Chen Lichuan, Rédacteur correspondant, *Today* Literary Magazine, France.

陈乐然，法国巴黎第六大学科学博士。

Raphaël Chen, Docteur es science, Université Paris VI, France.

陈陶然，法国索邦第一大学哲学系美学硕士。

Laure Chen, étudiante en master Philosophie esthétique, Université Paris I, France.

程正民，北京师范大学教授。

Cheng Zhengmin, Professor of Beijing Normal University, P.R.China.

# D

戴密微，法兰西学院院士、教授。

Paul Demiéville, Academician and Professor of Collège de France, France.

杜雷，法国驻华大使馆文化教育合作处文化专员。

Jean-Francois Doulet, Commissioner of Culture and Education Cooperation Department, France Embassy in China.

董晓萍，北京师范大学教授。

Dong Xiaoping, Professor of Beijing Normal University, P.R.China.

# F

法宝，法国索邦大学哲学博士。

Dhannapala Tampalawela, Ph.D. of Philosophy, University of Paris-Sorbonne, France.

樊锦诗，敦煌研究院研究员。

Fan Jinshi, Researcher of Dunhuang Research Academy, P.R.China.

佛辽若，法兰西学院院士，法国高等社会科学研究院教授。

Pierre-Sylvain Filliozat, Academician of Collège de France, Professor of École des Hautes Études en Sciences Sociales(EHESS), France.

傅罗格，芬兰赫尔辛基大学副教授，芬兰科学院研究员。

Frog, Associate Professor of University of Helsinki, Research

Fellow of Academy of Finland, Finland.

## G

郭丽英，法国远东学院教授。
Guo Liying, Professor of Ecole de l'Extrême-Orient, France.

郭银星，中国大百科全书出版社社科学术分社社长。
Guo Yinxing, Director of Academic Division of China Encyclopedia Publishing House, P.R.China.

## H

韩琦，中国科学院自然科学史研究所教授。
Han Qi, Professor of Institute for the History of Natural Science, Chinese Academy of Sciences, P.R.China.

何莫邪，挪威奥斯陆大学教授。
Christoph Harbsmeier, Professor of Universitetet i Oslo, Norwey.

## J

金丝燕，法国阿尔多瓦大学教授。
Jin Siyan, Professor of University d'Artois, France.

## K

孔博恩，法兰西学院院士、法兰西公学教授。
Antoine Compagnon, Academician and Professor of Collège de France, France.

# L

劳格文，法国高等实验学院教授。

John Lagerwey, Professor of Ecole Pratique des Hautes Etudes, France.

李大维，法国驻华大使馆文化教育合作处图书馆馆长。

David Lizard, Director of Library of Culture and Education Cooperation Department, France Embassy in China.

李国英，北京师范大学教授。

Li Guoying, Professor of Beijing Normal University, P.R.China.

李强，清华大学教授。

Li Qiang, Professor of Tsinghua University, P.R.China.

李正荣，北京师范大学教授。

Li Zhengrong, Professor of Beijing Normal University, P.R.China.

罗曼·乐佛逊，法国阿尔多瓦大学副教授。

Romain Lifebver, Associate Professor of University d'Artois, France.

罗文哲，法国驻华大使馆文化教育合作参赞。

Robert Lacombe, Counselor of Culture and Education Cooperation, France Embassy in China.

陆桂荣，北京师范大学教授。

Lu Guirong, Professor of Beijing Normal University, P.R.China.

路士栋，法国东方语言大学副教授。

Robert Lechemin, Associate Professor of Institut National des Langues et Civilisations Orientales(INALCO), France.

# M

玛蒙，法国阿尔多瓦大学校长、教授。

Pasquale Mammone, Presidant and Professor of University of Arotis, France.

马磊，北京师范大学副教授。

Ma Lei, Associate Professor of Beijing Normal University, P.R.China.

米歇尔·冉刻，法兰西学院院士、教授。

Michel Zink, Academician and Professor of Collège de France, France.

米歇尔·西班牙，法国巴黎高师教授。

Michel Espagne, Professor of Ecole normale supérieure de Paris, France.

# N

内田庆市，日本关西大学教授。

Uchida Keiichi, Professor of Kansai University, Japan.

# P

潘公凯，中央美术学院教授。

Pan Gongkai, Professor of Central Academy of Fine Arts, P.R.China.

婆苏阀拉·卡瓦利-佛辽若，法国巴黎索尔邦大学博士。
Vasundhara Kavali-Filliozat, Ph.D. of University of Paris-Sorbonne, France.

蒲芳莎，法国国家科学研究中心教授。
Françoise Bottero, Professor of French National Scientific Research Center(CNRS), France.

# R

饶宗颐，香港大学教授。
Jao Tsung-I, Professor of Hong Kong University, P.R.China.

# S

斯波义信，日本东京大学教授。
Shiba Yoshinobu, Professor of Tokyo University, Japan.

施舟人，荷兰莱顿大学名誉教授。
Kristofer Schipper, Professeur émérite à l'Université de Leyde, Suède.

# T

汤一介，北京大学教授。
Tang Yijie, Professor of Peking University, P.R.China.

# W

王邦维，北京大学教授。
Wang Bangwei, Professor of Peking University, P.R.China.

汪德迈，法兰西学院通讯院士，法国高等社会科学研究院教授。

Léon Vandermeersch, Corresponding academician of Collège de France, Professor of École des Hautes Études en Sciences Sociales(EHESS), France.

王宁，北京师范大学教授。

Wang Ning, Professor of Beijing Normal University, P.R.China.

王一川，北京大学教授。

Wang Yichuan, Professor of Peking University, P.R.China.

王宾，中山大学教授。

Wang Bin, Professor of Sun Yat-sen University, P.R.China.

尾崎文昭，日本东京大学教授。

Ozaki Fumiaki, Professor of Tokyo Uninversity, Japan.

## X

谢尔盖·基帕尔尼克，俄罗斯圣彼得堡大学教授。

Serguei A.Kibalnik, Professor of St. Petersburg University, Russia.

谢内，法国索邦大学印度哲学与比较哲学教授。

François Chenet, Professor of Indian Philosophy and Comparative Philosophy, University of Paris-Sorbonne(Paris-IV), France.

香塔尔·汪德迈·达尔玛，法国马赛医生。

Chantal Vandermeersch Dalmas, Doctor in Marseilles, France.

# Y

易福成，俄罗斯国立人文大学教授。

Taras Ivchenko, Professor of National Humanities University, Russia.

于鲁·瓦尔克，爱沙尼亚塔尔图大学教授。

Ülo Valk, Professor of the University of Tartu, Estonia.

乐黛云，北京大学教授。

Yue Daiyun, Professor of Peking University, P.R.China.

尤里·别林斯基，俄罗斯圣彼得堡大学教授。

Yury Berezkin, Professor of St. Petersburg University, Russia.

# Z

张冰，北京师范大学教授。

Zhang Bing, Professor of Beijing Normal University, P.R.China.

赵悠，北京大学助理教授。

Zhao You, Assistant Professor of Peking University, P.R.China.

周宪，南京大学教授。

Zhou Xian, Professor of Nanjing University, P.R.China.

# 附录二
# 常用词语简编

## Appendix II
### Brief Glossary

Ān Dài Níng 安黛宁

Ān Yáng Yīn Xū 安阳殷墟

Ān Yáng Yīn Xū Jiǎ Gǔ Wén Chū Tǔ Yí Zhǐ 安阳殷墟甲骨文出土遗址

Bā Dé Shèng 巴得胜

Bái Fù Lán 白馥兰

Bái Lè Sāng 白乐桑

Bā Shí Nián Dài 八十年代

Běi Jīng Dà Xué Dōng Fāng Wén Xué Yán Jiū Zhōng Xīn 北京大学东方文学研究中心

Běi Jīng Dà Xué Gāo Děng Rén Wén Yán Jiū Yuàn 北京大学高等人文研究院

Běi Jīng Dà Xué Kuà Wén Huà Yán Jiū Zhōng Xīn 北京大学跨文化研究中心

Běi Jīng Dà Xué Rú Xué Yán Jiū Yuàn 北京大学儒学研究院

Běi Jīng Shī Fàn Dà Xué Kuà Wén Huà Yán Jiū Yuàn 北京师范大学跨文化研究院

Běi Jīng Shī Fàn Dà Xué Zhōng Guó Mín Jiān Wén Huà Yán Jiū Suǒ 北京师范大学中国民间文化研究所

Běi Jīng Fǔ Rén Dà Xué 北京辅仁大学

Běi Jīng Liú Lí Chǎng 北京琉璃厂

Běi Jīng Tiān Tán 北京天坛

Běi Jīng Gù Gōng 北京故宫

Bǐ Lì Shí Gēn Tè Dà Xué 比利时根特大学

Biǎo Yì Wén Zì 表意文字

Biǎo Yīn Wén Zì 表音文字

Chén Yuè Guāng 陈越光

Chén Fāng Zhèng 陈方正

Chén Lì Chuān 陈力川

Chén Lè Rán 陈乐然

Chén Táo Rán 陈陶然

Chéng Zhèng Mín 程正民

Dài Mì Wēi 戴密微

Dǒng Xiǎo Píng 董晓萍

Dù Wéi Míng 杜维明

Dūn Huáng Mò Gāo Kū 敦煌莫高窟

Dūn Huáng Yán Jiū Yuàn 敦煌研究院

Fǎ Guó Ā Ěr Duō Wǎ Dà Xué 法国阿尔多瓦大学

Fǎ Bǎo 法宝

Fán Jǐn Shī 樊锦诗

Fǎ Lán Xī Xué Yuàn 法兰西学院

Fǎ Guó Bā Lí Gāo Děng Shī Fàn Xué Yuàn 法国巴黎高等师范
学院

Fǎ Guó Bā Lí Dōng Fāng Yǔ Yán Xué Yuàn 法国巴黎东方语言
学院

Fǎ Guó Gāo Děng Shè Huì Kē Xué Yán Jiū Yuàn 法国高等社会
科学研究院

Fǎ Guó Guó Jiā Kē Xué Yán Jiū Zhōng Xīn 法国国家科学研究中心

Fǎ Guó Mǎ Sài-Āi Kè Sī Dà Xué 法国马赛 - 埃克斯大学

Fǎ Lán Xī Xué Yuàn Jīn Shí Měi Wén Xué Yuàn 法兰西学院金
石美文学院

Fǎ Guó Suǒ Ěr Bāng Dà Xué 法国索尔邦大学

Fó Liáo Shā 佛辽沙

Fù Luó Gé 傅罗格

Gān Sù Dūn Huáng 甘肃敦煌

Hé Nèi Lù Yì · Fēi Nuò Bó Wù Guǎn 河内路易·飞诺博物馆

Hé Mò Xié 何莫邪

Hàn Yǔ 汉语

Hàn Wén Huà Quān 汉文化圈

Hàn Zì 汉字

Hàn Zì Wén Huà Quān 汉字文化圈

Jiǎ Gǔ Wén 甲骨文

Jiǎ Gǔ Wén Chū Tǔ Dì Kēng 甲骨文出土地坑

Jīn Shā Yí Zhǐ 金沙遗址

Jīn Sī Yàn 金丝燕

Jīng Dū Fǎ Rì Huì Guǎn 京都法日会馆

Kǒng Bó Ēn 孔博恩

Kuà Wén Huà Duì Huà 跨文化对话

Kuà Wén Huà Xué 跨文化学

Kuà Wén Huà Yán Jiū 跨文化研究

Kuà Wén Huà Xué Yán Jiū Shēng Guó Jì Kè Chéng Bān 跨文化学研究生国际课程班

Kuà Wén Huà Zhōng Guó Xué 跨文化中国学

Láo Gé Wén 劳格文

Lǐ Fàn Wén 李范文

Lǐ Guó Yīng 李国英

Lǐ Qiáng 李强

Lǐ Yuē Sè 李约瑟

Lǐ Zhèng Róng 李正荣

Luó Màn · Lè Fó Xùn 罗曼·乐佛逊

Mǎ Lěi 马磊

Mǎ Sài 马赛

Mǎ Sài-Āi Kè Sī Dà Xué 马赛-埃克斯大学

Mǐ Xiē Ěr · Rǎn Kè 米歇尔·冉刻

Mǐ Xiē Ěr · Xī Bān Yá 米歇尔·西班牙

Nèi Tián Qìng Shì 内田庆市

Pān Gōng Kǎi 潘公凯

Pú Fāng Shā 蒲芳莎

Qīng Huá Dà Xué Qīng Huá Jiǎn Yán Jiū Kè Tí Zǔ 清华大学
　清华简研究课题组

Ráo Zōng Yí 饶宗颐

Sān Xīng Duī 三星堆

Sān Xīng Duī Bó Wù Guǎn 三星堆博物馆

Sī Bō Yì Xìn 斯波义信

Shī Zhōu Rén 施舟人

Sòng Yǒng Lún 宋永伦

Tāng Yī Jiè 汤一介

Wáng Bāng Wéi 王邦维

Wáng Bīn 王宾

Wāng Dé Mài 汪德迈

Wāng Dé Mài Zhōng Guó Xué Jiǎng 汪德迈中国学奖

Wāng Dé Mài Zhōng Guó Xué Jiǎng Bān Jiǎng Yí Shì 汪德迈中
国学奖颁奖仪式

Wáng Níng 王宁

Wáng Yī Chuān 王一川

Wén Yán 文言

Wén Yán Wén 文言文

Xiāng Gǎng Dà Xué 香港大学

Xiāng Gǎng Zhōng Wén Dà Xué 香港中文大学

Xiāng Gǎng Míng Yuǎn Zhōng Guó Wén Huà Jiào Yù Jī Jīn Huì
香港明远中国文化教育基金会

Xī Xià Wén 西夏文

Yìn Dù Fó Jiào 印度佛教

Yīng Guó Ài Dīng Bǎo Dà Xué 英国爱丁堡大学

Yīng Guó Jiàn Qiáo Dà Xué 英国剑桥大学

Yú Lǔ · Wǎ Ěr Kè 于鲁·瓦尔克

Yuè Dài Yún 乐黛云

Zhōng Guó Wén Huà Shū Yuàn 中国文化书院

# 编后记
## *Postscript*

本书是中国文化书院、北京师范大学中国民间文化研究所（北京师范大学跨文化研究院的前身）和香港明远中国文化教育基金合作立项与共同完成的"八十年代思想文化研究"的综合性成果。

感谢本书的传主汪德迈先生生前无偿提供了很多珍贵照片，让我们的历史回忆永世长存。感谢汪德迈先生的女儿香塔尔·汪德迈·达尔玛医生对我们的信任与托付。

感谢多位中外专家对本项目给予的学术指导，他们是：乐黛云（北京大学）、王宁（北京师范大学）、王守常（北京大学）、王邦维（北京大学）、李强（清华大学）、王一川（北京大学）、李国英（北京师范大学）、李正荣（北京师范大学）、王宾（中山大学）、宋永伦（北京理工大学）、楼含松（浙江大学），米歇尔·冉刻（Michel Zink，法兰西学院）、佛辽若（Pierre-Sylvain Filliozat，法国高等社会科学研究院）、孔博恩（Antoine Compagnon，法兰西公学）、米歇尔·西班牙（Michel Espagne，法国巴黎高师）、白乐桑（Joël Bellassen，法国东方语言大学），谢内（François Chenet，法国索邦大学）、白馥兰（Francesca Bray，英国爱丁堡大学）、巴得胜（Bart Dessein，比利时根特大学）、尤里·别林斯基（Yury Berezkin，俄罗斯圣彼得堡大学）、陈方正（Fong Ching Chen，香港中文大学）、内田庆市（Uchida Keiichi，日本关西大学）、尾崎文昭（Ozaki Fumiaki，日本东京大学）等等，谨此致谢！

本书主要分工如下：

项目主持：陈越光　董晓萍

文字撰写：陈越光　董晓萍　［法］金丝燕

英文翻译：马　磊　董晓萍

法文翻译：〔法〕汪德迈（Léon Vandermeersch）

　　　　　　〔法〕金丝燕

英法文审校：〔意〕路易萨（Luisa Prudentino）

图片拍摄：罗　珊　陈　辉　赖彦斌　吕红峰

数　据　库：吕红峰

　　还有多位同仁、朋友和研究生同学，分别来自中国文化书院、北京师范大学、北京大学、清华大学、法国阿尔多瓦大学和法国索邦大学等单位，曾对本书的资料搜集工作提供了不同程度的协助，细心的读者可以从本书的图片中找到他们的姓名和身影。

　　中国大百科全书出版社郭银星资深编审的高质量工作使本书大为增色。同时，程广媛博士与常晓迪、康丽利等编辑都付出了辛劳，在此一并诚恳致谢！

编　者

2023 年 7 月 29 日

北京师范大学跨文化研究院近年汇聚了一批中外著名人文社会科学学者共建"跨文化学"。其中的外国学者们，应邀来到北京，与中国同行一道，为北京师范大学每年定期举办的跨文化学研究生国际课程班讲学或参与相关重点项目研究。双方跨越不同社会、不同文化和不同学术传统的边界，探讨跨文化研究的理论与方法论，主要在哲学、政治学、比较文学与世界文学、文艺学、艺术学、语言学、民俗学和科技史学等领域，选择适合跨文化的选题，面向研究生授课、师生对话，再经修改和完善讲稿，出版专题研究著作，纳入"跨文化研究"丛书出版。这样的著作不会在单一学科内产生，需要在跨文化的视野下多学科会战；不拘泥于单边跨文化的以往局限，需是接受多元学术传统和文化多样性，建设开放性的交叉研究新空间。我们将"跨文化研究"丛书的出版计划，在保持原有开放势头和面上拓展的基础上，向纵深发展。出版《汪德迈全集》正是这个转型的标志。

我们的中外同仁多年来一直给予大力支持，在此要向他们道谢！特别需要感谢的有：法兰西学院副院长、法兰西学院金石美文学院终身秘书长米歇尔·冉刻（Michel Zink）教授，中国文化书院院长、北京师范大学跨文化研究院理事长陈越光先生，北京大学乐黛云教授，北京师范大学王宁教授。

《汪德迈全集》博大精深，法文翻译难度极大，金丝燕教授承担了汪先生大部分著作的翻译工作。巴黎索尔邦大学广场旁的"书桌"咖啡馆是两人常年工作的地方。那是一场携手同行的长途精神跋涉，现在仍在继续。

《汪德迈全集》中的一部分著作由汪先生在北京的讲稿脱手而成，经汪德迈先生委托，由董晓萍教授负责这批著作中文版的补充注释、文字整理和全书通稿工作。这是另一种形式的跨文化，以思想见面为主，网络代替了"书桌"。

汪德迈先生在北京高校讲学期间，部分中外师生参加了教辅工作，他们是：［法］陈陶然、赖彦斌、吕红峰、史玲玲、陈辉、高磊、罗珊、徐令缘、谢开来、王文超、王迅、付韵蕾、司悦、刘芳、李华芳、李亚妮、石鸿雁和李岩。还有其他同学召之必来，互相配合，虽不能在此尽数他们的名字，但这些美好的点点滴滴不能忘记。

中国大百科全书出版社近十年来承担了"跨文化研究"丛书和《汪德迈全集》的出版工作，谨此郑重致谢！

董晓萍　金丝燕

2020 年 3 月初稿

2024 年 6 月修订

# 图片目录
*Catalogue of Photos in Chinese, English, French*

## 上集　生平、治学与中法文化交流
*Part One　Life, Research and Sino-French Cultural Communication*

### 第 1 章　汪德迈生平、治学与汉学师承
Chapter One　Professor Léon Vandermeersch's Biography, Study and Sinology Transmission

social welfare in Africa.

## 第 2 章　初访中国文化书院

Chapter Two　Professor Léon Vandermeersch Became Attached to Academy of Chinese Culture Located at Peking University in 1991

## 第 3 章　汪德迈与北京大学汤一介、乐黛云教授夫妇的交往

Chapter Three　Léon Vandermeersch's Association with Professors Tang Yijie and Yue Daiyun from Peking University

# 第4章　访问北京故宫、琉璃厂与天坛、安阳、敦煌、西安、三星堆

Chapter Four　Visit to the Palace Museum, Liulichang Antique Street and Temple of Heaven in Beijing, Anyang in Henan, Dunhuang Grottos in Gansu, Xi'an in Shaanxi and Sanxingdui in Sichuan

## 第 5 章 创设法兰西学院"汪德迈中国学奖"

Chapter Five Establishment of "Léon Vandermeersch Prize for Chinese Study" Cooperated by Collège de France and Mingyuan Foundation for Chinese Culture and Education of Hong Kong

院终身秘书长米歇尔·冉刻教授、法国高等社会科学研究院汪德迈先生、香港明远中国文化教育基金会主席陈越光先生）

Group photo of founding units and their representatives (from left: Michel Zink, academician and professor of the Collège de France, permanent general secretary of Académie des Inscriptions et Belles-Lettres, Léon Vandermeersch, corresponding academician of the Collège de France, professor of École des Hautes Études en Sciences Sociales, France, Chen Yueguang, president of Mingyuan Foundation for Chinese Culture and Education of Hong Kong).

Collège de France, professor of École des Hautes Études en Sciences Sociales, France.

## 第 6 章　法国驻华大使馆主办汪德迈专场讲座《中国教给我们什么》

Chapter Six　The French Embassy in China Hosts a Special Lecture on *What Does China Teach Us* by Léon Vandermeersch on 23 April 2019

## 第 7 章　法国驻华大使馆举办中法合作"远近丛书"《谦卑》等新书发布会（2019.4.23）

Chapter Seven　The Embassy of France in China Organized the Book Launch of *L'Humiliation* in *Far and Near Series* and Other Books in the Sino-French Cooperation on 23 April 2019 scholar, and the other is a French scholar who wrote this book separately.

## 第9章 汪德迈在北京大学和清华大学讲学与访问
Chapter Nine　Léon Vandermeersch's Lectures and
Visited at Peking University and Tsinghua University

235　1. 汪德迈教授应北京大学儒学研究院和北京大学高等人文研究院之邀到北京大学陈经纶学术交流中心做"中国人思想中的历史观念"讲座（2013.7.24）

Professor Léon Vandermeersch Invited by the Research Institute for
Confucianism and the Advanced Research Institute of Humanities of
Peking University to Deliver the Lecture "Historical Concepts in Chinese
Thought" at the Conference Hall of Chen Jinglun Academic Exchange
Center on 24 July 2013

235　图 9-1-1　北京大学儒学研究院和北京大学高等人文研究院联合主办本次讲座

Peking Universiy's Research Institute for Confucianism and the
Advanced Research Institute of Humanities are jointly organizing this
lecture.

236　图 9-1-2　北京大学高等人文研究院院长杜维明教授主持讲座

Professor Tu Weiming, director of Advanced Research Institute of
Humanities of Peking University, hosts the lecture.

236　图 9-1-3　金丝燕教授担任翻译

Professor Jin Siyan translates the lecture of professor Léon
Vandermeersch from French to Chinese.

237　图 9-1-4　法国学者、北京大学儒学研究院教师与北京师范大学部分师生合影

Group photo of French scholars, members of Research Institute for
Confucianism of Peking University and professors and students of
Beijing Normal University.

238　2. 汪德迈出席北京大学第一届"汤一介学术讲座"并做大会发言（2015.9.9）

Professor Léon Vandermeersch Attends "the First Academic Lecture in
the Name of Professor Tang Yijie" at Peking University and Present His

Professor Léon Vandermeersch and professor Yue Daiyun under the rostrum.

Professor Yue Daiyun, professor Léon Vandermeersch and professor Li Zhengrong.

Professor Léon Vandermeersch listens attentively.

Professor Léon Vandermeersch raises the questions again with a great interest.

Professor Léon Vandermeersch and professor Yue Daiyun takes photo in front of the statue of professor Tang Yijie.

Professor Léon Vandermeersch writing the memorial message to the Tang Yijie Branch Library.

Group photo in front of the Tang Yijie Branch Library.

## 第 10 章　为法国阿尔多瓦大学孔子学院讲学（2017.1.6）

Chapter Ten　Lecture for the Confucius Institute at University of Artois, France on 6 Jan.2017

Professor Léon Vandermeersch lectured for Confucius Institute of University of Artois, France.

Professor Léon Vandermeersch checks his PPT.

Professor Léon Vandermeersch assisted by Liu Man, a Ph.D.student of the University of Artois in adjusting the broadcasting distance.

Professor Léon Vandermeersch joins other speakers on the rostrum to answer questions from the audiences.

The Confucius Institute at University of Artois, France, presented professor Léon Vandermeersch with an award for his academic contributions.

## 第11章　汪德迈著作获中国政府突出成就表彰
Chapter Eleven　Léon Vandermeersch's Works Honoured for Outstanding Achievements Award by Chinese government

Information on the academic achievements and award-winning works of French sinologist Mr.Léon Vandermeersch is played on a loop before the commencement of the award ceremony.

285 图 11-1-3.7 国务院副总理刘延东上台颁奖并在仪式后会见汪德迈先生

Vice premier Liu Yandong took the stage to present the award and met with professor Léon Vandermeersch after the ceremony.

286 图 11-1-3.8 法国驻华大使馆文化与教育合作参赞罗文哲在人民大会堂休息厅拜见汪德迈先生

Mr.Robert Lacombe, Counsellor for Cultural and Educational Cooperation of the French Embassy in China, met with professor Léon Vandermeersch in the lounge of the Great Hall of the People.

286 图 11-1-3.9 汪德迈先生手捧奖杯站在红毯上

Professor Léon Vandermeersch stood on the red carpet with a golden trophy.

287 图 11-1-3.10 汪德迈先生与首届中华图书特殊贡献奖获得者、法国巴黎友丰书店总经理潘立辉及其夫人合影

Professor Léon Vandermeersch takes photo with Mr. M. Kim Hun, the 1$^{st}$ winner of Special Book Award of China and his wife.

287 图 11-1-3.11 汪德迈先生返回北京师范大学后与跨文化研究院部分教师合影

Professor Léon Vandermeersch takes photo with some teachers of College of Transcultural Studies after ceremony and returned to BNU.


288 **2. 中华人民共和国国务院新闻办公室网站对外发布汪德迈等首批"跨文化研究"著作出版消息**

The Website of The State Council Information Office, P.R. China Released the News of the First Publications of *Transcultural Studies Series*

288 图 11-2-1 中华人民共和国国务院新闻办公室网站发布包括汪德迈《中国思想文化研究》在内的"跨文化研究"新书出版消息（2016.9.14）

The website of The State Council Information Office, P.R.China released the news of first publications of *Transcultural Studies Series* including Léon Vandermeersch's new book *On Chinese Thought and Culture* on 14 Sep.2016.

白乐桑教授发言

Speech of Joël Bellassen, professor of Institut National des Langues et Civilisations (INALCO), France and guest professor of BNU.

Speech of Guo Yinxing, director of Social Sciences and Academic Branch of China Encyclopedia Publishing House.

## 第 12 章　出席联合国教科文组织"推进持续性和平的孔子教育：文化与语言的相遇"国际会议与系列交流活动

Chapter Twelve　Attended UNESCO International Conference of "Confucian Education for Promoting Sustainable Peace: When Culture Meets Language" and Serials of Communication Events

Sciences Sociales Léon Vandermeersch, professor Dong Xiaoping of Beijing Normal University, professor Wang Ning of Beijing Normal University, professor Wang Bangwei of Peking University, professor Jin Siyan of University of Artois, Ambassador of Peace, Dhannapala Tampalawela of UNESCO).

306 图 12-1-4 联合国和平大使法宝主持会议并宣布开会
Ambassador of Peace, Dhannapala Tampalawela of UNESCO hosts the conference.

307 ## 2. 联合国教科文组织会议厅的国际会议与交流活动
International Conferences and Exchanges in UNESCO's Hall

307 图 12-2-1 主要发表学术报告的中外学者与嘉宾在联合国教科文组织会议厅主席台合影（后排左四起：金丝燕、董晓萍、吴朝阳、江铸久、芮乃伟、罗曼·乐佛逊、路士栋，前排右起：巴得胜、何莫邪、王宁、汪德迈、法宝、王邦维）
Chinese and foreign scholars who mainly delivers the lectures and guests took group photo on the rostrum in the conference hall (from the fourth person on the left of the back row: Jin Siyan, Dong Xiaoping, Wu Zhaoyang, Jiang Zhujiu, Rui Naiwei, Romain Lifebver, Robert Lechemin; from right side of the front row: Bart Dessein, Christoph Harbsmeier, Wang Ning, Léon Vandermeersch, Dhannapala Tampalawela, Wang Bangwei).

308 图 12-2-2 汪德迈先生发表法文学术报告，金丝燕翻译
Professor Léon Vandermeersch delivers his paper in French, interpreted by Jin Siyan from French to Chinese.

308 图 12-2-3 王宁教授发表学术报告，路士栋翻译
Professor Wang Ning delivers her paper in Chinese, interpreted by Robert Lechemin from Chinese to French.

309 图 12-2-4 王邦维教授发表英文学术报告
Professor Wang Bangwei delivers his paper in English.

309 图 12-2-5 汪德迈先生与部分中外学者在联合国教科文组织会议厅内合影（左起：何莫邪、王宁、蒲芳莎、汪德迈、王邦维、董晓萍）

Group photo of Christoph Harbsmeier, Wang Ning, Françoise Bottero, Léon Vandermeersch, Wang Bangwei, Dong Xiaoping in conference hall of UNESCO.

Group photo of some scholars and guests in the congregation hall of UNESCO(from left: Wang Ning, Françoise Bottero, Wang Bangwei).

Group photo took outside the official building of UNESCO.

Section of the International Conference of UNESCO at University of Artois, France.

Professor Pasquale Mammone, the president of University of Artois, France, met with professor Léon Vandermeersch and his fellows' Chinese and French scholars.

Professor Léon Vandermeersch, together with other participating scholars, visited the Confucius Institute at University of Artois in France.

Professor Wang Bangwei recalled his experience when he studied

## 中集　跨文化中国学教育
### Part Two　Higher Education of Chinese Studies in the Transcultural Perspective

## 第 13 章　第一届 跨文化学研究生国际课程班（2015）
### Chapter Thirteen　First International Workshop of Transcultural Studies (2015)

Professor Dong Qi, president of Beijing Normal University takes a group photo with professor Léon Vandermeersch and the other scholars.

Professor Jin Siyan and professor Dong Xiaoping co-hosts lecture of professor Léon Vandermeersch.

Professor Wang Ning comments.

Professor Jin Siyan delivers the lecture 3 "Sources of New Chinese Poetry: Receptive Vision of the Early Symbolists".

coloured glazed pottery of the Tang Dynasty.

369　图 13-12-10　汪德迈先生观摩馆藏瓷器

Professor Léon Vandermeersch is observing the collection of ancient Chinese porcelain.

370　**13. 汪德迈先生与西夏文专家李范文先生见面（2015.9.15 晚）**

Professor Léon Vandermeersch meets Mr.Li Fanwen, an Expert of Xixia Texts on the Evening of 15 Sept.2015

370　图 13-13-1　汪德迈先生与李范文先生在宁夏大厦见面

Professor Léon Vandermeersch meets Mr.Li Fanwen in Ningxia Hotel.

371　图 13-13-2　汪德迈先生与李范文先生交谈并共进晚餐

Professor Léon Vandermeersch talks and shares a dinner with Mr.Li Fanwen.

372　图 13-13-3　汪德迈先生签字留念

Professor Léon Vandermeersch writes a signature as a souvenir.

372　图 13-13-4　金丝燕教授签字留念

Professor Jin Siyan writes a signature as a souvenir.

373　**14. 王宁教授《关于汉字的性质和研究方法的几个问题》（2015.9.16 下午）**

Professor Wang Ning Delivers the Lecture "the Nature of Chinese Characters and Some Questions of Research Methodology" on the Afternoon of 16 Sept.2015

373　图 13-14-1　北师大励耘学术报告厅讲座现场

Scene of the classroom at Liyun academic lecture hall, School of Chinese Languages and Literature of BNU.

374　图 13-14-2　王宁教授主讲

Professor Wang Ning is lecturing.

375　图 13-14-3　李国英教授主持

Professor Li Guoying hosts the lecture.

Sept.2015

Chinese Languages and Literature of BNU.

Poster of Professor Léon Vandermeersch's lecture on "A Special Examination of the Fundamental Characteristics of Chinese Culture: 'The Rule of Rites' " and poster of professor Wang Ning's lecture on "Thought Tradition of the Pre-Qin Ritual Culture".

412　图 13-24-2　北师大文学院励耘学术报告厅现场

Scene of the classroom at Liyun academic lecture hall, School of Chinese Languages and Literature of BNU.

413　图 13-24-3　乐黛云教授主持，董晓萍教授与李国英教授合作主持

Professor Yue Daiyun hosts the lecture first and then professor Dong Xiaoping co-hosts with professor Li Guoying.

413　图 13-24-4　汪德迈先生主讲《特别考察中国文化的基本特点："礼治"》

Professor Léon Vandermeersch is lecturing "Special Exploring of the Basic Characteristics of Traditional Chinese Culture: 'Ruling Etiquette'".

413　图 13-24-5　王宁教授主讲《先秦礼仪文化的思想传统》

Professor Wang Ning is lecturing "The Thought Tradition of Pre-Qin Ceremonial Culture".

413　图 13-24-6　汪德迈先生与王宁教授对话：礼治文化与礼仪文化

The dialogue between professor Léon Vandermeersch and professor Wang Ning about Culture of Rituals and Ceremonies.

414　图 13-24-7　北京师范大学副校长陈光巨教授向乐黛云教授颁发北京师范大学"兼职教授"聘书

Vice president Chen Guangju issues the certificate of "Adjunct Professor" to professor Yue Daiyun on behalf of Beijing Normal University.

414　图 13-24-8　陈光巨副校长向乐黛云教授颁发教育部人文社科重点研究基地北师大民俗典籍文字研究中心"特邀研究员"与北师大中国民间文化研究所"特邀研究员"聘书

Vice president Chen Guangju issues the certificate of "Specially Invited Researcher" to professor Yue Daiyun on behalf of Center of Research for Chinese Folklore and Ancient Writing at BNU, the key research base of humanities and social sciences under the Education Minister, PRC, and Research Institute for Chinese Folk Culture, BNU.

## 第 14 章　第二届 跨文化学研究生国际课程班（2016）

Chapter Fourteen　Second International Workshop of Transcultural Studies on 23 August-22 November, 2016

Aug.2016.

出席

Lectured by professor Wang Ning, moderated by professor Qi Yuantao, attended by professor Li Guoying.

图 14-8-2　王宁教授、白乐桑教授、金丝燕交流中西汉语教学

Talking by professor Wang Ning, professor Joël Bellassen and professor Jin Siyan about the differences of Chinese Teaching in China and the West.

## 9. 金丝燕教授《早期法国汉学期待视野研究》( 2016.8.27 上午 )

Professor Jin Siyan Delivers the Lecture "On the Expectations of Early French Sinology" on the Morning of 27 Aug.2016

图 14-9-1　金丝燕教授主讲

Professor Jin Siyan is lecturing.

图 14-9-2　白乐桑教授主持

Professor Joël Bellassen hosts the lecture.

## 10. 董晓萍教授《跨文化的"天鹅"：敦煌学与中国故事学》( 2016.8.27 下午 )

Professor Dong Xiaoping Delivers the Lecture "Transcultural 'Swans': On Ancient Writing of Dunhuang Caves and Chinese Storytelling Notes" on the Afternoon of 27 Aug.2016

图 14-10-1　董晓萍教授主讲

Professor Dong Xiaoping is lecturing.

图 14-10-2　金丝燕教授主持

Professor Jin Siyan hosts the lecture.

图 14-10-3　汪德迈先生出席

Professor Léon Vandermeersch attends the lecture.

图 14-10-4　汪德迈先生、白乐桑教授与董晓萍教授讨论

Discussion between professor Léon Vandermeersch, professor Joël Bellassen and professor Dong Xiaoping.

Professor Léon Vandermeersch discusses with professor Joël Bellassen and professor Jin Siyan.

of Chinese Works of Art" on the Afternoon of 6 Sept.2016

Professor Joël Bellassen comments.

the Afternoon of 9 Sept.2016

Professor Wang Bangwei Delivers the Lecture "'Westernization' or 'Sinicization': the Exchange and Interaction between Chinese and Foreign Cultures from the History of Buddhism" on the Afternoon of 3 Nov.2016.

the way of answering.

## 第 15 章　第三届 跨文化学研究生国际课程班（2017）

Chapter Fifteen　Third International Workshop of Transcultural Studies on 31 August-21 September 2017

Vice president of Chen Yueguang communicates with the Chinese and foreign professors and students on 11 Sept.2017.

of Transcultural Studies at the Lecture Hall of Beijing Normal University Library on the Morning of 1 Sept.2017 the break time of lecture.

537  图 15-6-1　法宝博士主讲

Dr. Dhannapala Tampalawela is lecturing.

538  图 15-6-2　金丝燕教授主持，马磊副教授翻译

Professor Jin Siyan hosts the lecture and associate professor Ma Lei interprets the lecture from Englilsh to Chinese.

538  图 15-6-3　听课现场

Scene of the classroom at Liyun academic lecture hall, School of Chinese Languages and Literature of BNU.

## 539　7. 法宝博士主讲《佛学在法国的接受（16 世纪至 19 世纪）》（2017.9.3 上午）

Dr. Dhannapala Tampalawela Delivers the Lecture "Acceptance of Buddhism in France (16th to 19th century)" on the Morning of 3 Sept.2017

539  图 15-7-1　汪德迈先生与法宝博士交流

Professor Léon Vandermeersch talks with Dr. Dhannapala Tampalawela.

539  图 15-7-2　金丝燕教授主持并翻译

Professor Jin Siyan hosts the lecture meanwhile interprets the lecture from French to Chinese.

540  图 15-7-3　汪德迈先生与法宝博士课间交流

Professor Léon Vandermeersch talking with Dr. Dhannapala Tampalawela during the break time of lecture.

540  图 15-7-4　汪德迈先生听讲

Professor Léon Vandermeersch came to lecture.

540  图 15-7-5　跨文化研究院办公室吕红峰博士与博士研究生何津听讲

Dr.Lv Hongfeng of the Office of College of Transcultural Studies and Ph.D.student He Jin participate to the lecture.

professor Shu Yan of Beijing Language University.

Professor Jin Siyan is lecturing.

Professor Ülo Valk is lecturing.

graduate students to sign his books they purchased online.

for Demon Folktales" on the Morning of 8 Sept.2017

students to sign her books they purchased online.

## 第 16 章　第四届 跨文化学研究生国际课程班（2018）

Chapter Sixteen　Fourth International Workshop of Transcultural Studies on 20-28 August, 2018

代的中国文化书院》与王宁教授合影

Professor Léon Vandermeersch and professor Yue Daiyun holding the book *Academy of Chinese Culture in 1980s* by Mr.Chen Yueguang take photo with professor Wang Ning.

594 　图 16-2-9　王宁教授与金丝燕教授交谈

Professor Wang Ning talks with professor Jin Siyan.

595 　图 16-2-10　全国各地高校研究生学员欢迎汪德迈先生和乐黛云教授

Graduate students from Universities all over the country welcome professor Léon Vandermeersch and professor Yue Daiyun.

595 　图 16-2-11　陈越光与乐黛云教授握手

Mr.Chen Yueguang shakes hands with professor Yue Daiyun.

596 　图 16-2-12　陈越光与金丝燕教授交谈

Mr.Chen Yueguang talks with professor Jin Siyan.

596 　图 16-2-13　部分中外教授合影（右起：董晓萍、周宪、汪德迈、谢尔盖、乐黛云、傅罗格、王宁、程正民、李国英、金丝燕）

Group photo of some Chinese and foreign professors (from right: Dong Xiaoping, Zhou Xian, Léon Vandermeersch, Serguei A.Kibalnik, Yue Daiyun, Frog, Wang Ning, Cheng Zhengmin, Li Guoying, Jin Siyan).

597 　图 16-2-14　部分中外教授合影（右起：董晓萍、周宪、汪德迈、谢尔盖、乐黛云、傅罗格、程正民）

Group photo of some Chinese and foreign professors (from right: Dong Xiaoping, Zhou Xian, Léon Vandermeersch, Serguei A.Kibalnik, Yue Daiyun, Frog, Cheng Zhengmin).

597 　图 16-2-15　部分中外教授合影（右起：周宪、汪德迈、乐黛云、程正民、董晓萍）

Group photo of some Chinese and foreign professors (from right: Zhou Xian, Léon Vandermeersch, Yue Daiyun, Cheng Zhengmin, Dong Xiaoping).

598 　图 16-2-16　乐黛云教授到京师大厦看望汪德迈先生并签名赠送新作

Professor Yue Daiyun visits professor Léon Vandermeersch and presents her new book to him at the Jingshi Hotel of BNU.

Professor and vice provost of Beijing Normal University Wang Ming watches the MOOC of "Methodology of Transcultural Studies" together with the Chinese and foreign professors and graduate students.

## 604 4. 傅罗格（Frog）教授主讲《所谓"芬兰学派"》( 2018.8.20 下午 )

Professor Frog Delivers the Lecture "So-called Finish School" on the Afternoon of 20 Aug.2018

604 图 16-4-1 芬兰赫尔辛基大学民俗学系傅罗格教授介绍芬兰学派历史地理学研究方法与变迁

Professor Frog, from the Department of Folklore, University of Helsinki, Finland, introduces the Finnish School of Historical Geography Research Methods and Transformations.

605 图 16-4-2 傅罗格教授讲解芬兰史诗《卡勒瓦拉》分布地图

Professor Frog explains the Finnish national epic *Karlvala* and its distribution maps.

605 图 16-4-3 马磊副教授翻译

Professor Frog's lecture is interpreted by associate professor Ma Lei from English to Chinese.

606 图 16-4-4 董晓萍教授主持并与傅罗格教授课间交谈

Professor Dong Xiaoping hosts the lecture and talks with Mr.Frog during the break time.

606 图 16-4-5 听课现场

Scene of the classroom at Rm 101 of Teaching Building No.9, BNU.

## 607 5. 金丝燕教授主讲《中法诗学研究之一：马拉美与中国现代诗学的起源》( 2018.8.21 上午 )

Professor Jin Siyan Delivers the Lecture "Sino-French Poetics: Stéphane Mallarmé and the Origin of the Modern Chinese Poetics (Part 1)" on the Morning of 21 Aug.2018

607 图 16-5-1 金丝燕教授主讲

Professor Jin Siyan is lecturing.

Mallarmé and the Origin of the Modern Chinese Poetics(Part 2)" on the Evening of 21 Aug.2018

Take photo in front of a wooden bell muduo, a historical landmark of Beijing Normal University.

Professor Jin Siyan hosts the lecture.

Professor Léon Vandermeersch communicates with professor Wang Ning.

Languages and Literature of BNU.

Xiaoping and professor Li Zhengrong after class.

All the audiences applaud.

Professor Wang Bin is lecturing.

Director Fan Jinshi talks with Mr.Chen Lichuan.

# 下集　跨文化中国学教育

## *Part Three　Higher Education of Chinese Studies in the Transcultural Perspective*

# 第 17 章　第五届 跨文化学研究生国际课程班（2019 / 上）

Chapter Seventeen　Fifth International Workshop of Transcultural Studies (Teaching in Spring Semester on 11-20 April 2019)

Group photo of the Chinese and French scholars attending the award ceremony.

*What Does China Teach Us* on 12 April 2019.

## 第 18 章　第六届 跨文化学研究生国际课程班（2019 / 下）

Chapter Eighteen　Sixth International Workshop of Transcultural Studies (Teaching in Autumn Semester on 20-30 August 2019)

Professor Wang Bangwei is lecturing.

Professor Dong Xiaoping hosts the lecture.

773   图 18-20-3   听课现场

Scene of the classroom of Rm 205 in Teaching Building No.8 of Beijing Normal University.

## 774   21. 程正民教授主讲《俄罗斯宗教文化诗学》（2019.8.28 下午）

Professor Cheng Zhengmin Delivers the Lecture "Russian Religious Culture and Poetics" on the Afternoon of 28 Aug.2019

774   图 18-21-1   程正民教授主讲

Professor Cheng Zhengmin is lecturing.

775   图 18-21-2   李正荣教授主持

Professor Li Zhengrong hosts the lecture.

775   图 18-21-3   听课现场

Scene of the classroom of Rm 205 in Teaching Building No.8 of Beijing Normal University.

775   图 18-21-4   程正民教授课后与研究生交谈

Professor Cheng Zhengmin talks with graduate students after class.

## 776   22. 巴得胜（Bart Dessein）教授主讲《跨文化研究范式的变迁》（2019.8.29 上午）

Professor Bart Dessein Delivers the Lecture "Changing Paradigms in Transcultural Studies" on the Morning of 29 Aug.2019

776   图 18-22-1   巴得胜教授主讲

Professor Bart Dessein is lecturing.

776   图 18-22-2   董晓萍教授主持

Professor Dong Xiaoping hosts the lecture.

777   图 18-22-3   研究生上台提问

Graduate students ask questions on the rostrum.

777   图 18-22-4   台下聚精会神

Teachers and students concentrate their attention on the lecture.

# 第 19 章  第七届 跨文化学研究生国际课程班（2021 / 上）

Chapter Nineteen    Seventh International Workshop of Transcultural Studies(Part I), Advanced Professional Seminar for Ph.D. Students' Training on Chinese Culture Studies in Transcultural Perspective Transculturality, Discourse, Language, Character and Culture, Co-held by Axe des études transculturelles, Centre de recherche Textes et Cultures, Équipe d'accueil, Université d'Artois of France, College of Transcultural Studies at Beijing Normal University, China, Academy of Plateau Science and Sustainability at Qinghai Normal University, China(Teaching on 9-30 January 2021)

# 第 20 章　第八届 跨文化学研究生国际课程班（2021 / 下）

Chapter Twenty　Eighth International Workshop of Transcultural Studies(Part II), (Teaching in Autumn Semester on 8-20 July 2021)

805　图 20-1-1　中欧跨文化论坛暨第八届跨文化学研究生国际课程班"跨文化性：话语、语言、文字与文化"远程视频授课汪德迈先生与中外师生线上合影（2021.7.9）

Online Photo of "Transculturality: Discourse, Language, Character and Culture", Advanced Professional Seminar for Ph.D. Students' Training on Chinese Culture Studies Delivered by professor Léon Vandermeersch with Chinese professors of Beijing Normal University Qinghai Normal University on 9 July 2021.